RABÍ MOISÉS DE LEÓN

ספר שקל הקדש

EL LIBRO DEL SICLO
DEL SANTUARIO

RABÍ MOISÉS DE LEÓN

ספר שקל הקדש

EL LIBRO DEL SICLO
DEL SANTUARIO

EDICIONES OBELISCO

Colección Cábala y Judaísmo
El libro del siclo del santuario
Rabí Moisés de León

1.ª edición: octubre de 2022

Título original: *Sefer Shekel haKoddesh*

Traducción: *Equipo editorial*
Maquetación: *Carol Briceño*

© 2022, Ediciones Obelisco, S. L.
(Reservados los derechos para la presente edición)

Edita: Ediciones Obelisco, S. L.
Collita, 23-25. Pol. Ind. Molí de la Bastida
08191 Rubí - Barcelona - España
Tel. 93 309 85 25
E-mail: info@edicionesobelisco.com

ISBN: 978-84-9111-914-2
Depósito Legal: B-16.147-2022

Impreso en los talleres gráficos de Romanyà/Valls S. A.
Verdaguer, 1 - 08786 Capellades - Barcelona

Printed in Spain

PRESENTACIÓN

Hablar de Rabí Moisés de León es como hablar de un personaje de película. No se sabe mucho de la vida de este erudito rabino, que verosímilmente nació en León hacia el año 1240, pero lo que sí sabemos, gracias sobre todo a su propio testimonio y a una carta de Isaac de Ako fechada en el año 1305 (el año de la muerte de nuestro autor), nos permite fijar su nacimiento en la ciudad de León y su óbito en Arévalo, a unos 50 km de León.

Uno de los rasgos más relevantes de Rabí Moisés de León es que parece haber sido alguien que pasaba de tener mucho dinero a estar casi en la indigencia. Un despilfarrador con una notable capacidad para enriquecerse y arruinarse. Recuerda sorprendentemente al caso de Balzac, que también vivía de su pluma y sobre todo de los adelantos sobre los originales que le encargaban. Según el testimonio de Rabí David de Pancorbo recogido por Isaac de Ako, Moisés «escribía *sodot*[1] y cosas maravillosas para los ricos de aquel reino, recibiendo de ellos muchos regalos, oro y plata. Pero en el día gastaba y esfumaba lo que tenía hasta el punto de que en el día de su muerte no le quedaba ni un céntimo». Vivía al día, de lo que escribía y de lo que copiaba, y sin duda escribía y copiaba manuscritos cabalísticos compulsivamente.

En *El siclo del santuario* se presenta a sí mismo como «Moisés, hijo de Shem Tov, de la ciudad de León, que esté mi alma ligada en el haz

---

1. Literalmente «secretos». Se conserva un gran número de estos textos, incluso uno sobre fisiognomía.

de los vivos…». Sin embargo, durante gran parte de su vida residió en Guadalajara, donde conoció y frecuentó a Rabí Isaac Ibn Sahula, en Ávila y en Valladolid.

Nuestro autor ha dejado un buen número de textos de un interés discutible y es conocido principalmente por atribuírsele la redacción del Zohar. Con todo, a pesar de los trabajos de los eruditos que parecen confirmarlo, sigue habiendo una cierta controversia al respecto. Entre todos sus libros destaca *El siclo del santuario*, en el que podemos encontrar algunos paralelismos, aunque no muchos, con el Zohar, como veremos más adelante. Si bien el Zohar no se imprime hasta el año 1558, en Mantua (Italia), mucho antes circularon extractos de la obra en forma de fascículos. Los eruditos no se ponen de acuerdo sobre cuándo empezó a difundirse y hay quienes hablan de 1260 y otros de 1280. Si la primera fecha fuera la correcta, difícilmente alguien de apenas veinte años podría ser su autor. Por otra parte, cuesta creer que una obra tan elaborada, de más de 1700 páginas, haya sido escrita a partir de la nada y por un solo hombre, que además nos ha dejado otros 24 libros. El hecho de que haya algunos paralelismos con el Zohar no nos parece una prueba definitiva de que se trate del mismo autor, tanto más cuando también los hay con el Midrash y con el Talmud. Por otra parte, Najmánides de Girona (1194-1270) ya menciona al Zohar en su *Comentario de la Torá*. Najmánides se instaló en Israel en el año 1267 y este comentario es anterior, por lo cual podemos deducir que el Zohar ya circulaba antes del año 1267. Isaac de Ako declara que Najmánides lo había encontrado en Israel y desde allí lo habría enviado a Cataluña, sin embargo, nada parece confirmarlo. Según Moshe Miller, el Zohar, como el Talmud, no es obra de un único autor, sino el resultado de varias generaciones de maestros y discípulos. Esta última posibilidad nos parece bastante más verosímil que las manejadas por la mayoría de estudiosos.

Otros textos relevantes de Rabí Moisés de León, que él mismo se cuida de citar en *El siclo del santuario,* son *El libro de la Granada* o *La rosa del testimonio*. Nuestro autor nos ha dejado también *El libro de la balanza* o *El libro del Jardín del Edén*. Este interés en autocitarse bien podría deberse a la necesidad de hacer publicidad de sus obras: vivía de vender sus manuscritos.

Al principio de *El siclo del santuario*, nuestro autor escribe que «las palabras que están escritas en el primer libro de los cinco libros de la *Torá* son diez alocuciones por medio de las cuales se creó el mundo», idea que efectivamente reencontraremos al principio del Zohar (I-15a). Pero se trata también de un concepto que ya aparece en la Mishná, en el tratado de *Nezikim*, en los *Pirkei Avoth* (V-1).

Curiosamente, Rabí Moisés de León no utiliza la guematría, cosa que sí hace a menudo el Zohar. No la desconoce, pues nos deja algún guiño con el número 70, pero no se sirve de ella.

En un momento dado, parafraseando un pasaje del Zohar (I-20b) donde se habla de la carne como vestimenta del hombre, denomina al Zohar *Sitrei Torah* (Misterios de la *Torá*).[2]

También parece recurrir al Zohar (II-148a) cuando habla de los siete tipos de oro: «Oro de Ofir, oro de Parvaim, oro puro, oro condensado, oro amarillento, oro de Saba, oro oculto». Con todo, esta clasificación ya aparece en el Midrash *Shir haShirim Rabbah*.

El testimonio de Isaac de Ako, que apareció en la primera edición del *Sefer Yuchasin* (1566), fue censurado a partir de la segunda edición (1580), por lo que permaneció ausente de todas las ediciones posteriores hasta casi trecientos años después en la edición de 1857. Probablemente fue uno de los primeros sabios en dudar y declarar que Rabí Shimon bar Iojai no fue el verdadero autor del Zohar. Sin embargo, un par de siglos después de la muerte de Isaac de Ako, Elías Delmedigo (1458-1493), en su *Bejinat haDaat*, se esforzó por demostrar que el Zohar no podía atribuirse a Rabí Shimon bar Iojai argumentando que, si fuera obra suya, el Zohar habría sido mencionado por el Talmud, como fue el caso de otras obras del período talmúdico.

Durante su estancia en la península ibérica, Isaac de Pancorbo le diría a Moisés de Ako que la historia de un supuesto manuscrito del

---

2. La idea de la carne como vestidura aparecerá también en el *Zohar de Ruth y Lamentaciones* (82d). Véase pág. 163 de nuestra edición, Ediciones Obelisco, Rubí, 2021.

Zohar no era más que un invento, y que Moisés de León redactó él mismo todo lo que contiene este libro. El relato del encuentro entre Isaac de Ako y Moisés de León también parece de película:

«Vine a la ciudad de Valladolid y me reuní allí con Rabí Moisés de León. Me juró que el libro de Rabí Shimon bar Iojai (el Zohar) lo tenía en su casa de Ávila y que me lo enseñaría cuando yo fuera allí. Pero en el camino de regreso a su casa, falleció en Arévalo.

»En Ávila, la esposa de Rabí Moisés de León juró que su marido jamás había tenido el original del Zohar y que lo escribió de su propia cosecha y con sus propios conocimientos».

De este modo, este escritor de *soddot* (secretos) se llevaría a la tumba su gran secreto.

EL EDITOR

ספר שקל הקדש
רבי משה די ליאון ז"ל

EL LIBRO DEL SICLO
DEL SANTUARIO

Rabbí Moisés de León, de bendita memoria

הקדמה:

אמר המחבר כוונתי לכתוב הספר הזה כדי להכנס בסוד דרכי האמו־
נה ולדרוך במסלות אשר הקדמונים דרכו בם ללכת בדרך האמונה
הקדושה לכונן מחשבות אדם ומעגלותיו ולדעת ולהכיר האדם דעת
האמתי בדעת עליון, להיות האדם נבדל בדעת וחכמה משאר הנב־
ראים מפני שהאדם נבדל בצלם ובדמות כדי שישתדל בדרך הדעת
הנכונה, לישר הליכות נפשו כי בלתי הדעת האמתי הנפש חסרה
היא כאשר אמר חכם הרזים.

PRÓLOGO:

Declara el autor que tuvo la intención de escribir este libro para aden-
trarse en el secreto de los caminos de la fe y hollar los senderos que los
antiguos recorrieron en el camino de la santa fe[1] para organizar
los pensamientos del hombre y redondearlos y darle a conocer el cono-

---

1. Como señala Charles Mopsik en su traducción de esta obra, esta expresión, *haEmunah
haKeddushah* (האמונה הקדושה) por lo demás común entre los cabalistas, «designa a la doc-

cimiento de la verdad (*Daat haEmiti*) y el conocimiento elevado; el hombre se diferencia en conocimiento y sabiduría de las otras criaturas porque el hombre es diferente en imagen y semejanza,[2] por lo que se esfuerza de la manera correcta para enderezar el comportamiento de su alma, ya que si carece del verdadero conocimiento del alma es como un indigente, como dice el sabio (conocedor) de los misterios.[3]

גם חסר (בלא) דעת נפש לא טוב. וגם אמנם כי מקודם זה בהתחלת החבורים אשר עשיתי חברתי ספר הנקרא שושן עדות, ולפי שצריך האדם המשכיל להכנס יותר בעניין הנכון הוצרכתי לחבר חבור זה לכבוד הנשיא הגדול המעוז המגדול ר' יוסף הלוי ירום הודו בן כבוד הרב הגדול המעוז המגדול ר' טודרוס הלוי מ"כ.

Además, «tampoco es bueno para una persona carecer de conocimiento».[4] Y también porque antes de esto, al principio de los grupos de estudio en los que hice un libro llamado *Shoshan Edut*,[5] y según lo que necesita el hombre entendido para involucrarse más en el asunto correcto, hice bien en componer esta obra en honor al gran príncipe y la gran fortaleza, Rabbí Iosef haLevi, que repose en la gloria, rabino de gran fuerza y gran fortaleza, Rabbí Todros haLevi, ¡repose en la gloria!

ואני משה בר שם טוב מעיר ליון ת.נ.צ.ב.ה חברתי חבור זה בשנת חמשת אלפים וחמשים ושתים ליצירה בעיר ואד אל חגרה. ומה־

---

trina cabalística así como a su contenido». Su guematria o valor numérico es 527 y, como nos señalan los cabalistas coincide con la de *Elohim Emet*, «Dios es Verdad».

2. Véase *Génesis* (I-26).

3. El sabio rey Salomón.

4. Véase *Proverbios* (XIX-2). Otra posible traducción sería «al alma sin sabiduría no es buena».

5. *El lirio del testimonio*. Hay versión española, El Lobo Sapiens, León, 2011.

שם יתברך אשאל מענה לשון באמרו לאדם מערכי לב ומיהוה מענה
לשון:

Y yo, Moisés, hijo de Shem Tov, de la ciudad de León, que esté mi alma ligada en el haz de los vivos, compuse esta obra en el año 5542 de la creación, en la ciudad de Guadalajara. Y en el nombre del Santo, bendito sea, pediré la respuesta de la lengua, como ha sido dicho «Del hombre son las preparaciones del corazón; mas del Eterno la respuesta de la lengua».[6]

זה השער לה' צדיקים יבואו בו אודה ה' מאד בפי ובתוך רבים אה־
ללנו, אודה ה' בכל לבב בסוד ישרים ועדה, אודך על כי נוראות נפ־
ליתי נפלאים מעשיך ונפשי יודעת מאד:

Ésta es la puerta del Eterno. Por ella entrarán los justos.[7] Alabaré al Eterno en gran manera con mi boca, y le loaré en medio de muchos.[8] Te alabaré; porque me formaste de una manera formidable y maravillosa; y esto mi alma conoce en gran manera.[9]

יש לדעת כי הוא יתברך אחד מיוחד במעלתו וכי כל העולמות לא
יכלכלוהו וכל הנבראים לא ישיגוהו, ולא ידעו מהו, כי הוא יתברך
שמו מיוחד במעלתו ונעלה ונשגב, ונתיחד ביחוד שאין המחשבות
וההרהורים יכולים להרהר ולחשוב מחשבות, כי אין דעת והרהור
שיוכל לדמות מעלת הדרו לשום דמות וצורה כפי הצורות ודמיונות
בני אדם שמדמים בנפשם צורת חברו ומחקק אותה בלבו, אע"פ
שלא ראה דמותו מעולם חס ושלום מלהיות המחשבה הזאת בלב
שום אדם כי הוא יתברך אין לדמות אותו בשום דמות וצורה כאמרו

---

6. Véase *Proverbios* (XVI-1).
7. Véase *Salmos* (CXVIII-20).
8. Véase *Salmos* (CIX-30)
9. Véase *Salmos* (CXXXIX 14).

ואל מי תדמיון אל ומה דמות תערכו לו, כי אין בלבנו לדמות אותו
בשום דמות פן יסתר בניינו, ודעתו תבהל:

El hombre ha de saber que Él, bendito sea, es uno, único en su majestad y que todos los mundos no podrían contenerlo[10] y que todas las criaturas no lo podrían alcanzarlo, y no saben quién es Él, bendito sea su nombre, único en su majestad, exaltado y sublime. Y en su unicidad, ni los pensamientos ni las reflexiones pueden meditar ni concebirla, ya que no hay conocimiento ni reflexión comparables a la virtud de su esplendor que no se puede comparar con ninguna figura y forma como las formas e imaginaciones de los hombres que imaginan en sus mentes la forma de su prójimo y la representan en su corazón a pesar de que nunca hayan visto su imagen. Dios no quiera tener este pensamiento en el corazón de ningún hombre ya que Él, bendito sea, no debe ser representado con ninguna figura o forma según ha sido dicho «¿A qué, pues, haréis semejante a Dios, o qué imagen le compondréis?».[11] Porque no está en nuestro corazón compararlo con ninguna figura, no sea que nuestro edificio se destruya y nuestra mente se turbe.

וכל הנבראים יש להם למנוע מחשבותם מלהרהר שום הרהור פן
יהרסו אל ה' לראות ונפל מהם יסוד בניינם וחכמתם תתבלע, ואם
יעלה דעתך ופן תאמר בלבבך, והלא כתוב בתורה ועל דמות הכסא
דמות כמראה אדם עליו מלמעלה, וכן כיוצא בזה הרבה בתורה אל
תבהל ברוחך, ואל תאמר כי שגגה היא ולמה יקצוף האלהים על
קולך הלא ידעת אם לא שמעת אשר חכמים הגידו ולא כחדו מאב-
תם, כי כל העניינים האלה אשר הם נכתבים בתורה כבר אמרו דברה
תורה כלשון בני אדם כפי מה שהאוזן יכולה לשמוע והלב להבין:

Y todas las criaturas tienen que evitar que sus pensamientos reflexionen sobre cualquier contemplación,[12] no sea que sean destruidas para que no traspasen el término para ver al Eterno, porque caerán multitud de ellos,[13] el fundamento de su edificio y su ciencia es perdida.[14] Y si se te viniera en mente y dijeras en tu corazón, ¿acaso no está escrito en la *Torah* «y sobre la figura del trono había una semejanza que parecía de hombre sentado sobre él»[15] y muchas otras cosas en la *Torah*, no se apresure tu espíritu[16] y mejor es que no prometas, que no que prometas y no pagues.[17] ¿Acaso no has comprendido lo que explican los sabios que no han sido refutados por sus padres? A propósito de todas estas cosas que están escritas en la *Torah* han dicho «la *Torah* habla la lengua de los hombres»,[18] de acuerdo a lo que el oído puede oír y el corazón entender.

ואמנם יש לדעת לכל משכיל כי צורתו הנתונה במאסר הגוף אין כל
באי עולם וכל החכמים העושים את כל מלאכת הקדש אינם יכולים
לדמות הנפש לשום דמות וצורה בעולם, ואם את הנפש הזאת אשר
היא דרה תמיד עם בני אדם אין מי שיוכל לדמות אותה לשום דמות
וצורה כל שכן וכל שכן הוא יתברך אשר עשה את הנפש הזאת
שהוא נבדל מכל דמות וצורה, וכבר אמרו ז"ל בגמרא ברכות בפסוק
אמרו ברכי נפשי את ה', שדמו מעלות הנפש לבורא, וראיתי במדרש
בסוד אמרו חכמים עמודי עולם מקשים ודבקים לאחד בין כפי מנה-
גם הישר בדרך האמת ואמרו בפסוק אמרו ומבשרי אחזה אלוה מב-
שרי אחזה אלוה אלוה מבשרי מענין הסתום בבשרי יש לי לדעת ולהכיר
ענין מעלתו והדרו יתברך, ועל כן תוכל להשיג מדרך הנפש הזאת

---

12. Véase *Sefer Yetzirah* (I-8).
13. Véase Éxodo (XIX-21).
14. Véase *Salmos* (CVII-27).
15. Véase *Ezequiel* (I-26).
16. Véase *Eclesiastés* (VII-9).
17. Véase *Eclesiastés* (V-5).
18. Véase Talmud, tratado de *Berajoth* (31b).

אשר בקרבך עניין גודל מעלתו יתברך, וכי הוא מובדל מכל מאורעות
ועניינים הגופניים אשר בעולם:

Y ciertamente, toda persona esclarecida debe saber que su propia forma está encarcelada en el cuerpo,[19] y ningún individuo ni todos los sabios que hacen todo el trabajo sagrado pueden comparar esta alma con ninguna figura y forma en el mundo, Y si esta alma que siempre está afligida en los seres humanos no hay quien la pueda representar con ninguna figura y forma, tanto más y más será con Él, bendito sea, quien hizo esta alma diferente de toda figura y forma. Y ya dijeron nuestros sabios, de bendita memoria, en la Guemará en *Berajoth* a propósito del versículo «que mi alma bendiga al Eterno»,[20] que se pueden comparar los grados del alma con el Creador,[21] Y vi en el Midrash a propósito del secreto que dijeron los sabios, pilares del mundo, que discuten y luego se ponen de acuerdo como es su costumbre en el recto el camino de la verdad, y dijeron a propósito del versículo «desde mi carne veré a Dios».[22] «Desde mi carne», a partir de lo que está oculto en mi carne debo conocer y comprender el asunto de su majestad y su gloria, bendito sea, y entonces podrás captar por medio de esa alma que está en ti el asunto de la grandeza de su majestad, bendito sea, y que Él está separado de todos los eventos y asuntos físicos del mundo.

והנני מעוררך להעמידך על הנכון לדעת כי הוא יתברך אין מי שיוכל
להשיג זוהר מעלתו וגודל עוצמו ותוקפו ועד תוכן בנין גופו האדם
יכול להשיג כפי מחשבתו ומשם והלאה הקול קורא ואומר אל תעלו
כי אין ה' בקרבכם, ומכאן והלאה יש לי להכנס בסוד דרכי החכמה

---

19. Idea que no aparece en la *Torah* pero sí entre los cabalistas que podrían haberla tomado de Platón.
20. Véase *Salmos* (CIII-1).
21. Vease Talmud, tratado de *Berajoth* (10b).
22. Véase *Job* (XIX-26)

הנוראה של חכמים יודעים חן היודעים בינה ומביני מדע והנני מחלק
הספר לחכמים ידועים כפי אשר צריך בכל חלק וחלק בשקל הקדש:

Y yo te insto a que te des cuenta de lo verdadero, para saber que
nadie puede alcanzar el esplendor del nivel de Él, bendito sea, y alcanzar la virtud y la magnitud del poder sino por la estructura del
cuerpo humano; el hombre puede alcanzarlo en la medida de su pensamiento a partir de la voz que llama y dice «No subáis, porque el
Eterno no está en medio de vosotros».[23] , Y de ahora en adelante tengo
que penetrar en el secreto de los caminos de la sabiduría terrible de los
sabios que conocen la gracia (חן), que poseen inteligencia (בינה) y
entienden la ciencia, y dividiré el libro en varias partes como conviene
a cada parte y porción del Siclo del Santuario.

שער יסוד:

Primera puerta

החלק הראשון הוא לדעת ולהשכיל על אשר אמרנו בתחלה, כי הוא
יתברך אין מי שיוכל להשיג ולדעת ולהרהר ולחקור ולחשוב מחש־
בות אמנם נוכל להשיג קצת מסוד דרכיו הנוראים והם המדות הנו־
ראים, באשר הוא יתברך ברא בהם את העולמות כי הוא עדות ברו־
רה בתורה בפסוק ראשון של תורה, בראשית, כי על כל פנים בכל
התורה כלה תמצא כפי סוד העניינים האלה:

La primera parte es conocer y meditar sobre lo que dijimos al principio. Porque Él, bendito sea, no hay nadie que pueda alcanzarlo y conocerlo y meditar (sobre Él) y explorar y establecer pensamientos (a
propósito de Él). Podemos vislumbrar algo del secreto de sus caminos

---

23. Véase *Números* (XIV-42).

terribles que son sus *Middot* terribles,[24] con las que creó el mundo. En cuanto a Él, bendito sea, creó con ellas los mundos porque hay un testimonio claro en la *Torah* en el primer versículo de la *Torah, Bereshit*, porque en cualquier caso en toda la *Torah* encontrarás el secreto de estos asuntos.

והנני מגלה לך הסוד בהיות התורה עדות בסוד בראשית כבר הורו־
נו על סוד הסתום הנעלה במעלה העליונה, האויר הזך שאינו נתפש
כי היא מעלה נעלה ונסתרת מכל שאר המעלות אשר תחתיו, ואמנם
כי סוד המעלה הזאת אינה מעלה נשגת בשום צד בעולם, והיא כלל
כל האספקלריאות האחרות, משם יצאו בסוד הנקודה היוצאת אשר
היא מעלה נסתרת והיא מקבלת מסוד האויר הזך הנסתרת, ממנה
יצאו ואליה ישובו, ועל כל פנים בהיות זו המעלה עיקר נסתר ונע־
לם אינו נתפס בשום צד, וגם כי סוד הנקודה העליונה היוצאת ממנה
היא עלומה ונסתרת נתפסת היא בסוד ההיכל הפנימי כאשר נפרש
בע"ה:

Y he aquí que te revelare el secreto, de lo que en la *Torah* es un testimonio según el secreto del *Génesis* y ya hemos sido instruidos en el sublime secreto sellado y oculto del más alto nivel, el aire puro (הזך האויר) que no se percibe porque es sublime y está oculto a todos los demás grados que están debajo de él. Y de hecho porque el secreto de esta virtud no es una virtud accesible en ningún lado del mundo, e incluye a todos los demás espejos.[25] De ahí salieron en el secreto del punto de salida que es un eslabón oculto y recibe del secreto del aire puro (האויר הזך) oculto. De él salieron y a él volverán, y en todo caso, no se percibe por ningún lado ya que es una esencia oculta y escondida, también porque el secreto del punto superior que sale de él

---

24. Literalmente «medidas», son atributos divinos. Este concepto se aplica también a las Sefirot.
25. Otra manera de nombrar a las Sefirot.

es oscuro y oculto, y se percibe en el secreto del templo interior, como explicaremos con la ayuda del Eterno.

ואמנם כי סוד הכתר העליון אשר אמרנו שהוא סוד האויר הזך הנת-
פס, הוא נקרא סבת כל שאר הסבות ועלה לכל העלות, ואמנם כי על
כן אמרו ז"ל כי הסבות והמאמרות אשר הם כתובים על ספר הרא-
שון מחמשה חומשי תורה הם עשרה מאמרות שבהם נברא העולם,
כאמרם ז"ל בעשרה מאמרות נברא העולם והא תשעה הוו, ברא-
שית נמי מאמר היא בהיותו זו העלה עיקר כולם ואמנם כי יש מפר-
שים במורד המדרגה התחתונה אבל על כל פנים כפי דעת היודעים
חן, היא סבה העליונה סבת הסבות ועלת העלות וגם כי היא מעלה
מיוחדת על כל פנים מאמר הוא:

Y de hecho, debido a que el secreto de la corona superior[26] que como dijimos es el secreto del aire puro (האויר הזך) inalcanzable, se llama la causa de todas las demás causas y el origen todo origen, por esta razón nuestros maestros, de bendita memoria, dijeron que las causas y las palabras que están escritas en el primer libro de los cinco libros de la *Torah* son diez palabras por medio de las cuales se creó el mundo, como dicen nuestros maestros, de bendita memoria, «por diez palabras se creó el mundo ¡y son nueve!». *Bereshit*, al principio, también es una palabra ya que es el punto principal de todos[27] y de hecho algunos explican que, descendiendo hasta el último escalón,[28] pero en cualquier caso según la opinión de los que conocen la gracia, se trata de la causa suprema, la causa de las causas y el origen de los orígenes. Y aunque se trate de un grado especial es una palabra.

---

26. *Keter Elion*, la primera sefirah.
27. Véase Zohar (I-15a): «*Reshit*, la primera locución de todas», pág. 134 de nuestra edición, Ediciones Obelisco, Rubí, abril de 2018.
28. La última Sefirah.

ולפי זה הדרך תוכל להבין העניין הנכון על אשר אמרנו בהיות הוא
יתברך מיוחד במעלתו ואין לחקור ולהרהר בשום צד במה שאינו
מורשה כפי אשר אמרנו, ואמנם כי סוד עניין זה סבה העליונה שהיא
העלה הנסתרת מהכל מציאות הראשון היוצא ממנו בראשונה היא
סוד הנקודה הראשונה ומשם משתלשל סוד המציאות, כי סוד נקו־
דה אחת היא התחלה לכל ההתחלות וראשית כל ההויות ועל כן
אמר בעל ספר יצירה ולפני אחד מה אתה סופר כלומר ולפני נקודה
אחת מה מה יוכל החושב לספור ולחשוב, כי לפני נקודה אחת אינו זו־
לתי אין סוד האויר הזך שאינו נתפס אשר אמרנו, ועל כן נקרא אין
כלומר אין מי שיוכל לעמוד עליו, ואם ישאל השואל ויאמר היש פה
יש שיוכל אדם לחשוב בו ואמר אין, כי על כל פנים אין הוא דבר הנ־
סתר שאין מי שיוכל לעמוד בו, ועל עניין זה תוכל לדעת כי סודו וע־
ניינו אין הוא:

Siguiendo este camino llegarás a comprender el sentido exacto de lo que hemos dicho, a saber, que el Santo, bendito sea, es único en su rango y que no debemos reflexionar ni especular de ninguna manera en lo que no nos ha sido permitido, como ya hemos dicho. Y ciertamente es porque el secreto de este asunto es la causa suprema, que es el origen oculto de toda realidad, lo primero que sale de él es el secreto del primer punto, y de ahí pende el secreto de la realidad. Porque el secreto del primer punto es el comienzo de todos los comienzos y el principio de todos los seres y por eso el autor del *Sefer Ietzirah*[29] dijo: «antes de uno, ¿qué cuentas? O sea, antes del primer punto, ¿qué puede el pensador contar y pensar? Porque antes del primer punto no hay más que la nada, secreto del aire puro que no se percibe, como dijimos. Y, por lo tanto, se llama «nada»,[30] es decir, no hay nadie que pueda comprenderlo, y si el interrogador pregunta y dice que hay un «algo» aquí, una persona puede pensar en ello y dirá que no hay nada, porque

---

29. Véase nuestra edición *Sefer Yetzirah, el Libro de la Formación*, 2ª edición, Ediciones Obelisco, Rubí, 2018.
30. En hebreo *Ein* (אין).

en todo caso es una cosa oculta sobre la que nadie puede reflexionar. De este modo conocerás que su secreto y su significado es «nada» (אין).

התחלת המציאות בהיותו הוא יתברך נעלה ונשגב במעלתו ולהיותו נמצא בסוד מציאותו היא סוד הנקודה העליונה הרמה על כל רמים ומשם מתפשטים כל ההויות וכל הסבות הנמצאים בסוד מציאותו יתברך, כי תדע לך כל ההויות אינן נמצאות מעלה ומטה זולתי מסוד נקודה אחת ומסוד נקודה אחת ימשכו כל ההויות בסודותן ועל כן היא התחלת כל הדברים כי על כל פנים האספקלריאות הן נמשכות מסוד ההתחלה הראשונה.

El comienzo de la realidad en tanto que es Él, bendito sea, elevado y sublime en su superioridad y en tanto que existe en el secreto de su realidad es el secreto del punto supremo, más allá de todos los niveles y de ahí se extienden todas las esencias y todas las causas que están en el secreto de su realidad, bendito sea. Has de saber que las esencias sólo existen arriba y abajo a partir del secreto del primer punto. Y todas las esencias proceden según su secreto del secreto del primer punto, y por lo tanto es el comienzo de todas las cosas porque en cualquier caso los espejos proceden del secreto del primer comienzo.

ואמנם בהיות זו הנקודה התחלת כל העניינים נקראת מחשבה כי אין מחשבה תלויה זולתיה על דבר נסתר ונעלם והיא נקראת נקודה מח־ שבית ואמנם כי כל העניינים מעלה ומטה אינם מתהוים זולתי מתוך מחשבה כי המחשבה סתומה והמחשבה אינה נקראת מחשבה זולתי כפי העניין אשר אמרנו:

Y dado que este punto es el comienzo de todas las cosas se llama pensamiento, porque no hay otro pensamiento sino sobre algo oculto y escondido y se llama punto de pensamiento y, de hecho, todas las cosas arriba y abajo no se manifiestan excepto por el pensamiento, ya que el pensamiento es oscuro y el pensamiento no se llama pensamiento si no es como dijimos.

והנה יש לך לדעת סוד המחשבה הזאת שהיא סוד נקודה נעלמה התחלת כל העניינים כפי הסוד הנכון אשר אמרנו, וגם אמנם כי ענין שמות הסודות האלה נפרש בע"ה ועדיין נחזור העניינים כולם כל אחד ואחד בסודו ועניינו סוד העניין הנכון בזו הנקודה הנעלמה היא סוד הנתפס בהיכל הפנימי כי האויר הזך הפנימי אינו נתפס לעולם, וזו הנקודה המחשבית היא אויר הנתפס על כי הוא נתפס בסוד ההיכל הפנימי קדש הקדשים והיה כל מבקש ה' יקרב אל פתח ההיכל ואזי יקנה בינה, ואמנם כי כל הדברים עלו במחשבה ומשם נבראו ונתהוו בסודותם ועניניהם וכבר עלה הכל במחשבה, ואל יאמר האומר ראה זה דבר חדש בעולם אומר לו ישתוק כבר עלה במחשבה כי כל העניינים וכל הדברים מה שהיו מקודם זה ומה שעתידין להיות הכל עלה במחשבה:

Y he aquí que has de conocer el secreto de este pensamiento, que es el secreto de un punto huidizo, origen de todas las cosas, de acuerdo al secreto verdadero que dijimos. Y aunque el asunto de los nombres de estos secretos lo explicaremos con la ayuda del Eterno; sin embargo, volveremos a todos los asuntos uno por uno según su secreto y su significado. El secreto del significado correcto de este punto huidizo es un secreto percibido en el palacio interior porque el aire puro interior nunca se percibe. Y este punto de pensamiento, es un aire que se percibe porque se percibe en el secreto del palacio interior, el *Sancta Sanctorum*, y todo el que busque a Dios se acercará a la entrada del palacio y luego obtendrá inteligencia.[31] Y ciertamente todas las cosas ascendieron a la mente y de ahí fueron creadas y formadas según su secreto y su finalidad y ya desde el principio todo ascendió a la mente. Y que nadie diga que esto es una cosa nueva en el mundo. Que se le diga

---

31. En hebreo *Binah* (בינה).

que se calle, ya que todos los asuntos y todas las cosas que estaban antes y todas las que estarán, todo ascendió al pensamiento

מתוך נקודה זו התעלומה מתפשט ויוצא היכל הקדש הפנימי ונ־
תהווה ונברא מתוכו ונקרא קדש הקדשים שנת החמשים והוא הנק־
רא קול הדק הפנימי היוצא מתוך המחשבה, וכל ההויות וכל הסבות
משם יוצאים בכח הנקודה העליונה, ועדיין נפרש העניינים בסודותם
ועניינם בעניין החלק השני בע"ה, עד כאן סוד השלש הספירות הע־
ליונות הנסתרות הנעלמות והנטמנות בסודותן וענייןן, ומכאן והלאה
סוד העניינים בסוד המציאות והדברים העומדים בשאלה:

A partir de este punto misterioso se extiende y surge el palacio interior y se forma y crea fuera de él y se llama el *Sancta Sanctorum* del año cincuenta y se llama la voz sutil interior que sale del pensamiento. Y todos los seres y todas las causas de allí emergen por el poder del punto supremo. Y, sin embargo, explicaremos estos asuntos en sus secretos y su significado en la segunda parte con la ayuda del Eterno. Hasta ahora se trataba del secreto de las tres Sefirot superiores[32] ocultas, misteriosas y disimuladas en sus secretos y significados. Y en adelante el secreto de los asuntos referentes al secreto de la realidad y las cosas que pueden cuestionarse.

בענין סוד אמרו אמרו כי שאל נא לימים ראשונים, ימים ראשונים אמרו
ז"ל הם ששת ימי בראשית והם סוד קצוות העליונות היוצאים מתוך
השפר כי הוא סוד הקול אשר שמעתם כי אמנם קול הדק הפנימי לא
נשמע החוצה כלל ואין להרהר ולשאול עליו, כל שכן על הנסתרות
העליונות והם אלו הששה הם ששה רקיעים הנסתרים המניעים לכל
העולמות והעולמות למטה כולם נתהוו ונבראו מסוד אלה הרקיעים:

---

32. O sea, *Keter, Jojmah* y *Binah*.

A propósito del secreto ha sido dicho: «Pregunta, pues, ahora de los tiempos pasados».[33] Nuestros maestros, de bendita memoria dijeron que los días pasados (literalmente «los primeros días») son los son los seis días del Génesis y son el secreto de las extremidades superiores que surgen del *Shofar*, que es el secreto de «la voz que escuchasteis»,[34] ya que de hecho la voz sutil interior no se escucha en absoluto desde el exterior. No hay que reflexionar ni cuestionarse especialmente sobre la parte superior oculta y mucho más con los misterios más elevados. Estos seis son seis cielos ocultos que mueven todos los mundos y todos los mundos de abajo fueron manifestados y creados a partir del secreto de estos cielos.

הרקיע הראשון הוא הרקיע הנקרא רקיע דרום והוא סוד הימין ימי-
נו של מקום בשער האהבה כהן גדול שנוטל בראש בסוד מעלת
חסד אל, ואמנם כי הרקיע הזה הוא יסוד המים בסוד דת קדומת
המים וזהו התחלת כל העולמות וכל הדברים למטה ובזה הרקיע
ברא הב"ה את עולמו ובו נכללו שאר הרקיעים כי מימינו אש דת,
והכהן הגדול מאחיו אשר יוצק על ראשו שמן המשחה ומלא את ידו
להיות עטיפת הראש אשר בו נתעטף ובורא העולם כענין סוד אמרו
עוטה אור כשלמה נוטה שמים כיריעה, וזהו מאמר ר' אליעזר הגדול
שאמר שמים מאי זה מקום נבראו מאור לבושו של מקום שנאמר
עוטה אור כשלמה נוטה שמים כיריעה מלמד שנתעטף הב"ה באור,
ובָרא את השמים וזהו אור לבושו של מקום ב"ה, ואמנם כי הוא
התחלת הדברים בתוכן מציאותו יתברך שמו ועל כל פנים כי בהיות
זה הרקיע ראש הימין הוא כלל שאר הרקיעים כי הם שבע גלג-
לי התנועה, והגלגל העליון הוא קדש הקדשים הוא סבת כולם והוא
המסבב את כולם כי הוא הסבה העליונה העומד על ראשי החיות
מלמעלה והוא סוד הרקיע כעין הקרח הנורא העומד על ראשיהם
מלמעלה והוא סבת כולם וזהו אמרם ז"ל בגמ' חגיגה שבעה רקיעים
הם שהוא בין ר' יהודה וריש לקיש כאשר התעוררנו בספר שושן

---

33. Véase *Deuteronomio* (IV-32).
34. Véase (1 *Reyes* I-45).

עדות על אותם שבעה רקיעים שהתעוררנו כמנהגם הישר ואמרו עוד
יש רקיע למעלה מן החיות והוא הרקיע כעין הקרח הנורא כי מזה
הרקיע ולמעלה אין שום מחשבה יכולה להרהר ולדעת כלום והדב־
רים עתיקים:

El primer firmamento es el firmamento llamado Cielo del Sur y es el secreto de la derecha del lugar del Pórtico del Amor, y el Sumo Sacerdote que toma la cabeza en el secreto según de la gracia de Dios. Es cierto que este cielo es el elemento del agua en el secreto de la ley de la primordialidad del agua y éste es el origen de todos los mundos y todas las cosas de abajo, y por medio de este cielo el Santo, bendito sea, creó su mundo e incluyó en él los otros cielos porque «a su diestra la ley de fuego para ellos»,[35] y el Sumo Sacerdote, el mayor de sus hermanos que derrama sobre su cabeza el aceite de la unción y llena su mano para que sea el envoltorio de la cabeza en la que está envuelto y creado el mundo según el secreto de «El que se cubre de luz como de vestidura, que extiende los cielos como una cortina».[36] Y esto es lo que afirma Rabbí Eliezer el Grande, quien dijo: «el cielo, ¿de dónde fue creado? Es el lugar creado partir de la luz del vestido del Lugar,[37] según ha sido dicho: «El que se cubre de luz como de vestidura, que extiende los cielos como una cortina». Esto nos enseña que el Santo, bendito sea, se envolvió de luz y creó los cielos y ésta es la luz del vestido del Lugar, bendito sea, que en verdad es el origen de las cosas en el seno de su existencia, bendito sea su nombre. En verdad es el origen de las cosas en el seno de su existencia, bendito sea su nombre, y en todo caso porque al estar los cielos a la cabeza de la derecha, contiene al resto de los cielos porque hay siete esferas móviles y la rueda superior es el *Sancta Sanctorum*, la causa de todas ya que es la causa superior que está sobre la cabeza de los vivientes arriba, y es el secreto de «un cielo a manera de un cristal mara-

---

35. Véase *Deuteronomio* (XXXIII-2).
36. Véase *Salmos* (CIV-2).
37. En hebreo *Makom* (מקום), un nombre de Dios.

villoso, extendido encima sobre sus cabezas».[38] Él es la causa de todos y esto es lo que dijeron nuestros maestros, de bendita memoria, en la Guemará de *Jaguigah*: «hay siete cielos». Y es algo entre Rabbí Iehudah y Reish Lakish como ya desvelamos en el libro *Shoshan Edut* a propósito de esos siete cielos sobre lo que nos explayamos como es nuestra costumbre y también dijeron: «hay un cielo más allá de los vivientes y es este cielo como un cristal inmenso» porque a partir de este cielo y por encima de él ningún pensamiento es capaz de reflexionar o conocer nada ya que son cosas primordiales (דברים עתיקים).[39]

ואמנם כי אלו הששה מזהירים ומתנוצצים ממקור החיים אשר על ראשיהם מלמעלה וזה אשר התעוררנו מזה הרקיע שהוא רקיע הימין, ומה שאמרו רקיע רקיעים הוא ענין נכון בהיות המשכת ההת־פשטות המתפשט והנמשך מתוך המעין ועל כן יש לומר רקיע, והר־קיע העליון המשכת ההתפשטות המתפשט מתוך הנקודה המחשבית הנסתרת למעלה מעוז החביון ועל כל פנים כאשר תסתכל בעניינים האלה אשר אמרנו תמצא אם הספירות נבראות ואם לאו, ומהו הבריאה כי בריאה הוא יש מאין, ואמנם כי כל בריאה צריך להיות עליה יצירה שהיא חלה על בריאה והיא גדולה במעלה עליה המ־צייר את הבריאה כי אע"פ שהבריאה נבראת מאין אין בו ציור הכח המזהיר והמתנוצץ תמיד כזוהר והיא סוד היצירה שהיא מציירת לבריאה ועל אלו השתים הוא הכח האמיתי הנותן בהם נשמה וכח להניע ולהתנועע וזהו סוד עשייה שהוא סוד התקון המתתקן בתקון על הכל וזהו גודל המעלה העולה על הכל כענין מה שאמרו ז"ל בסוד ויעש אלהים את הרקיע ואמרו לחים היו ונקרשו כי על כל פנים גודל המעלה היא עשייה.

Y ciertamente, estos seis están radiantes y resplandecientes a partir de la fuente de vida que está sobre sus cabezas, arriba, y lo que hemos desvelado de este firmamento es que es el firmamento de la dere-

---

38. Véase *Ezequiel* (I-22).
39. Literalmente «remotas», «antiguas».

cha, y cuando dicen «firmamento, firmamentos», es un asunto correcto al ser la continuación de la expansión de la fuente y, por lo tanto, hay que decir « firmamento», y el firmamento superior es la continuación de la expansión que se extiende desde el punto oculto del pensamiento que se oculta por encima del poderoso escondite y, en cualquier caso, cuando examines estos asuntos que hemos dicho, descubrirás si las Sefirot fueron creadas o no, y qué es la creación, la creación a partir de la nada y, ciertamente, toda creación debe tener una formación que se aplique a la creación y sea más elevada que ella ya que es la que da forma a la creación aunque la creación se crea de la nada no hay forma del poder resplandeciente y resplandeciente siempre como resplandor y es el secreto de la formación que configura la creación y encima de estos dos está el poder real que les da alma y fuerza para moverse y desplazarse y éste es el secreto de la fabricación, que es el secreto de la corrección que lleva todo a la perfección y ésta es la grandeza de la virtud que trasciende todo como nuestros maestros de bendita memoria dijeron a propósito del secreto de «Dios creó los cielos» y dijeron que al principio eran húmedos y más tarde se solidificaron; en fin, el grado más elevado es la fabricación.

ואמנם יש לחזור על מה שהיינו בביאורו הרקיע שהוא רקיע הימין בגדולת המעלות ועל שהוא סוד הימין הוא נקרא גדולה כי כך הוא על כל פנים, ואמנם כי סוד הכהן הגדול הוא משרת לפני לפנים וב־ קדש הקדשים לו מכונים והוא סוד המים ובהתחלף היסודות להיותם נכללים זה בזה, אמנם המים נחזרו לאש והאש למים כי כך נכללים זה בזה:

Y ciertamente, debemos regresar a nuestra explicación. El firmamento que es el firmamento de la derecha en la escalera de las virtudes y que él es el secreto de la derecha, se le llama *Guedulah* porque así es en todo caso, y de hecho el secreto que el Sumo Sacerdote oficia en lo más profundo del *Sancta Sanctorum* hacia el que se vuelve. Y es el secreto del agua y los elementos porque están entrelazados los unos en los otros. Porque el agua se transforma en fuego y el fuego en agua, y así están entrelazados los unos con lo otros.

הרקיע השני הוא רקיע צפון והוא צד שמאל האש היסודי ובו נכ־
ללים המים אשר בימין והאש נכלל בימין והמים באש והתבונן כי
סוד הרקיע הזה גבורת ה' הוא והוא סוד הדין הקשה מדת הדין של
מעלה כי יש מדת הדין למטה והיא גבורה של מטה, ואמנם כי זהו
אמרם ז"ל בית דין של מעלה ובית דין של מטה בית דין של מעלה דן
בן עשרים שנה לפי גדלו ועצמו בית דין של מטה דנין את האדם מבן
שלש עשרה שנה ולמעלה וזהו הנכון, וגם אמנם כי נחזור לסוד הע־
ליונים האלה בתכונתם ועניינם:

El segundo firmamento es el firmamento del norte y es el lado izquierdo del fuego elemental e incluye el agua que está a la derecha y el fuego está incluido en el agua y el agua en el fuego, y observa que el secreto de este firmamento es el poder del Eterno. Y es el secreto del juicio severo de arriba porque existe el juicio de abajo y es el poder de abajo. Y ciertamente esto es lo que dijeron nuestros maestros, de bendita memoria, «tribunal de abajo y tribunal de arriba; el tribunal de arriba juzga a partir de veinte años según su grandeza y su fuerza él mismo, el tribunal de abajo juzga al hombre a partir de trece años una y otra vez» y esto es correcto, y volvamos a estos supremos secretos según su estructura y su función.

הרקיע השלישי הוא הרקיע הנקרא רקיע מזרח והוא יסוד הרוח
והוא המכריע בין האש ובין המים ונכללים בו ומשתרעים בו כי על
כן בהתחברם בו כאחד אזי נקרא שמים וזהו אמרם ז"ל מאי שמים
אש ומים על שם שהוא בלול מאש ומים וזהו הכסא הנכון סוד המ־
רכבה העליונה, ואמנם כי זהו סוד אמרו ואתה תשמע השמים מכון
שבתך וגו' ושמעת השמים, כי על כל פנים סוד העניין הזה הוא עיקר
יתד התקועה והוא המזרח מוצא השמש כי השמש ממנו יוצא וגם
כי יוצא ממקצהו אשר לו דכתיב מקצה השמים מוצאו, כדוגמת הב־

רית הנרשם היוצא מן הגוף ואמנם כי זהו סוד ענין אמרו אלה תול-
דות יעקב יוסף כי יוסף הצדיק יוצא מיעקב ויעקב לא שימש בלב-
נה אלא בצדיק זה שומר הברית והבן, ומה נחמד הענין ונכון למבין
בהיותם ז"ל מעוררים הנסתרות כפי מנהגם הישר ואמרו יעקב לא
שמש בלבנה אלא ביוסף כי כיון שנולד יוסף ראה שכינה מזדווגת
עמו, משה נמי לא שימש בה אלא ביוסף שנאמר ויקח משה את
עצמות יוסף עמו, ודקדקו ואמרו כיון דכתיב ויקח משה את עצמות
יוסף מהו עמו אלא מכאן שיעקב ומשה לא שימשו בלבנה אלא עמו
וזהו הנכון והתעוררות האמת, ומה נחמד הענין כי אין הגוף מזדווג
בנקבה אלא בברית ויוסף שומר הברית היה וזכה מקומו ונקרא צדיק
ושמו גורם יוסף תוספת הגוף ויצא ממנו, וזהו סוד מוסף בתפלה
כי הוא התוספת והנותן תוספת ברכה ללבנה, ואמנם כי על כן הוא
מקצה השמים מוצאו וג', והתבונן כי שמים הוא שמו של הקב"ה
כאמרם ז"ל שמים שמו של הב"ה הנה והנה לאחר כן בע"ה נחזור
לעניינים האלה כולם עד כאן סוד השלש ראשונות והן שלש ברכות
ראשונות של תפלת עמידה, מכאן והלאה סוד השלש אחרונות והם
שלשה רקיעים אשר למטה מהם:

El tercer firmamento es el firmamento llamado firmamento del
este y es el elemento del aire y es el equilibrio entre el fuego y el agua
que se funden en él y se extienden en él y por lo tanto cuando se une a
él se llama firmamento y es lo que dijeron nuestros maestros, de bendita memoria, ¿dónde está el cielo? Fuego y agua[40] ya que está formado
de fuego y agua y éste es el verdadero trono y el secreto del carro de
arriba. Y, ciertamente, es el secreto de lo que dijeron «tú oirás en los
cielos, en la habitación de tu morada»,[41] y es el este, el origen del Sol ya
que el Sol surge de él y emerge de la extremidad que posee, según ha
sido escrito «de un extremo de los cielos es su salida»,[42] a imagen de
la alianza inscrita en el cuerpo. Es el secreto del significado de «Éstas

---

40. *Shamaim*, «cielos» se compone para los cabalistas de *Esh*, «fuego» y *Maim*, «agua».
41. Véase 1 *Reyes* (VIII-39).
42. Véase *Salmos* (XIX-6).

fueron las generaciones de Jacob. José»,[43] ya que José el justo[44] viene de Jacob y únicamente se une a la Luna por medio del justo que guarda el pacto, compréndelo. ¡Cuán agradable y verdadero es este asunto para el que comprende! Nuestros maestros, de bendita memoria, desvelan los misterios según su recta costumbre, y han dicho: Jacob sólo se unió a la Luna por José, pues desde el momento en que nació José, vio que la Shekinah estaba apareada con él. También Moisés sólo se apareó con ella por mérito de José, como ha sido dicho: «Tomó también consigo Moisés los huesos de José».[45] Han sido precisos y han dicho «tomó consigo los huesos de José» y han precisado «con él». De aquí se aprende que Jacob y Moisés sólo se aparearon con la Luna «con él». Y esto es cierto y corresponde a la verdad. Y qué agradable es esto ya que el cuerpo no se aparea con la hembra sino en el pacto y José mantuvo el pacto y ganó su lugar y fue llamado justo y su nombre José causa la adición del cuerpo y salió de él, y éste es un secreto del Musaf que es la adición y que le da una bendición adicional a la Luna, y ciertamente ésta es la razón por la que «de un extremo de los cielos es su salida, etc.».[46] Observó que «cielos» es el nombre del Santo, bendito sea, como dicen nuestros maestros, de bendita memoria, «Cielos es el nombre del Santo, bendito sea»;[47] volveremos a estos asuntos con la ayuda del Eterno. Hasta aquí, el secreto de las tres primeras y son las tres primeras bendiciones de la oración de la Amidá. Ahora viene el secreto de las tres siguientes, que son tres firmamentos situados debajo de ella.

הרקיע הראשון שהוא הרקיע הרביעי מאותם השלש אחרונות בת־
פלת עמידה והוא הרקיע הנקרא נצח כאמרו וגם נצח ישראל לא

---

43. Véase *Génesis* (XXXVII-2).

44. En hebreo *Iosef ha Tzadik*.

45. Véase *Éxodo* (XIII-19).

46. Véase *Salmos* (XIX-6).

47. Véase Talmud, tratado de *Jaguigah* (12 a).

ישקר ולא ינחם נעימות בימינך נצח ובכאן יש מפרשים האומרים
כי נצח הוא מדת ימין וסמכו על פסוק זה נעימות בימינך נצח אבל
ראיתי במדרש ודקדקו לומר ימינך נצח לא כתיב אלא בימינך שנכ-
לל השמאל בימין.

El primer firmamento que es el cuarto firmamento de los tres siguientes en la oración de la Amidá y es el firmamento llamado Netzaj
según ha sido dicho «Y también el Vencedor de Israel no mentirá, ni se
arrepentirá» y «deleites en tu diestra para siempre». A veces los comentaristas dicen que «vencedor» es una dimensión de la derecha y se apoyan en este versículo: «deleites en tu diestra para siempre», pero he
visto en un midrash que precisaban: «no está escrito «tu diestra para
siempre», sino «en tu diestra» pues la izquierda se incluye en la derecha.

עוד ראיתי שם במדרש כשבא סמאל הרשע להלחם ביעקב לא היה
לו תוקף משום מקום ועזרה אלא ממדת הגבורה כי משם שואב דין
ותוקף ועצמה ממקום היתוכי הזהב והוא סיג הזהב שמרי היין וכש-
בא להעזר מאותו מקום סוד הגבורה לא יכול שכבר כלול הוא בי-
עקב שהוא הגוף, וזהו וירא כי לא יכול לו לא יכול לגעת בגוף בשום
צד וישקף על ימין ולא יכול כי אין לו חלק ונחלה בימין, ונחזר לש-
מאל ולא יכול כי כבר נכלל בו בימין מיד וירא כי לא יכול לו ויגע
בכף ירכו שהירכים הם חוץ מן הגוף וזהו סוד ירך שמאל, ואמרו
ותקע כף ירך יעקב מלמד שלא נתנבא ממנו אדם עד שבא שמואל
הרמתי דכתיב ודבר ה' היה יקר בימים ההם אין חזון נפרץ מפני
שמדת נצח נגע בו טמא, ואם תאמר יהושע מאי זה מקום נתנבא
מהודו של משה דכתיב ונתת מהודך עליו ונשאר המקום מסתלק עד
שבא שמואל הרמתי ע"ה וירש שני המקומות ומפני שנתנבא מצד
הימין והשמאל שקול היה כמשה ואהרן ואזי נתתקן המקום, ואמנם
כי סוד נצח הוא מדת שמאל כדוגמא של מעלה:

También he visto allí, en el Midrash, que cuando el malvado Sa-
mael vino a luchar contra Jacob, no tenía fuerza y no tenía ayuda sino
en la medida de Guevurah, porque de allí saca juicio, fuerza y po-

der del lugar de los residuos de oro que son la escoria del oro, el fermento del vino, y cuando acudió en busca de la ayuda de ese lugar, secreto de Guevurah no pudo pues ya había sido incluido en Jacob, que es el cuerpo. «Y cuando el varón vio que no podía con él»,[48] no pudo tocar el cuerpo de ninguna manera y se inclinó hacia la derecha y no pudo nada ya que no hay ni parte ni herencia a la derecha. Y volvió a la izquierda y no pudo porque ya estaba incluida en la derecha. En seguida vio que no podía y tocó el sitio del encaje de su muslo ya que los muslos están separados del cuerpo y éste es Netzaj, el secreto del muslo izquierdo, y ellos dijeron: pon tu mano sobre el muslo de Jacob.[49] Esto nos enseña que nadie fue profeta hasta que vino Samuel, el de Ramah, como ha sido escrito: «la palabra del Eterno era de estima en aquellos días; no había visión manifiesta»,[50] porque la visión de Netzaj había sido herida por el impuro. Y si dijeras que a partir de Josué se profetizó, fue de la majestad de Moisés, como ha sido escrito «Y pondrás de tu resplandor sobre él»[51] y el lugar en cuestión permaneció oculto hasta que llegó Samuel, el de Ramah, que en paz descanse, heredó los dos lugares y debido a que él profetizó desde la derecha y la izquierda, era igual a Moisés y Aarón y entonces el lugar fue reparado. Y efectivamente un secreto eterno es de Netzaj que es la *Middah* oculta a imagen de arriba.

הרקיע השני שהוא הרקיע החמישי הוא הנקרא הוד והוא המדה של
ימין והמפרשים פרשו בו שהוא השמאל כפי אשר אמרנו, אמנם כי
עד כאן חמשה הרקיעים העליונים והם סוד חמש מאות שנה אשר
עץ החיים מהלכו בהם:

---

48. Véase *Génesis* (XXXII-25).
49. Véase *Génesis* (XXXII-25).
50. Véase 1 *Samuel* (III-1).
51. Véase *Números* (XXVII-20).

El segundo firmamento que es el quinto firmamento se llama Hod
y es la dimensión de la derecha y los comentaristas interpretan que es
la izquierda como dijimos. Ciertamente, hasta aquí los cinco firmamentos superiores y son el secreto de los quinientos años que constituyen la longitud del árbol de la vida.

הרקיע הכולל כל המאורות ויש בו הכוכבים והמזלות הוא הנקרא
רקיע השמים. ואמרו ז"ל בגמרא חגיגה וילון אינו משמש כלום וג'
למעלה ממנו רקיע שיש בו חמה ולבנה וכוכבים ומזלות והוא נוטל
כל המאורות וכמותו איתא דכתיב ויתן אותם אלהים ברקיע השמים
להאיר על הארץ, ואמנם כי זהו האמת והנכון כי זה הוא רקיע הש־
מים ודאי והוא והוא הנוטל כל המאורות והוא כלל כולם ועל כן הוא כל,
וכל זה כדי להאיר על הארץ, ואמנם כי אין לארץ הידועה ולדרים
בה אור מעולם זולתי מזה הרקיע שבו כל המאורות תלויים ונכללים
שם, ועל כן כל העניינים וכל הדברים בזה הרקיע הם תלויים והוא
כלל כולם, ועל כל פנים יש לך לדעת כי ענין גדול ורם סוד המקום
הזה והוא ענין סוד יוסף הצדיק אשר אמרנו בתחלה, ועל כן נחזור
לעניינים האלה בע"ה:

El firmamento que incluye todas las luminarias y tiene las estrellas
y los signos del zodíaco se llama el firmamento de los cielos. Y dijeron
nuestros maestros de bendita memoria, en la Guemará de *Jaguigah*,
«Vilón no tiene ninguna función y encima de él hay un firmamento
que tiene al Sol, la Luna, las estrellas y los signos del zodíaco y toma
todas las luminarias y las condensa todas, por lo cual es todo, y esto
para iluminar a la Tierra, Y es cierto que es el firmamento de los cielos
y es él quien toma todas las luminarias y las incluye a todas y por lo
tanto él es todo. Y todo esto con el fin de iluminar la Tierra, y de hecho la Tierra conocida y sus habitantes no tienen luz en sí mismos,
sino a partir del firmamento en el que todas las luminarias cuelgan y
están incluidas. Y, por lo tanto, todos los asuntos y todas las cosas en
este firmamento son dependientes y él los incluyó a todos, y en cualquier caso, debes saber que el secreto de este lugar es un asunto grande

y sublime y es el asunto del secreto de José el justo, como dijimos al principio, y volveremos a estos asuntos con la ayuda de Dios».

הרקיע אשר הוא למטה מכל הרקיעים הוא רקיע וילון והוא הרקיע
שאינו משמש כלום כי הלבנה אין לה אור מעצמה כלל זולתי כפי
מה שנוטלת מן החמה, ואמנם כי הרקיע הזה הוא הכסא הרביעי
מהמרכבה העליונה כי דוד המלך ע״ה נתחבר עם האבות והאבות
הן הם המרכבה והרגל הרביעי הוא דוד המלך ע״ה שהוא נתחבר עם
האבות ואמנם שאל נא החכמים ויגידוך זקניך ויאמרו לך דוד המלך
בחברון מלך שבע שנים ולמה בחברון אלא כדי שיהיה מחובר עם
האבות ולקבל שם מלכות שמים כפי הראוי, ועל כן תמצא כל הד-
ברים שהם בסוד העיקר האמיתי וכל העניינים כפי הצורך והכל על
דרך האמת והאמונה:

El firmamento que está debajo de todos los firmamentos es el firmamento Vilón y es un firmamento que no sirve para nada porque la Luna no tiene luz propia más que la que toma del Sol. Y de hecho, este firmamento es el cuarto trono del carro superior porque el Rey David, que descanse en paz, está unido a los patriarcas y los patriarcas son el carro y la cuarta pata es el Rey David, que descanse en paz, y él está unido a los patriarcas y ciertamente «pregunta a tu padre, que él te declarará; a tus viejos, y ellos te dirán». El rey David reinó en Hebrón durante siete años. ¿Por qué en Hebrón? Para estar unido con los patriarcas y recibir allí el reino de los cielos como es apropiado. Y, por lo tanto, encontrarás todas las cosas que están en el secreto de la verdadera esencia y todos los asuntos que son necesarios y todo en el camino de la verdad y la fe.

שער יסוד:

Puerta de Iesod

החלק השני והוא שער חלק הקדש בשקל הקדש נשקל והוא יסוד
האמונה הקדושה וכל ערכך בשקל הקדש תקח:

La segunda parte es la puerta de la porción santa pesada según el siclo del santuario y es el fundamento de la santa fe y «Y todo lo que apreciares será conforme al siclo del santuario».[52]

תדע לך כי הוא יתברך המציא מציאותו וברא העולמות לפי שברא
הב"ה היה כמו כן העולם מים במים וכל זה צריך לדעת ומה שאמ־
רו ז"ל בויקרא רבה כונס כנד מי הים כי קודם שברא הב"ה את עו־
למו היה הוא ושמו לבד ומציאותו יתברך לא נתהווה מקודם זה עד
שעלה במחשבה וגו' כי כל הדברים עלו במחשבה ומשם נתהוו ונ־
תפשטו ההמשכות למיניהם, ועל כל פנים כי העניינים רמוזים הם
ומפוזרים בדברי רז"ל, ואמנם יש לחזור ולדקדק כל העניינים אשר
אמרנו בתחלה כל אחד ואחד על תוכן האמונה האמתית והנני נכנס
בביאורם בע"ה ה' ה' אדוננו מה אדיר שמך בכל הארץ ה' בהשמים
חסדך:

Has de saber que Él, bendito sea, hizo existir su realidad y creó los mundos según el secreto de la realidad, porque sabrás que los antiguos sabios ya nos enseñaron y nos dijeron[53] «cuando el mundo no había sido creado, Él y su nombre eran uno, le vino al pensamiento crear el mundo ante sí, pero no se tenía en pie ante su faz y no se mantenía, etc.». Cuán grande y sublime es este asunto, y aquí tienes que saber que

---

52. Véase *Levítico* (XXVII-25).
53. Véase *Pirké de Rabbí Eliezer* cap.3, traducción de Miguel Pérez Fernández, Biblioteca Midráshica, Valencia 1984. Hemos utilizado esta traducción adaptándola ligeramente al texto de Moisés de León.

antes de la creación del Todopoderoso, el mundo también era agua en el agua y todo esto uno necesita saberlo, y lo que dijeron nuestros maestros, de bendita memoria, en *Levítico Rabbah* "Él junta como en un montón las aguas del mar", porque antes de la creación el Todopoderoso y su nombre eran uno, y su realidad, bendita sea, no se había formado de esto antes hasta que «le vino al pensamiento, etc.», ya que todas las cosas vinieron a la pensamiento y de allí se formaron y difundieron los influjos de todo tipo, y en todo caso estas cosas están implícitas y esparcidas en el palabras de nuestros maestros, de bendita memoria, y ciertamente es necesario volver atrás y precisar todos los asuntos que dijimos al principio, todos y cada uno sobre la base de la verdadera fe. Voy a entrar en su explicación, con la ayuda del Eterno. «El Eterno nuestro Señor, qué grande es tu nombre en toda la Tierra»[54], «tu fidelidad alcanza hasta las nubes».[55]

יש לדעת ולחקור על כל מה שהתעוררנו בתחלה ולחזור כל העניינים
על תוכן הפרט הכללי כי הוא יתברך אחד מיוחד במעלתו וכי הוא
יתברך אין לחשוב אותו ולדמות אותו בשום צד מכל צד ציור וצו-
רה כי הוא נשלל מכל דמיון צורה גופנית ואין לחשוב ולהרהר בע-
ניינים אלה, והתבונן כי כל הנביאים כולם שלא השיגו מעלת משה
רבינו ע"ה ולא היתה נבואתם נבואה מצוחצחת מפני שהם לא נבאו
אלא מתוך אספקלריא שאינה מאירה ומשה רבינו ע"ה עלה במע-
לה עליונה על כל הנביאים והיתה נבואתו מתוך אספקלריא המאירה
והתורה העידה עליו ולא קם נביא עוד בישראל כמשה מפני המע-
לה הזאת אשר אמרנו, ואם תאמר אם כן מהו שאמרנו ודקדקו רז"ל
בישראל לא קם אבל באומות העולם קם ומנו בלעם אם כן דבר גדול
ונשגב הוא בהיותו שקול בנבואתו למעלת השלימות מאותו רבן כל
הנביאים, וכבר הורונו במה שכתוב ויקר אלהים את בלעם בלשון
קרי ובלשון טומאה.

---

4. Véase *Salmos* (VIII-2).
55. Véase *Salmos* (XXXVI-5).

Hay que conocer e indagar sobre todo lo que hemos tratado al principio y revisar todas estas cuestiones sobre la base de este principio general: Él, bendito sea, es uno y es único en su superioridad. Y Él, bendito sea, no hay que no pensar en él y compararlo de ninguna manera que tenga que ver con la figura y la forma porque está privado de toda apariencia corporal y no hay que pensar ni meditar en estos asuntos. Porque ningún profeta ha alcanzado la majestad de Moisés, nuestro maestro, que en paz descanse, y su profecía no fue una profecía límpida porque no profetizaron sino a partir de un espejo que no ilumina mientras que Moisés, nuestro maestro, que en paz descanse, ascendió a un grado superior al de todos los profetas y su profecía procedía de un espejo iluminado y la *Torah* testificó sobre él «Y nunca más se levantó profeta en Israel como Moisés» debido a esa elevación de la que hemos hablado, y si dijeras, ¿qué significa en este caso lo que hemos dicho? Que nuestros maestros, de bendita memoria, han hecho una precisión: «Nunca se levantó en Israel, pero entre las naciones del mundo, sí se levantó». Y han contado a Bilam. Si es así, se trata de algo grande y sublime el hecho de que su profecía equivalga al grado de perfección del maestro de todos los profetas. Y han enseñado a propósito de lo que está escrito «Dios se presentó a Bilam», que comporta una expresión de impureza sexual.

היאך הוא יתברך שמו שורה עליו רוח הקדש והיאך רוח הקדש
שורה על מקום טמא והלא הוא צוה לעבדיו משרתיו עם הקדש
אל תטמאו ונטמתם, יש מפרשים בזה הענין ואמרו כי הוא יתברך
רוח הקודש וכל דבר שלו וכל תשמישיו אש ומה איכפת לו כי האש
אינו חסר כלום והאש אינו מקבל טומאה ואע"פ ששורה הקדושה
שהיא אש וכתיב כי ה' אלהיך אש אינו חסר כלום מקדושתו, ויש לנו
ללמוד מן התורה כי התורה ניתנה מצד האש דכתיב מימינו אש דת
ועוד הלא כה דברי כאש כתיב מה אש אינו מקבלת טומאה אף דברי
תורה אינו מקבלין טומאה, ועל כן אל תתמה בהיות האש שורה בכל
מקום כי אין מקבל טומאה:

¿Cómo Él, bendito sea su nombre, ha podido hacer residir sobre él el Espíritu de santidad, y cómo el Espíritu podría residir en un lugar inmundo? ¿No ha ordenado a sus siervos y a sus oficiantes, el pueblo santo: «no os volváis impuros»? Hay quien comenta este asunto de la manera siguiente: a Él, bendito sea, espíritu de santidad, a quien pertenecen todas las cosas y cuyos instrumentos son de fuego, ¿qué le puede importar? El fuego no puede recibir impurezas, y lo mismo ocurre con la santidad, que es fuego, según ha sido escrito: «pues el Eterno, tu Dios, es fuego»[56] y la santidad no puede ser disminuida. Y tenemos que aprender de la *Torah* que la *Torah* fue dada por el lado del fuego según ha sido escrito «a su diestra la ley de fuego»[57] y también ha sido escrito «¿Acaso no son mis palabras como fuego?[58] Así como el fuego no recibe impureza,[59] también las palabras de la *Torah* no reciben impureza, y por lo tanto no lo hacen. No te extrañes de que el fuego pueda estar por todas partes, porque no recibe impureza.

והענין הזה אינו נכון בעיני כי איני אומר אם מקבל טומאה ואם לאו
כי הדבר גלוי וידוע הוא למשכילים, אבל הענין הוא תמה היאך מי
שהוא טמא ומטמא עצמו מנבא מתוך רוח הקדש, וכבר אמרו ולא
יגורך רע כי אין הב"ה משכין דירתו על טמא, והענין הנכון כי על
כל פנים כבר ידוע הוא לכל אשר לו עיניים, הבא לטמא מטמאין לו
והאדם בהיותו מטמא עצמו ממשיך עליו רוח הטומאה ומתטמא
יותר ובהיותו האדם מסגף עצמו במעשים טובים וממשיך עצמו אחר
הקדושה מקדישין אותו מלמעלה, והתבונן כי בהיות הרשע מטמא
עצמו הוא ממשיך עליו רוח הטומאה ומטמאין לו על כל פנים, ואמ-
נם כי בועל אתונו היה וזה חוק הקוסמים והחרשים שאינם משיגים
השגת ענינים עד שיהיו מטמאים עצמם כענין מעלת הנביאים הק-
דושים משרתי עליון בהיותם מבקשים למעלת רוח הנבואה ולה-

---

56. Véase *Deuteronomio* (IV-24).

57. Véase *Deuteronomio* (XXXIII-2).

58. Véase *Jeremías* (XXIII-29).

59. En el sentido de que le afecta y la rechaza.

שיג דברי חפץ היו מקדישין עצמם ומתעסקים בקדושה כדי למצוא
ולהשיג השגתם וזה הוא הענין מאותם הקוסמים והמעוננים ובעלי
הנחש שהם מטמאים עצמם בטומאה ידועה כדי לשרות עליהם רוח
הטומאה כי כפי התנהגם במעשיהם כך שורה עליהם הרוח בין מצד
הקדושה ובין מצד הטומאה, ועל הענין הזה בלעם הרשע הוא היה
קוסם ומנחש ולא היה יכול להשיג השגת חפצו עד שהיה מטמא
עצמו באתונו ואזי היה ממשיך עליו רוח הטומאה, ואמנם כי סוד
הענין במעלת נבואתו של בלעם הרשע לא היה אלא מצד הטומאה
ובאותו הרוח היה משיג השגה לדעת בצד הטומאה כמו משה רבינו
במעלת הקדושה, משה למעלה במעלת הקדושה בלעם למטה במע-
לת הטומאה ודבר זה נשאל מן החכמים והשיגו המענה כפי מה שר-
מזנו:

Pero esta explicación no es correcta a mis ojos porque no discuto si
recibe impureza o no, porque la cosa es evidente, y conocida es para los
esclarecidos (משכילים), pero el asunto es extraño ya que ¿cómo aquel
que es inmundo y se contamina a sí mismo profetiza por el espíritu de
santidad? Pues ha sido dicho «el malvado no habitará junto a ti»[60] el
Santo, bendito sea no prepara su morada con los impuros, en todo
caso la explicación correcta ya es conocida por todos los que tienen
ojos. Al que viene a impurificarse a sí mismo, el espíritu de impureza
lo sigue impurificando,[61] y cuando la persona se impurifica voluntariamente, atrae un espíritu de impureza que lo impurifica aún más, pero
cuando realiza buenas obras siguiendo la santidad, se le santifica desde
arriba. Y observa esto, porque siendo malvado se contamina a sí mismo, atrae sobre él el espíritu de impureza y lo contamina por todas
partes, De hecho, (Bilam) se allegaba a su burra. Y ésta es la ley de los
magos y los hechiceros que no logran lo que desean hasta que se contaminan a sí mismos voluntariamente; así, los santos profetas y servidores supremos que buscan acceder al espíritu de profecía y obtener las
cosas que desean, se santifican y se entregan a la santidad para encon-

---

60. Véase *Salmos* (V-4).
61. Véase I-Zohar 125 b, págs. 117 y 118 del volumen IV de nuestra edición.

trar y alcanzar su objetivo. Y así ocurre con esos magos, adivinos y señores de las serpientes que se contaminan con una impureza particular para que el espíritu de impureza se establezca en ellos, porque según sean sus obras, el espíritu reside sobre ellos, tanto del lado sagrado como del lado de la impureza y en este asunto Bilam el malvado era un mago y un adivino y no podía alcanzar el logro de sus objetivos hasta que se contaminaba con su burra y entonces atraía al espíritu de impureza sobre él. Y, ciertamente, el secreto del asunto es que el grado de la profecía de Bilam el malvado era sólo por parte de la impureza y con el mismo espíritu alcanzaría el conocimiento del lado de la impureza, del mismo modo que Moisés, nuestro maestro, del lado de la santidad, Moisés de arriba del lado de la santidad y Bilam de abajo del lado de la impureza y esto se han preguntado los sabios y obtuvieron la respuesta a la que hemos aludido.

ונחזור למה שהיינו בביאורו כי מעלת משה רבינו ע"ה עליונה על כל
שאר הנביאים, והנביאים כולם מפני שהיו רואים מרחוק כראיית
האדם שהוא רואה מרחוק הדבר ונראה לו דמיון וצורה אחרת מה
שאינו כן על כן הנביאים כולם היו רואים מרחוק ולא היו קרבים
ליגש אל ה' כענין משה שכתוב בו ונגש משה לבדו אל ה' והם לא
יגשו, וגם אמנם כי הנביאים כולם לפי שהיו הנביאים רואים מרחוק
היו רואים כמין דמיון וצורה כי אינם יכולים לראות הדבר על בו-
ריו פן תהי דעתם ולבם יוצא מתכונתו, והנה על כל פנים הוא יתברך
נשלל מכל רעיון ומחשבה שאין מי שיוכל להשיג והוא יתברך אין
לו דמיון וצורה ועל כן דברה תורה בלשון בני אדם כדי לישב לבם
ורעיונם ואמנם כי על כן הענין הזה אפי' בזה העולם רואים דברים
ודמיונים משונים שנדמה לעינים כאשר אנו רואים בהולכי מדברות
והולכי ארחות עקלקלות שרואים ונדמה להם לעיניהם חומות ומגד-
לות ולשאר כמין גלי ים עולים ויורדים ואינו דרך האמת זולתי דמיון
שנדמה להם בהשגחת דמיון כל שכן וכל שכן בדברים המופלאים
הנוראים שהם גדולים ורבים ועליונים מאד מאד, על כן אל יעלה
על לבבך כי אותם הדמיונות והציורים שהנביאים רואים שהם עיקר
הראיה ההיא אלא הכל הוא כפי אשר אמרנו והתעוררנו בו, ומה

נחמד הענין להשכיל ולדעת כי הוא יתברך אחד מיוחד מכל פנים
שבעולם נשלל מכל הדברים האלה:

Y volvamos a lo que estábamos explicando: la virtud de Moshe Rabbeinu, que en paz descanse, es superior a la de todos los demás profetas. Y todos los profetas veían de lejos como la visión del hombre, que él ve de lejos la cosa y le aparecen una imagen y una forma que no corresponden, así todos los profetas veían de lejos y no se acercaban hacia el Eterno como ocurría con Moisés a propósito de quien ha sido escrito: «Moisés se acercará solo al Eterno, ellos no se acercarán».[62] Y aunque todos los profetas, pues los profetas ven desde lejos, veían como una especie de imagen y de forma, no podían ver la cosa con claridad en su ignorancia para que sus mentes y corazones no se desviaran de su camino. Y aquí, en cualquier caso, Él, bendito sea, excluye cualquier idea y cualquier pensamiento pues nadie pueda pensarlo y Él, bendito sea, no tiene imagen ni forma y, por lo tanto, la *Torah* habló en el lenguaje de los hombres para tranquilizar sus corazones y su razón. Y verdaderamente lo mismo ocurre en este mundo, vemos cosas extrañas como a los caminantes del desierto y de caminos sinuosos, les parece ver con sus propios ojos torres y muros y a otros, olas del mar que suben y bajan, pero no es la verdad sino sólo apariencias que se representan por medio de la imaginación. Y mucho más cuando se trata de asuntos extraordinarios y sorprendentes que son muy grandes y muy elevados. Por eso no pienses que las mismas imágenes y representaciones que ven los profetas son la esencia de esa evidencia, pero todo es como dijimos, y qué agradable es concebir y comprender que Él, bendito sea, es uno y único en todos los sentidos y está desprovisto de todas estas cosas.

---

62. Véase *Éxodo* (XXIV-2).

ואמנם כי אע"פ שהרבה בני אדם הנכנסים בסוד החכמה הזאת וחו־
שבים לעלות במסלות וחושבים לעלות וטובעים בטיט היון, ולא ישי־
גו לרוץ אורח ויהיו כקרח וראים בסוד דרכי החכמה הזאת תקון
דרך האספקלריאות וסוד המדות העליונות עניינים יורדים עולים זו
היה ראש וזו זרוע ימין וזו זרוע שמאל וזה גוף וזה ירכים חס ושלום
אל ישט אל הדרך הזה לבך ורעיוניך אלא הוא תקון כפי שתוכל לה־
בין האיך משתלשלים זה בזה ומיחדים זה בזה כפי תקון איברי האדם
שהם משתלשלים זה בזה ומתיחדים ונכללים זה בזה כפי תקונם וע־
ניינם להיותו אחד, כך בעניין זה בדמיון זה יש אספקלריא גדולה על
אחרת ונכללת זה בזו ונתקנת אחת באחת, והיה המשכן אחד, ועל
כן יש לעיין ולדקדק הנכנס בסוד הדרכים האלה לכונן רעיוניו ומח־
שבותיו לבלתי יעשה בדרכים האלה מחשבות זרות וללכת אורחות
עקלקלות, ובדרך הזה יבטח בשם ה' וישען באלהיו כי מי אל מבלעדי
ה' ומי צור וגו':

Y ciertamente a pesar de esto muchos hombres entran en el secreto de esta sabiduría y piensan ascender por las vías, creyendo ascender se hunden en el fango, y aunque corran no llegará al camino y son como Koraj: ven en el secreto de estos caminos de sabiduría, en la estructura de los espejos y el secreto de las dimensiones supremas cosas que bajan y suben, esto es una cabeza y éste es un brazo derecho, éste un brazo izquierdo, y éste es el cuerpo y estos los muslos, Dios no lo quiera, «No se aparte a sus caminos tu corazón»[63] y tampoco tu razón sino que corrige como puedes entender cómo las cosas están encadenadas entre sí y se unen mutuamente como los órganos humanos se unen y se incluyen entre sí según su estructura y su función para que el hombre sea uno. Lo mismo ocurre en este asunto y según esta imagen hay un espejo mayor que el otro, y cada uno está vinculado con el otro y cada uno está ordenado respecto al otro y «se formará un tabernáculo».[64] Por esta razón, aquel que penetra en el secreto de estos caminos ha de vigilar con atención sus ideas y pensamientos para no tener de esta

---

63. Véase *Proverbios* (VII-25).
64. Véase *Éxodo* (XXVI-6).

manera pensamientos extraños y andar por caminos torcidos, y de esta manera «confíe en el nombre del Eterno, y recuéstese sobre su Dios, etc».

יש לך לדעת כי בכל הדרכים האלה יש לאדם להזהר ולהשמר
שם ואל יטעה לבו אחרי הדברים אשר לא יועילו כי תהו המה כי
האלהים אחד מיוחד בלי שום שנוי ובלי שום דבר מאותם הדברים
המתהפכים כי הוא באחת הוא ידבר כאמרו כי באחת ידבר אל,
ואמנם אע"פ שהם ספירות אספקלריאות נכוחות ישרות אחת היא
בלי שום פירוד על כן אמרתי השמר אל תפן אל און ואל תחשוב
מחשבות ההבל כי אין שנוי ואין פירוד ולא ימין ולא שמאל וג' כא-
מרם ז"ל אלא דברה תורה בלשון בני אדם כאשר התעוררנו ופירשנו
בתחלה, ואמנם כי הוא יתברך המציא סוד מציאותו, והמציא זוהר
אספקלריא שתמשיך מאורו ואעפ"כ לא היו יכולין כל העולמות לס-
בלו עד שברא אור לאורו וברא עולמות והאור ההוא נקרא לבוש,
מלמד שהלביש אור באור ונכלל זה בזה ומתוך האספקלריא הע-
ליונה נמשכו שאר כל המאורות האחרות, ואמנם כי סוד העניינים
האלה נתן לחכמים יודעי דת ודין לעיין ולהסתכל בדברים העליונים,
כי סוד מציאותו הוא יתברך שמו המציא לקיים העולמות ולמען
ילכו לנוכח בני האדם וידעו כי יש אלהים מושל, וברא כל הדברים
העליונים והתחתונים והכל מאתו והנה השמים ושמי השמים לא יכ-
לכלוהו ואין מי שיוכל להשיג אמתתו יתברך שמו זולתי מקצת דרכי
המציאות אשר המציא, ועל כל פנים בהתעורר החכם המשכיל לח-
קור ולדעת העניין האמת יוכל אדם להשיג קצות אמתת מציאותו,
והנני נכנס בסוד הדרכים האלה, והשם יעזרנו ללכת בדרכיו היש-
רים, ונלכה באורחותיו כי ממנו תצא תורה ודבר ה', וה' אלהים אמת
הוא אלהים חיים ומלך עולם כי הוא אלהי האלהים ואדני האדנים,
אין שום חלק בענין מציאותו כאשר יש הרבה שמחלקים העניינים
אחת אחת לבד חס ושלום כי אין לקצץ בנטיעות, ועל כן אעורר
ואכנס בסוד הדברים האלה:

Has de saber que en todas estas vías la persona tiene que tener cuidado y guardarse allí y que su corazón no se engañe tras las cosas «que no aprovechan ni libran, porque son vanidades»,[65] pues Dios es uno y es único sin ningún cambio y sin ninguna de esas cosas reversibles pues hablará una vez, como ha sido dicho: «ciertamente Dios habla una vez».[66] Y en verdad, a pesar de que sean espejos, verídicos y rectos, hay uno en el que no hay separación. También dije: «ten cuidado y no te inclines al mal»[67] y no pienses con pensamientos de vanidad, pues no hay cambio ni separación ni derecha ni izquierda, etc. Como nuestros maestros, de bendita memoria han dicho. Pues la *Torah* habla el lenguaje de los hombres, como hemos recordado y explicado al principio. Y ciertamente Él, bendito sea, hizo salir el secreto de su realidad, e hizo salir la luz de un espejo del que hizo procediera su luz, y a pesar de esto todos los mundos no eran capaces de soportarla hasta que él creara una luz para su luz y creara los mundos y esa luz se llama «vestido». Nos han enseñado que vistió de luz la luz e incluyó la una en la otra y a partir del espejo superior se extrajeron el resto de todas las otras luminarias, y ciertamente el secreto de estos asuntos ha sido entregado a los sabios que conocían la religión y la ley para escrutar y examinar las cosas superiores. Porque al secreto de su existencia, Él, bendito sea su nombre, le dio existencia para sostener los mundos y para que los hombres vayan a la verdad y sepan que hay un Dios soberano que creó todas las cosas superiores e inferiores, todas a partir de él y «los cielos y la Tierra no pueden contenerle».[68] Y, en cualquier caso, cuando el sabio esclarecido se mueva para explorar y conocer la cuestión de la verdad, el hombre podrá alcanzar una parte de su realidad. Ahora entraré en el secreto de estos caminos, y el Nombre nos ayudará a caminar en sus senderos rectos, «y caminaremos en sus caminos porque de él vendrán la *Torah* y la palabra del Eterno».[69] «Mas el Eterno

---

65. Véase 1 *Samuel* (XII-21).
66. Véase *Job* (XXXIII-14).
67. Véase *Job* (XXXVI-21).
68. Véase 2 *Crónicas* (II-5).
69. Véase *Isaías* (II-3).

Dios es la Verdad; él mismo es Dios Vivo y Rey Eterno»,[70] porque Él es el dios de los dioses y el Señor de los señores. No hay parte en el asunto de su realidad cuando hay muchos que dividen las cosas una por una por separado, Dios no lo quiera, pues no hay que arrancar las plantaciones[71] y por eso entraré en el secreto de estas cosas.

סדר המציאות כפי תוכן החכמה הנוראה אשר היא עיקר ויסוד לפי
החכמות והיא הנקראת קבלה על כי היא קבלה למשה ע"ה מסי-
ני ומסרה ליהושע ויהושע לזקנים והזקנים לנביאים ונביאים מסרוה
לאנשי כנסת הגדולה כפי קבלת התורה, והם הורישו זה לזה ענין
החכמה הזאת, ואמנם כי דרך החכמה הזאת היתה נתונה לאדם
הראשון בשעה שהכניסו לגן עדן ונתן לו סוד החכמה הזאת, והיתה
עמו עד אשר חטא והוציאו מגן עדן, ולאחר כך כשמת אדם הרא-
שון ירש החכמה הזאת שת בנו שנברא בצלמו כאמרו ויולד
בדמותו כצלמו, ולאחר כך נתגלתה החכמה הזאת לנח הצדיק והוא
הורישה לשם בנו עד אשר ירש אותה אברהם אבינו ע"ה ובחכ-
מה הזאת עבד לבוראו וישמר משמרתו מצותיו חקותיו ותורותיו,
והוא הוריש אותה ליצחק ויצחק ליעקב ויעקב לבניו, עד אשר עמדו
הדורות האחרונים על הר סיני, והורישה למשה ע"ה וכו' כפי אשר
אמרנו ומשם קבלו איש מפי איש כל הדורות הבאים אחריהם, ובג-
לות החל הזה ורוב הצרות נשתכחה החכמה הזאת זולתי מזער אחד
מעיר ושנים ממשפחה והם התעוררו החכמה בכל דור ודור, ועל כן
החכמה הזאת היא קבלה איש מפי איש וכל התורה תורה שבכתב
ותורה שבעל פה מיוסדת על החכמה הזאת ואמנם יש להתעורר ול-
חקור כפי הדרך הנכון אשר הוא כפי השגת האמת:

El orden de la realidad como el contenido de la terrible sabiduría que es su esencia y fundamento de acuerdo con las sabidurías es una Cábala porque fue recibida por Moisés del Sinaí y entregada a Josué y

---

70. Véase *Jeremías* (X-10).
71. Véase *Jaguigah* (15a). El pecado de uno de los cuatro sabios que entraron en el *Pardes* fue precisamente éste.

Josué a los ancianos y ancianos a los profetas y de los profetas a los miembros de la Gran Asamblea, como se transmite la *Torah*. Y se legaron los unos a los otros el contenido de esta sabiduría, y de hecho, este camino de sabiduría le fue dado al primer hombre cuando entró en el jardín del Edén y se le dio el secreto de esta sabiduría, y estuvo con él hasta que pecó y fue expulsado del jardín el Edén. Y luego, cuando murió el primer hombre, esta sabiduría la heredó Set, su hijo, que fue creado a su imagen y a su semejanza como ha sido dicho: «engendró un hijo a su semejanza, conforme a su imagen».[72] Y luego, esta sabiduría le fue revelada a Noé el justo y él la legó a Sem, su hijo, hasta que Abraham nuestro padre, que en paz esté, la heredó y en esta sabiduría sirvió a su Creador «y guardó mi precepto, mis mandamientos, mis estatutos y mis leyes».[73] Y la legó a Isaac e Isaac a Jacob y Jacob a sus hijos hasta que las generaciones siguientes estuvieron en el monte Sinaí y fue legada a Moisés por Dios, etc., como hemos dicho y a partir de allí cada uno la recibió de la boca de otro hombre en todas las generaciones posteriores. Y a causa del exilio profano y la multitud de los problemas, esta sabiduría fue olvidada a excepción de un pequeño número de personas «uno por ciudad y dos por familia»[74] y estos despertaron a la sabiduría en cada generación. Y, por lo tanto, esta sabiduría es la Cábala (recepción) que el hombre recibe de boca de otro hombre y toda la *Torah*, *Torah* escrita y *Torah* oral, se basa en esta sabiduría y, de hecho, uno debe despertar e investigar según el método correcto que está de acuerdo con la verdad.

---

72. Véase *Génesis* (V-3).
73. Véase *Génesis* (XXVI-5).
74. Véase *Jeremías* (III-14).

שער יסוד החלקים הנפרדים:

Puerta de Iesod de las partes separadas

תדע לך כי כבר התעוררנו בתחלה על סדר עשרה מעלות עליונות,
סוד המציאות, סדר החכמה, באשר נבראו העולמות מעלה ומטה,
וכנגד זה בסוד זה עשרה מאמרות שבהם נברא העולם, עשרת הד-
ברות שהם כלל התורה הקדושה, ואמנם כי עשר ספירות בלימה
הם כלל סוד מציאותו יתברך שמו וכלל עליונים ותחתונים, והם סוד
השם המיוחד כלל כל הדברים כולם:

Sabrás que ya hemos tratado al principio en el orden de diez grados
superiores, secreto de la realidad, orden de la sabiduría, cuando los
mundos fueron creados arriba y abajo, y enfrente de él, hay diez alocu-
cuiones en este secreto con las que se creó el mundo, los diez preceptos
que son el principio de la Sagrada *Torah*. Y, ciertamente, que las diez
sefirot *Belimah* son el principio secreto de su realidad, bendito sea su
nombre, y el principio de las realidades superiores e inferiores. Y son
también el secreto del nombre único que incluye todas las cosas.

עשר ספירות בלימה הם, והם בלימה על שם בלום מלדבר ור-
עיוניך מלהרהר כי הם דברים עתיקים סתומים, ומתוכם סוד המרכ-
בה העליונה כי העניין סתום וחתום הוא למוצאי דעת:

Diez sefirot *Belimah*, y son *Belimah* según la fórmula «retén tu boca de hablar y tu mente de pensar» ya que son cosas antiguas y ocultas
y entre ellas se halla el secreto del carro superior pues es un asunto
oculto y sellado para aquellos que han alcanzado su conocimiento.

כתר עליון, סוד המעלה העליונה סתומה וחתומה חקוקה בסוד
האמונה, והיא הנקראת אויר זך שאינו נתפס כפי אשר התעוררנו
בתחלה והיא כלל כל המציאות, והכל נלאו בחקירתם ואין להרהר

ולחשוב במקום הזה, והענין נקרא בסוד אין סוף כי זה הענין גורם
כלל הכל, אמנם בו ניתק אזור כל החכמים כי הוא סוד עלת העלות
כאשר התעוררנו, והוא הממציא את כולם, ויש להעיר ולהתבונן ול-
כונן הרעיון והמחשבה כי הוא יתברך שמו אפיסת כל המחשבות
ואין רעיון יכילהו, ואמנם כי כאשר שאין מי שיכילהו שום דבר בעו-
לם נקרא אין, וזהו הסוד שנאמר הכתוב והחכמה מאין תמצא, וכל
דבר הסתום והנעלם שאין מי שיודע בו כלום נקרא אין, כלומר אין
מי שיודע בדבר זה כלום, ואמנם כי נפש האדם היא אותה הנקראת
נפש השכלית אין מי שיודע להכיר בה שום דבר בעולם, והיא עומ-
דת בחזקת אין כאמרו ומותר האדם מן הבהמה אין כי בזו הנפש יש
לו לאדם מעלה על כל שאר הנבראים והשבח שבאותו הענין הנקרא
אין, וגם אמנם כי אם על הנפש הזאת כאשר התעוררנו אין מי שיודע
בה כל זה על העניינים הסתומים הנעלמים אשר בה, כל שכן וכל
שכן על עוצם העלמת המקום הזה אשר עליונים ותחתונים לא ישיגו
בחזקתו כלום, והבן כי יש אדם שעובר על ראשו אויר המשמח הלב
והרעיונים ואינו יודע מה הוא ועל מה זהו שאינו נתפס כך בהתעו-
רר המעלה הזאת לכולם נתן זוהר והתנוצצות ואינו נתפס בשום צד
בהם ואינם יודעים בו, ולפי גודל מעלתו אין לו שם שיכיל בו, אבל
מתוך שאר הכתרים הסתומים שאינם נשגים יתפרש האדם השכ-
לי מריעיון וממחשבה להרהר בענינינו ולפי כן נקרא הוא דבר הנסתר
והנעלם הוא עשנו ועבד הלוי הוא, ומשם ישתלשלו הדברים הנעל-
מים והסתומים למטה להקרא בשם הוא, ומה נחמד הענין לדעת כי
הוא יתברך שמו ממציא כל המציאות ומתוך קצת המציאות תוכל
הנפש השכלית להשיג אמתת מציאותו הנאמנה אפס קצהו תראה
וכלו לא תראה על כן אין לו תחלה ותכלית וסוף, ויש לסלק האדם
עצמו ורעיוניו ממנו:

La corona suprema, el secreto del grado supremo está oculto y sellado, grabado en el secreto de la fe. Y se llama aire puro que no se percibe como desvelamos al principio, y es el principio de toda la realidad.
Y todos se cansan en su búsqueda y uno no debería especular y pensar
en este lugar. Y el asunto se llama en el secreto del *Ein Sof* porque es el
asunto principio de todo. Ciertamente, en él se quiebra el ardor de
todos los sabios ya que es el secreto de la causa de las causas como ya

hemos indicado. Y él es el que da existencia a todo, y uno debe despertar y observar e impulsar la idea y el pensamiento de que Él, bendito
sea su nombre, es la cesación de todos los pensamientos y ninguna idea
lo contiene. Y ciertamente, cuando *Ein* (אין) no lo aprehende de alguna manera, es llamado *Ein*, y éste es el secreto de lo que está escrito
«Mas la sabiduría, ¿dónde (מאין) se hallará?».[75] Y toda cosa oculta e
inaccesible de la que no hay nadie que sepa nada se llama *Ein*, es decir,
nadie sabe nada al respecto. Y ciertamente, el alma (נפש) humana
aquella que se llama alma intelectual (נפש השכלית) no hay quien
sepa reconocerla en el mundo. Y está en la situación de *Ein*, según ha
sido dicho «ni (אין) tiene más el hombre que la bestia»[76] porque por
esta alma el hombre tiene superioridad sobre todas las demás criaturas
y ésta se llama *Ein*. Y, de hecho, respecto a esta alma que hemos mencionado, no hay nadie que sepa nada de ella a causa de los asuntos
ocultos e inaccesibles que están en ella. Tanto más será con la ocultación de ese lugar que los seres de arriba y de abajo no pueden alcanzar.
Y comprende que hay un hombre por encima de cuya cabeza pasa un
aire que alegra del corazón y las ideas, y no sabe qué es y por qué ocurre porque es inaprehensible. Y según la grandeza de su majestad no
tiene nombre que lo contenga, sin embargo, gracias a las coronas ocultas que son inaprehensibles, el hombre inteligente renunciará a pensar
y a contemplar a propósito de él y por lo tanto se llamará «Él» la cosa
oculta y evanescente. «Él nos hizo»,[77] «mas los levitas harán el servicio»,[78] y a partir de cosas ocultas e inaprehensibles descenderán para
que sea pronunciado el nombre Él, y qué agradable saber que Él, bendito sea su nombre, da existencia a toda la realidad y que de una parte
de esta realidad el alma intelectual puede alcanzar la verdad de su
existencia. «Su extremidad solamente has visto, que no lo has visto

---

75. Véase *Job* (XXVIII-12).
76. Véase *Eclesiastés* (III-19).
77. Véase *Salmos* (C-3).
78. Véase *Números* (XVIII-23).

todo».[79] Así, no hay ni principio ni límite ni final, y el hombre y sus pensamientos han de apartarse de él.

משם יצאה נקדת התעלומה, ראש כל המעלות וכל שאר האספק־
לריאות, התחלת כל המציאות, כי כתר עליון יתברך שמו אינו הת־
חלה, וכבר התעוררנו בראשונה עשרה מאמרות הם, ואמרו ז"ל
והא תשעה הוו כלומר כתר עליון הנעלם והנסתר אינו מן החשבון
ואינו בכללם, חזרו ואמרו בראשית נמי מאמר הוא כלומר מאמר
נקרא ואם יש לך עינים לראות תוכל לדקדק ולחפש בענין זה ולעוף
השכל בדמות אל סוד תוקף המעלה הזאת ומהו הענין שרמזו, ועל
כל פנים התבונן והבן לך ושים נפשך לדעת שהמעלה חוזרת ליושנה
ולמי היא המעלה והדבר סתום ועמוק עד מאד, ועל כן בעומק דבר
זה תוכל לדעת סוד עמוק למעלה בעניינים אלה כי צריך לבלום הפה
ולסלק הרעיון והמחשבה מעומק הדבר:

De ahí surgió el punto misterioso, cabeza de todos los demás espejos y principio de toda la existencia, pues la corona suprema (כתר עליון), bendito sea su nombre, no es un principio.[80] Ya dijimos al principio que hay diez alocuciones y nuestros maestros, de bendita memoria, han dicho[81] que son nueve a saber la corona suprema (כתר עליון), oculta y misteriosa, que no entra en la cuenta y no pertenece su conjunto. Y han regresado y han dicho que *Bereshit* también es una alocución y se le llama «alocución». Y si tienes ojos para ver, podrás escudriñar y profundizar en este asunto, y mover tu intelecto rápidamente en la dirección del secreto de este grado y averiguar cuál es el asunto al que están aludiendo. En todo caso, observa y comprende y pon tu mente a averiguar que este grado vuelve a su estado anterior y a quién corresponde el rango pues la cosa está oculta y es muy profunda. De

---

79. Véase *Números* (XXV-13).
80. Véase Zohar (I-31 b), págs. 32 y 33 de nuestra edición.
81. Véase Zohar (I-31 b), págs. 32 y 33 de nuestra edición.

este modo, en la profundidad de esta cosa conocerás el profundo secreto situado más allá de estos asuntos, ya que hay que retener la lengua y
apartar a la razón y el pensamiento del fondo de la cosa.

התחלת המציאות הוא סוד הנקודה הנעלמה ונקראת חכמה הק־
דומה הנעלמה והיא סוד נקודה מחשבת, כי אין מחשבה זולתי על
דבר שאינו נישג ולא נתפס ואמנם כי כל באי עולם לא ישיגו למ־
חשבה הזאת כי הדבר סתום ועמוק והנקודה היא התחלת כל הד־
ברים הנעלמים ומשם יתפשטו וימשכו למיניהם, ואמנם כי אמר־
נו בראשית שהוא סוד האויר הזך שאינו נתפס תדע לך כי כמו כן
זו היא ראשית הכלל וראשית כל הדברים ומתוך נקודה אחת תוכל
להמשיך משך כל הדברים, והבן כי הדבר הסתום והנעלם כשמת־
עורר להמצא מציאותו הוא ממציא כחדוד המחט בראשונה ומשם
ממציא הכל לאחר כן, כך הוא יתברך שמו מתוך הדבר הסתום והנ־
עלם המציא זוהר נקודה אחת נעלמה ונסתרת בראשונה וממנה
המשיך מציאותו בזהרי התעלומות מאצילות נסתר ונעלם, והתבונן
כי בשעה שהאצילות הזה נאצל מתוך האין כל הדברים וכל המע־
לות כולם תלוים במחשבה, ועל כן יש לך לדעת כי הענין הנכון סוד
מציאותו יתברך שמו מזו הנקודה יצאה, ואמנם כי על כן נקראת
חכמה, הדבר שאינו נישג ועומד במחשבה נקרא חכמה, ואמרו
מהו חכמה חכה מה כלומר הואיל ואין הדבר נישג ולא תוכל לה־
שיגו חכה מה שיבוא ומה שיהיה, ואמנם כי זו היא חכמה העליונה
הקדומה היוצאת מאין, ואם תאמר הואיל והיא מעלה עליונה על כל
שאר המעלות ואינה נשגת מהו וה' נתן חכמה לשלמה, חלילה חלי־
לה כי הוא יתברך שמו נתן ענין כזה לשום נברא לדעת ומי ישיג
לסוד מחשבתו של מקום ב"ה, אלא כשם שיש חכמה עליונה כך
ברא הוא יתברך שמו חכמה קטנה, והחכמה הקטנה היא הנקראת
חכמת שלמה ע"ה ובה ידע שלמה כל מה שידע והשיג לכל מה שה־
שיג, וראיתי ענין עמוק וגבוה בסוד זה, והחכמים שדקדקו בזה הענין
על המלך שלמה ע"ה שהכניס עצמו בכל מיני חכמות שבעולם ועשה
כל מה שעשה ואותם הדברים הכתובים עליו, אם כן באותה חכמה
עשה, אמרו ודאי בה עשה שלמה כל מה שעשה, ולא יצא מתוכן
עניניה חוצה זולתי דבר אחד, אמרו ודאי חכמת שלמה היא הנקראת

עץ הדעת טוב ורע, והמלך שלמה ע"ה שהתחכם יותר משאר בני
אדם רצה ונתכוון להשלים תוכן המדרגה הזאת בסוד הטוב והרע
והיה לו להחזיק תמיד בצד האחד אבל בזה אמרו שהיה לו להד־
בק תמיד בצד הטוב, וכוונתו היתה לכונן ולהתדבק בצד הטוב ובצד
הרע ולדעת את שני הצדדין והכל לפי תשלום המדרגה הידועה, ואם
תאמר והלא לקח נשים הרבה על כל פנים כך היתה סבת זאת המד־
רגה כי יש בה מלכות ופילגשים לענין אמרו ויאשרוה מלכות ופילג־
שים ויהללוה, ועל כן כוונתו להיות למדרגה הזאת תשלום לקח מל־
כות ופילגשים, וסוד זה בשיר השירים אשר לא ידעו שאר בני עולם
האלף שהוא חול סוד המלכות והפילגשים אלף היו לשלמה חול ול־
פיכך טעותו דכתיב נשיו הטו את לבו וגו' עזב כל מה שלמעלה ונ־
תדבק למטה ועזב הטוב ההוא בשביל זה, וחס ושלום שעזב אותו
זולתי שלא השתדל לכונן המדרגה בצד הטוב ודיי בזה לכל משכיל
אשר נחה עליו הרוח:

El principio de la realidad es el secreto del punto misterioso y se llama sabiduría oculta antigua, y es el secreto del punto de pensamiento. Porque no hay pensamiento sobre algo que no es alcanzable y no se puede percibir, y ciertamente nadie en el mundo logrará alcanzar este pensamiento porque la cosa es oscura y profunda y el punto es el principio de todas las cosas ocultas y (a partir) de ahí ellas se extienden y proceden según su especie. Y ciertamente ya dijimos que *Bereshit* es el secreto del aire puro que no se percibe, y sabrás que también éste es el comienzo de todo y el comienzo de todas las cosas y a partir un punto inicial puedes seguir la extensión de todas las cosas. Y entiende que cuando la cosa oculta y misteriosa despierta a la realidad lo hace primero como la punta de una aguja[82] y a partir de ahí lo hace surgir todo. De este modo Él, bendito sea su nombre, a parir de una cosa oculta e inaprehensible que dio existencia al principio al resplandor un punto inicial, inaprehensible y misterioso, hizo proceder de él su realidad continuó en los esplendores enigmáticos a partir de una emana-

---

82. Véase Zohar (I-21a), Ediciones Obelisco, Barcelona 2006, pág. 262 de nuestra edición. En este caso no se habla de «punta de una aguja», sino de «agujero de una aguja».

ción oculta e inaprehensible. Y entiende que mientras esta emanación emana de la nada, todas las cosas y todos los grados dependen del pensamiento. Debes, pues, saber que la verdadera cuestión, el secreto de su realidad, bendito sea su nombre, ha surgido de este punto. Y, ciertamente, porque por esa razón se llama sabiduría: una cosa que no se alcanza y permanece en el pensamiento se llama sabiduría. Y han dicho ¿qué es sabiduría? (מהו חכמה) Espera algo (חכה מה) lo que significa que ya que la cosa es inaccesible y no puedes alcanzarla, espera lo que vendrá y lo que será. Y ciertamente, se trata de esta antigua sabiduría suprema, que ha salido de la nada. Y si dijeras que es el grado más elevado que se exalta por encima de todos los demás grados y que es inaccesible, ¿qué quiere decir «Dios dio la sabiduría a Salomón»?[83] Dios no lo quiera, que Él, bendito sea su nombre, haya dado a conocer tal asunto a ninguna criatura. ¿Quién podría alcanzar el secreto del pensamiento del Lugar, bendito sea Dios? Pero, así como existe la sabiduría suprema, así Él, bendito sea su nombre, creó una sabiduría menor. Y la sabiduría menor se llama la sabiduría de Salomón y a través de ella Salomón, que descanse en paz, supo todo lo que sabía y alcanzó todo lo que alcanzó. Y vi un profundo y elevado desarrollo de este secreto. Y los sabios que se ocuparon de este asunto del rey Salomón, que descanse en paz, quien se lanzó a todo tipo de sabiduría en el mundo e hizo todo lo que hizo y escribió a propósito de estas cosas, está escrito sobre él que operó con esta misma sabiduría han dicho que Salomón hizo todo lo que hizo por medio de ella y no se apartó de ella más que en una sola ocasión. Dijeron que la sabiduría de Salomón se llama el árbol del conocimiento del bien y del mal. Y el rey Salomón, a pesar de que era el más inteligente de los hombres, quería y tenía la intención de completar el contenido de ese grado con el secreto del bien y el mal y tendría que haberse aferrarse a un único lado, por esto dijeron que tendría que haberse ceñido al lado del bien. Y su intención era comportarse y ceñirse al lado del bien y al lado del mal y conocer

---

83. Véase 1 *Reyes* (V-9).

ambos lados y todo según la completitud del grado en cuestión. Y si dijeras ¿acaso no tomó muchas mujeres? De hecho, ese es el alcance de este grado que comporta reinas y concubinas según ha sido dicho «Las reinas y las concubinas, y la alabaron».[84] Y por lo tanto su intención era que hubiera plenitud en este grado y tomó reinas y concubinas, Y este secreto está en el *Cantar de los Cantares* que el resto del mundo no comprendieron: las mil que son profanas es el secreto de las reinas y las concubinas; mil profanas eran de Salomón y por eso se equivocó, según ha sido escrito «sus mujeres desviaron su corazón» y dejó todo lo que está arriba y se ató a lo de abajo y por culpa de ello abandonó este bien. Y Dios no quiera que lo dejara, excepto que no se esforzó por establecer este grado en el lado bueno y esto es suficiente para toda persona inteligente sobre la cual descansa el espíritu.

ונחזור למה שהיינו בביאורו בהיות החכמה העליונה הקדומה אשר
אין מי שישיג עוצם מעלתה והודה ותפארתה, ומה נחמד הענין
בהיותה כלל השם המיוחד וידוע הענין לכל משכיל, ואם תאמר המ־
שיח שנאמר בו ונחה עליו רוח ה' רוח חכמה ובינה רוח עצה וגבורה
רוח דעת ויראת ה' יש לומר על השפע היורד כטל חרמון מעם המ־
דות העליונות כי גבוה מעל גבוה שומר וגבוהים עליהם וכולם נוטל
המלך המשיח כי אז יהיה אור הלבנה כאור החמה ואור החמה יהיה
שבעתים וגו', אבל ענין החכמה הקדומה והמחשבה הקדושה אין מי
שיוכל להשיג אותה והיא נעלמה ונסתרת, ואמנם כי סוד החכמה
הזאת הקדומה היא ראש כל המעלות וממנו יוצאים והיא עיקר הכל
והיא סוד עמוק עיקר השם המיוחד:

Y volvamos a lo que hemos explicado a propósito de la antigua sabiduría suprema de la que nadie ha alcanzado el rango, la majestad y la belleza. Y qué agradable es ser el principio del nombre único, un asunto conocido por toda persona inteligente. Y si dijeras a propósito

---

84. Véase *Cantar de los cantares* (VI-9)

del Mesías «Y reposará sobre él el espíritu del Eterno, espíritu de sabiduría y de inteligencia, espíritu de consejo, y de fortaleza, espíritu de
conocimiento y de temor del Eterno»,[85] esto se refiere a la abundancia
que desciende del monte Hermón de las dimensiones de arriba pues
«un oficial vigila sobre otro oficial»[86] y el rey Mesías las recoge todas y
entonces «la luz de la Luna será como la luz el Sol, la luz del Sol será
siete veces más fuerte, etc.».[87] Pero el asunto de la sabiduría antigua y
el pensamiento sagrado no hay nadie que pueda alcanzarlo ya que está
velado y es oculto, y ciertamente el secreto de esta sabiduría antigua es
la cúspide de todos los grados, que provienen de ella, y es la esencia de
todo y es el profundo secreto, principio del nombre único.

השנית היא סוד עולם הנסתר קדש הקדשים שנת החמשים והיא
נמשכת ומתפשטת מתוך נקודה התעלומה כאשר אמרנו, אמנם
כי כל הספירות כאשר התעוררנו בתחלה הבריאה שלהן היא סוד
ההתפשטות והמשכת היותם להיות מציאותו יתברך שמו נמצא
בכלל האחדות, ואמנם כי סוד העולם הנסתר היכל הפנימי נברא
ונתהווה מתוך הנקודה ההיא והיא נבנית בסוד כל הדברים ומשם
יוצאים מתוך שכל ההויות הנעלמות והפנים הנסתרים משם יוצאים
בכח הנקודה העליונה ומכאן והלאה יש לומר באותם השמות הנק-
ראים אלו הספירות, המעלה הזאת היא הנקראת בינה, היכל הקדש,
קדש הקדשים, לפנים, יובל, שנת החמשים, יום הכפורים, שופר,
העולם הבא, שכינת עוזו, חביון עוזו, עולם הנסתר, והרבה שמות
אחרים יש למדרגה הזאת, ועכשיו אותם אשר השיגה ידי בשמות
הקדושים הם אלו ויש לה אלו השמות בלשון אחר, ויש לי לפרש
העניינים האלה כפי השגת ידי:

El segundo es el secreto del mundo oculto del *Sancta sanctorum* en
el quincuagésimo año y procede y se extiende desde el punto misterio-

---

85. Véase *Isaías* (XI-2).
86. Véase *Eclesiastés* (V-8).
87. Véase *Isaías* (XXX-26).

so como dijimos, ciertamente, aunque la creación de todas las sefirot como indicamos al principio es el secreto de difundirse y continuar siendo su realidad a fin de que su realidad, bendito sea su nombre, tenga lugar en toda unidad. Y ciertamente el secreto del mundo oculto, el palacio interior, fue creado y formado a partir de ese punto y se ha constituido en el secreto de todas las cosas y de allí emergen de todos los seres ocultos y el rostro oculto de allí emerge por el poder del punto supremo y a partir de aquí pueden los nombres con los que son llamadas estas sefirot. Este grado se llama Binah, el palacio santísimo, el *Sancta santorum*, lo interior, el Jubileo, el Quincuagésimo Año, *Iom Kippur*, el *Shofar*, el Mundo venidero, la *Shekinah* de su fuerza, la protección de su fuerza, el mundo oculto y este grado tiene muchos otros nombres y por ahora los he obtenido entre los nombres santos son estos y ella tiene estos nombres en otro idioma, y me falta explicar cómo alcancé estos asuntos.

השם הנקרא בינה הוא על ענין כי הוא המשכת המחשבה והיא המ־
חשבה סתומה עמוקה ואין מי שיודע עומק המחשבה, אמנם בהמ־
שכת ההתפשטות בא המעיין להבין שום דבר או שום הבנה בדבר
הנעלם והנסתר, מה שלא השגיח ולא הבין מקודם זה כי אין לו עסק
בסתר, ועל כן נקראת בינה:

El nombre llamado Binah lo recibe porque es una expansión del pensamiento y es el pensamiento oscuro y profundo y nadie conoce la profundidad del pensamiento. Ciertamente, en la continuación de la expansión, meditando se llega a comprender algo o una cierta comprensión de la cosa invisible y oculta, lo que no había notado ni entendido antes ya que no hay que ocuparse de lo que está oculto, y por eso se llama Binah.

היכל הקדש על כי כל מטמוני מרגליות נכנסים בתוכו ונתהוים בג־
ניזתם בתוכו והיא סוד היכל להתכסות בו הנקודה הנעלמה הנקראת

קדש, ועל כן הוא סוד ההיכל מאותו קדש ונקרא היכל הקדש כי
הקדש עשה לו היכל לשכנו בתוכו. קדש הקדשים הוא סוד הקדש
שהוא סוד הנקודה העליונה וההיכל הזה שהוא קדשים, על כי כל
ההויות נתהוות בתוכו הנקראים קדשים והם קדשים פנימיים, כי
כל הקדשים היוצאים מכח המשכת החכמה וכל השפעים והאספ־
קלריאות יוצאים מתוכה ונכנסים בבינה ובחבורם כאחד בלי פירוד
נקרא קדש הקדשים:

Palacio sagrado ya que todos los tesoros de perlas entran en él y
están enterrados en su interior y es el secreto del palacio donde está
cubierto el punto furtivo llamado «sagrado». Y por eso es el secreto del
palacio es sagrado y es llamado palacio porque el Santo lo convirtió en
un palacio para residir dentro de él. El *Sancta sanctorum* es el secreto
del lugar santísimo, que es el secreto del punto supremo y de este palacio que es santísimo. Porque todos los seres sagrados se forman dentro de él y son santuarios interiores, porque todos los templos que
surgen en virtud de la procesión de Binah y toda la abundancia y todos
los espejos emergen de ella y entran en Binah y cuando se unen sin
separación toma el nombre de *Sancta sanctorum*.

יובל על כי הוא משפיע וממשך הזוהר האמתי בהתאחדות שניהם
כאחד ומוציא תמיד המבוע בלי הפסק, ואמנם כי יובל ושופר דבר
אחד והוא פשוט ולא כפוף כי הוא עליון על הכל ומוציא כלי למע־
שהו, ואמנם כי על כן כל ההויות היוצאים מתוכו כולם בסוד חידות
ועל כן אמרו ראו מה בין לוחות הראשונות לשניות, לוחות הראשו־
נות מה כתיב בהו חרות על הלוחות חירות מכל דבר שבעולם מפני
שהויתן היו מצד העולם העליון, לוחות השניות לאו הכי ועל כן לא
כתיב בהו חרות כי הן היו מלמטה ממנו ועל כן סוד הענין הזה ידוע
היא למשכילים:

Jubileo porque influye y continúa el verdadero resplandor en la
unión de ambos y hace manar constantemente la fuente y de hecho
porque el Jubileo y el Shofar son una misma una cosa y es recta y no

curbada porque está por encima de todo y hace surgir un instrumento para su acción. Y ciertamente de este modo todos los seres que salen de él son todos según el secreto de la libertad y, por esta razón ha sido dicho: ved la diferencia entre las primeras y las segundas tablas, las primeras tablas, qué dictó, ¿qué hay escrito en ellas? Libertad en las tablas, la libertad respecto a todas las cosas que hay en el mundo porque su esencia provenía del mundo de arriba Las segundas tablas no son así en absoluto y por lo tanto no se estaba escrito en ellas *Jerut*[88] porque eran de debajo de las primeras y por lo tanto el secreto de este asunto es conocido por los inteligentes.

יום הכפורים ודאי כי כל כפרה וכל סליחה וכל רחמים ושפע אספ־
קלריא המאירה משם יוצא לסוף המחשבה למטה אשר היא עומ־
דת על משמרתה בסודה ועניינה, ובהתעורר המדה הזאת כל כפרה
וסליחה ומחילה יורשת המדה הידועה למטה, והתבונן על כוונת ז"ל
שתקנו חמש עניינים של מחילה לזרע קדש כנגד החמש ספירות
אשר למעלה, והם חמשים שערים של בינה והחמשה עניינים הם
תקון ועניין לנגד חמש ספירות של בינה, והן אכילה ושתיה ורחיצה
וסיכה ונעילת הסנדל ותשמיש המטה, אכילה ושתיה מצד ימין, ור־
חיצה כנגד שמאל, רחיצת צואתו של אדם הוא מצד השמאל, וסיכה
כנגד הגוף המכריע נעילת הסנדל כנגד הירכים, תשמיש המטה כנגד
סוד ברית קדש, וגם אמנם כי הירכים הם סוד כלל אחד, להיותם
חמשה עניינין תקון כפרה, וסליחה לנגד העולם העליון שהוא יום הכ־
פורים להמצא זוהר פנים מאותו העולם הבא הוא העולם הבא תמיד
ומזהיר זוהר בלי הפסק והמעין נובע תמיד בסוד זוהר פנימי ובא
תמיד ואינו פוסק, וזהו סוד העולם אשר כל זוהר הקדושות משם בא
תמיד ומתקדשים בקדושתו עליונים ותחתונים ועל כן הוא העולם
אשר קדשנו וצונו וסוד העולם הבא, כי הוא בא תמיד ומזהיר זוהר
שאין לו הפסק, ואמנם כי סוד העולם הבא אמרו ז"ל העולם הבא

---

88. Literalmente «libertad» aunque puede leerse como «grabado».

אין בו לא אכילה ולא שתייה וכו', כי על כל פנים כן הוא והוא כלל
כל ההויות למטה על כן אין לו הפרש מתוך סוד הנקודה:

Iom Kippur ciertamente, ya que toda la expiación y todo el perdón y toda la misericordia y la abundancia del espejo que brilla desde allí llega hasta el final del pensamiento del abajo donde está en guardia en su secreto y su función. Y en el despertar de esta dimensión, hereda toda la expiación y el perdón y la absolución de esta dimensión que veremos a continuación. Y observa la intención de nuestros maestros, de bendita memoria, que instauraron cinco ritos de perdón para la Simiente Santa correspondiendo a las cinco Sefirot de arriba. Y son las cincuenta puertas de Binah, y los cinco ritos son corrección y trabajo respecto a las cinco sefirot de Binah. Y ellos son no comer ni beber y lavarse y ungirse y atar la sandalia y la cópula, comer y beber del lado derecho y lavarse del lado izquierdo, lavar las heces de una persona pertenece al lado izquierdo y ungir corresponde al cuerpo que equilibra, atar la sandalia corresponde a los muslos, la cópula corresponde al secreto del pacto sagrado. Y los muslos son el secreto de un principio único, para tener a estos cinco sujetos a expiación. Y el perdón se dirige al mundo superior que es *Iom Kippur* por para que llegue un resplandor del mismo y el mundo porvenir es el mundo que siempre está viviendo y emite un resplandor sin cesar y su fuente emana de un resplandor interior secreto y viene constantemente y no se agota. Y éste es el secreto del mundo del cual todo el resplandor de la santidad proviene continuamente y por su santidad son santificados los seres de arriba y de abajo y, por lo tanto, es el mundo que nos ha santificado y ordenado y el secreto del mundo venidero, que viene constantemente e irradia un resplandor que no tiene fin. Y, ciertamente, a propósito del secreto del mundo venidero, nuestros maestros, de bendita memoria, dijeron que «en el mundo venidero no hay alimento ni bebida, etc.»,.[89]

---

89. Véase Talmud, tratado de *Berajoth* (17a).

Porque en cualquier caso así es e incluya a todos los seres de abajo y por lo tanto no está separado del secreto del punto.

שופר על סוד הקולות המיוחדים היוצאים מתוכו כענין סוד השו־
פר המוציא הקול מכח התוקע, והקול נתחבר מסוד שלושה עניינים
מיוחדים כאחד והם סוד אש ומים ורוח כולם כאחד על סוד אחד
וכבר פירשנו זה בספר הרמון:

Shofar a causa del secreto de las voces unificadas que salen de él como el asunto del secreto del *Shofar* que emite una voz por el poder del que lo toca, yla voz está conectada desde el secreto de tres elemento unificados y son el secreto del fuego, el agua y el soplo, todos unidos en el secreto del uno, y esto ya lo hemos explicado en el Libro de la Granada.

שכינה של מעלה, אמנם כי כך הוא ואמרו ז"ל כשם שיש שכינה
למעלה כך יש שכינה למטה, ואמנם כי שכינה של מעלה כדוגמתה
שכינה למטה, והיא החכמה קטנה אצל מעלה בת יורשת נחלה, ועל
כן בסוד אחד עומדות שתיהן כאמרי בתרי חביון עוזו על שם שהיא
חביון דעוז הדת פנימה כי סוד ענין התורה יצאה מן הקול הדק הפני־
מי והוא העוז ה' עוז לעמו יתן עולם:

La Shekinah de arriba: aunque es así, nuestros maestros, de bendita memoria, dijeron «así como hay una Shekinah arriba, también hay una Shekinah abajo»,[90] y de hecho que la Shekinah de arriba es como una réplica de la Shekinah de abajo. Y ésta es la pequeña Jojmah respecto a la de arriba y «la hija posee una herencia».[91] Y, por lo tanto, ambas están en un único secreto, como ha sido dicho «y allí estaba

---

90. Véase Zohar I-141b, pág. 47 del tomo V de nuestra edición.
91. Véase *Números* (XXXVI-8).

escondida su fortaleza»,[92] porque es la fuerza del nombre que es el secreto de la fuerza que posee en su interior, el secreto del asunto de la
Torah salió de la tenue voz interior y es la fuerza «el Eterno dará fuerza
a su pueblo»[93] eternamente.

הנסתר כי על כן הוא הרקיע כעין הקרח הנורא ואין מי שיודע בו,
כי הוא סוד רז"ל שאמרו עוד יש רקיע למעלה מן החיות והוא הר-
קיע כעין הקרח הנורא, ואמנם כי אין מי שיודע בו, ועל כן הוא עולם
נסתר כי יש עולם נגלה למטה כאשר הוא בכמה מקומות שהוא
יתברך שמו ניכר מעלת כבודו מן העולם ועד העולם, שני עולמות
הן אחד למעלה ואחד למטה כפי אשר התעוררנו בכמה מקומות,
והנה הזהירונו ז"ל כי העונג והגמול לצדיקים לעולם הבא זהו החיים
היוצאים מתוכו. והנה יש לנו לפרש ולדקדק בסוד העניין הזה ועוד
אמנם כי יש הרבה, והדעת נכונה בהם בהיותם מפרשים כי גן עדן
יש בארץ ובו ענוגי הנפשות, אם כן עונג חיי העולם הבא היכן הם
ומה מנוחה יש לנפשות באותו מקום הואיל ואין שם המנוחה, וגם
אמנם כי ראיתי מפרשים אומרים כי בגן עדן אשר בארץ יש שם
ציורים ועניינים בדוגמת העולם הזה ובדוגמת עולם של מעלה, עד
שתהיינה הנפשות מורגלות באותם ציורים של מעלה, ומפני כי אינן
יכולות להתפרש כל כך מעניין העולם הזה, ועל כן הן יושבות בגן עדן
אשר בארץ ומתוך שהן מורגלות באותם הציורים והעניינים בעלותן
למעלה ולעשות שם דירתן כבר מורגלות הן, ודעתם נראה בכך כי
גן עדן שבארץ לדירת הנפשות הוא לזמן מועט עד התרגלן באותם
הציורים של מעלה ולא יותר. אם כן בעלותן להיות דירתן למעלה
לאור באור החיים הנה חסר מקומן בגן עדן אשר בארץ ואינן שם
והמקום נשאר פנוי בלא נפשות הצדיקים עד עת בוא נפשות אח-
רות, והלא ראינו בדברי רז"ל שאמרו והודיעו עניין גן עדן ומדתו וצו-
רתו ועניין ההיכלות אשר בו, ואמרו בהיכל פלוני שם אברהם יצחק
ויעקב, בהיכל פלוני שם הוא המשיח, ובהיכל פלוני שם הוא פלו-
ני ופלוני, אם כן מהיום כמה שנים חסרו כבודם של אותם ההיכלות

---

92. Véase *Habacuc* (III-4).
93. Véase *Salmos* (XXIX-11).

שאין שם משיח והאבות וצדיקי העולם הרבה אותם הנזכרים שם
ואם הם אינם למעלה להתהלך לפני ה' בארצות החיים, על כל פנים
צריך עיון, ואמנם כי הדברים פנימים סתומים וחתומים בדברי עמודי
העולם אשר התעוררנו בדברים האלה:

Oculto porque el firmamento es «a manera de un cristal maravillo-so»[94] y nadie lo conoce, ya que es el secreto de lo que han dicho nuestros maestros, de bendita memoria; también dijeron que hay un firmamento por encima de las *Jaioth*[95] y este firmamento es como un cristal terrible. Y de hecho, no hay nadie que lo conozca, y por lo tanto es un mundo escondido porque hay un mundo revelado abajo como está escrito en algunos lugares, Él, bendito sea su nombre, da a conocer su gloria desde la eternidad hasta la eternidad.[96] Dos mundos son, uno arriba y otro abajo, como hemos recordado en varias ocasiones. Y he aquí que nuestros maestros, de bendita memoria, nos han indicado que el placer y la recompensa de los justos para el mundo venidero es la vida que surge de su seno. Y aquí tenemos que interpretar y desarrollar el secreto de este asunto y aunque haya muchos, y su Daat tiene razón, cuando interpretan que hay un Gan Edén en la tierra donde se encuentra el gozo (ענוג) de las almas. Si es así, ¿dónde está el goce (ענוג) de la vida en el mundo venidero y qué descanso tienen las almas en este lugar ya que aquí abajo no hay descanso posible? Sin embargo, he visto a comentaristas decir que en el Gan Edén que está en la Tierra hay figuras y entidades a imagen de ese mundo y a imagen del mundo de arriba. Hasta que las almas se acostumbren progresivamente a las figuras de arriba ya que son incapaces de separarse totalmente de este mundo; permanecen en el Gan Edén que está en la Tierra y ya que están acostumbradas a estas figuras y a estas entidades, cuando ascien-

---

94. Véase *Ezequiel* (I-22).
95. Véase Talmud, tratado de *Jaguigah* (13a), Se trataría del octavo cielo.
96. Olam () la palabra que aparece, por ejemplo, en 1 *Crónicas* (XVI-36), de donde Moisés de León toma la cita, significa también «mundo», por lo que podemos leer «desde un mundo hasta otro mundo».

den hacia arriba y establecen allí su residencia, ya se han acostumbrado. Su opinión parece ser que el Jardín del Edén que está en esta tierra es para la residencia de las almas por un corto tiempo hasta que se acostumbren a las figuras de arriba y nada más. Si es así, el hecho de que asciendan para que su residencia esté arriba y para que las ilumine la luz de la vida, he aquí que su lugar en el Jardín del Edén de la Tierra queda desocupado pues ellas ya no están en él y este lugar se queda vacío hasta que lleguen otras almas. ¿Y no hemos visto en las palabras de nuestros maestros, de bendita memoria, que enseñaron y anunciaron el asunto del Gan Edén, sus dimensiones y su forma y el asunto de los palacios que están en él? Dijeron: en este palacio se hallan Abraham, Isaac y Jacob, en otro palacio está el Mesías, y en este palacio está fulano de tal. Así que a día de hoy desde hace tiempo que la gloria de esos palacios ya no está ya que no están el Mesías, los patriarcas y los numerosos justos del mundo que allí se mencionan y si no están dispuestos a caminar ante Dios en la tierra de los vivos. En cualquier caso, necesitamos estudiar y sellar las palabras de las páginas del mundo que hemos evocado con estas cosas.

אמרו כי הוא יתברך שמו ברא את האדם בצלם ובדמות ויכוננו בצו־
רה עליונה באמרו ויברא אלהים את האדם בצלמו, וכבר התעוררו
ודקדקו על העניין הזה בסוד האדם שהוא בצלם אלהים אמרו בסת־
רי תורה כי הצורה השכלית אשר היה באדם היא הנקראת אדם כי
העור והבשר והעצמות הם הם מלבוש אדם ואמרו לפיכך כתיב עור
ובשר תלבישני ובעצמות וגידים תסוככני ואם העור והבשר הם מל־
בוש עיין מי הוא האדם כי הוא פנימה מן המלבוש, ואמנם כי הוא
נתתקן בשלשה תקונים והנני מגלה לך סוד נסתר עמוק וגדול עד
מאד:

Dijeron que sería bendecido con su nombre, creó al hombre a su imagen y semejanza, y lo estructuró de la manera más elevada, según ha sido dicho «Dios creó al hombre a su imagen». Y han tratado y escudriñado este asunto, el secreto del hombre que es la imagen de Dios, y han declarado en *Los misterios de la Torah*[97] que la forma intelectual que está en el hombre es lo que se llama hombre porque la piel y la carne y los huesos son en realidad los vestidos del hombre y dijeron, por lo tanto, que está escrito «Me vestiste de piel y carne, y me cubriste de huesos y nervios». Y si la piel y la carne son vestiduras, fíjate qué es la persona la que está dentro de las vestiduras. Y ciertamente porque está provisto de tres vestiduras y os revelo un profundo y grandísimo secreto oculto, profundo y muy importante.

אמרו שם בסתרי תורה כתיב ועל דמות הכסא דמות כמראה אדם
עליו מלמעלה, מהו דמות אדם תלת דרגין דמחברן כחדא ואינון רזא
דמהימנו סגיא ואמנם כי האדם שהוא בעולם הזה אינו אדם זולתי
בהתחבר שלושה דברים בחבור אחד להיותו דוגמת אדם והם נפש
ורוח ונשמה, ואמנם בעניינים אלה שלשתם נקרא התמים השלם
אדם כענין דוגמא של מעלה בסוד השלש מדרגות שהן מחוברות
כאחד שהם דמות אדם, ואמנם כי האדם השלם בעולם הזה הוא כפי
אשר הזכרנו וכשמת אינו מת האדם זולתי שמתפשט מן המלבוש,
ואמנם התבונן וכונן רעיוניך בזה והוא תשלום הסוד העמוק הזה,
תדע לך כי אותם השלש מדרגות של מעלה בהתחברן כאחד נקרא
הכל אדם, אמנם כי הוא צריך מלבוש להתלבש והמלבוש הוא מדת
מערב כפי אשר מתלבש יהוה באלף דלת נון יוד כי זה מלבוש לזה,
ואמנם כי סוד האדם השלם בעולם הזה הוא בסוד שלשה דברים
הנזכרים אשר הזכרנו, והמלבוש שלו הוא הגוף והכל הוא בדוגמא
כי המלבוש למעלה הוא הנקרא גוף, ואמנם כי בהתפשט האדם מן
הגוף האדם עולה והגוף נשאר בגו הגרעון ועל סבה זו תמצא סוד
נפלה ולא תוסיף וגו' והיתה חורבן בית המקדש וכל אותו הגרעון כך
הוא ענין סבת האדם כי בהתפשטו מן הגוף אזי הוא הגוף בתכלית
הגרעון והבן כי הכל הוא דוגמא כי בהתפשט המלבוש אותם השלש
מדרגות אשר אמרו כביכול כאלו הם בפירוד שאינם אחד ועל כן

---

97. En realidad se está refiriendo al Zohar (I-20b). el texto zohárico dice: «la carne del hombre es una vestimenta y dondequiera que se escribe «la carne del hombre», se trata del hombre interior». Véase vol. I, pág. 252 de nuestra edición, Barcelona 2006.

לעתיד לבא יהיה ה' אחד וכו' כענין זה האדם השלם למטה בהתפש־
טו מן הגוף אותם השלשה דברים שהם אחד הכל הוא בפירוד, ומה
נחמד הענין למשכיל:

Allí dijeron, en *Los misterios de la Torah*: está escrito «y sobre la figura del trono había una semejanza que parecía de hombre sentado sobre él».[98] ¿Qué es la semejanza del hombre? Tres grados unidos que son el gran secreto de la fe y, ciertamente, porque el hombre que está en este mundo no es hombre más que cuando conecta estas tres cosas en una misma unión, de acuerdo con el modelo del hombre que es *Nefesh, Ruaj* y *Neshamah*. Y ciertamente, por estos tres es llamado hombre, completo y perfecto, semejante al modelo de arriba en virtud del secreto de los tres grados que están unidos como uno y que son la semejanza del hombre. Y ciertamente, el hombre completo en este mundo es como hemos mencionado y cuando muere no está muerto, sino que se despoja de su vestido. Y ciertamente has de reflexionar y concentrar tus ideas en él y es el complemento de este profundo secreto. Has de saber que esos niveles pasos de arriba al conectarse como uno solo se llaman hombre. Y ciertamente debe usar una prenda para revestirse y la prenda es la dimensión occidental, como el Eterno se reviste de *Alef, Dalet, Nun, Iod*[99] porque cada una es una vestidura para la anterior. Y ciertamente, el secreto de todo el hombre en este mundo corresponde al secreto de las tres cosas mencionadas que hemos señalado, y su vestido es el cuerpo y todo está de acuerdo con el modelo, ya que el vestido de arriba se llama cuerpo. Y ciertamente, cuando el hombre se despoja del cuerpo, la persona asciende y el cuerpo permanece en declive y en esto encontrarás el secreto del versículo «ha caído, no volverá a levantarse, etc.»[100] y hubo la destrucción del Templo y todo ese declive. Así es el asunto de la muerte del hombre porque al despojarse del cuerpo entonces el cuerpo se encuentra en un

---

98. Véase *Ezequiel* (I-26).
99. Que forman el nombre de Dios *Adonai*, el Señor.
100. Véase *Amós* (V-2).

gran declive y comprende que todo es semejante al modelo porque al despojarse del vestido, estos tres grados, por así decirlo, están en un estado de separación y ya no son uno, pero en el futuro «Él y su nombre serán uno». Del mismo modo cuando el hombre completo se despoja de su cuerpo aquí abajo, las mismas tres cosas que son una están todas en estado de separación, y ¡qué interesante es este asunto, hermoso para los inteligentes!

תדע לך כי הנפש והרוח והנשמה יפרדו איש מעל אחיו בסבת הת־
פשטות הגוף וישוב הכל לעיקר שרשו ויסודו להתעדן כל אחד כפי
הראוי, אמרו כי הנפש הוא ענין כח סבת נפש האב המכניס באותו
הזרע סבת דקדוק הנפש בכח ציורי, ועל כן הנפש היא משותפת
תמיד בגוף וקראו לה הפילוסופין נפש הצומחת כי היא גדלה תמיד
עם הגוף ולעולם אינה זזה ממנו, ואמרו בכאן כי סיוע ממקום אחר
למעלה יש באותו הנפש, ומפני אותו סיוע נקראת חיונית והסיוע
ההוא בא ממעלת סבת כח אישים והם המלאכים הקרובים לבני
אדם כי לפיכך נקראו אישים, ובהתפשט האדם מן הגוף שהוא המ־
לביש הנפש הזאת תחזור ליסודה ולא תפרד מן הגוף ולפי זה הכח
המתים יודעים ידיעה בסבה נסתרת כאשר נפרש בע"ה:

Has de saber que *Nefesh, Ruaj* y *Neshamah* se separarán el uno del otro, ya que al despojarse el hombre de su cuerpo, cada uno regresará al principio de su raíz y de su fundamento para refinarse cada uno como debe. Dijeron que el alma (נפש) proviene del poder de la causa del *Nefesh* del padre que puso en la semilla a causa de la determinación precisa del *Nefesh* en la capacidad de dar forma. Y por lo tanto, el *Nefesh* está siempre asociado con el cuerpo y los filósofos lo llaman «alma vegetativa» porque siempre crece con el cuerpo y nunca se mueve de él. Y han dicho que la ayuda que viene de otro lugar allá arriba está en el mismo *Nefesh*, gracias a esa ayuda se llama vital y esa ayuda procede del grado de la causa de la fuerza de los *Ishim* que son los ángeles más cercanos al ser humano y por eso se les llama *Ishim*.[101] Y cuando el hombre se despoja del cuerpo que es su vestido, este *Nefesh* vuelve a su fundamento y no se separa del cuerpo, y gracias a este poder los muertos disponen de un conocimiento relativo de las cuestiones ocultas[102] como explicaremos, con la ayuda de Dios.

הרוח הוא בא ממקום אחר גדול יותר ממעלת אישים והוא סוד המ־
דרגה הנקראת חכמה קטנה, ואמרו כי כל נקבה בהזדווגה עם הזכר
מרוב התאוה היא מזרעת לנגד הזכר והבן, ואמנם כי הרוח הזאת
תשוב אל האלהים אשר נתנה כאמרו והרוח תשוב על האלהים:

El *Ruaj* viene de otro lugar más grande que el de los *Ishim,* y es el secreto del paso llamado pequeña Jojmah. Y ha sido dicho que toda hembra cuando se aparea con el macho por lujuria emite una semilla de cara[103] al macho y entiéndelo, y ciertamente este *Ruaj* volverá a Dios que lo dio como ha sido dicho «y el espíritu (רוח) volverá a Dios».

הנשמה היא הבאה מסוד הזכר למעלה, כי הנהר היוצא מעדן משם
פורחות הנשמות והנשמה תחזור ליסודה הראשון, ועכשיו הנני נכנס
בביאור הענינים אשר התעוררנו בתחלה, הנפש היא כח הנשארת
עם הגוף כפי אשר אמרנו.

La *Neshamah* viene del secreto del macho de arriba, porque el río que sale del Gan Edén y a partir de allí ascienden las almas y la *Nesha-mah* volverá a su primer fundamento, y ahora entro en la explicación

---

101. Juego de palabras entre *Esh*, «fuego» e *Ish*, «hombre».

102. Véase Zohar (I-81a), pág. 144 del tomo III de nuestra edición, Barcelona, 2007.

103. En hebreo *leNegued* (לנגד), que también podríamos traducir como «contra» e incluso «frente»». Se trata de la misma raíz de la palabra que se traduce como «idónea» (כנגדו) al hablar de Eva, la ayuda que Dios le da al hombre.

de los asuntos de los que hablamos al principio, *Ruaj* es una fuerza que permanece con el cuerpo como dijimos.

הרוח היא הולכת ונכנסת בגן עדן אשר בארץ ואמרו כי בהכנסה
שם מתלבשת מיד באויר גן עדן ומתצטיירת שם הרוח בדוגמת צורת
הגוף שהיה בזה העולם ושם הולך באותו הצורה ויודע ומכיר זה לזה
ומשתדלים בהשתדלות עליון ושם דירתן כל הימים, ואמרו כי מדי
חדש בחדשו ומדי שבת בשבתו עולות למעלה לאור באור עליון ומ-
תפשטות מאותו המלבוש כדי לעלות לחזות בנועם ה' וגו'.

Ruaj se va y entra en el Gan Edén y dijeron que entrando se reviste inmediatamente del aire del Gan Edén y este *Ruaj* está configurado según el modelo del cuerpo que estaba en este mundo y allí se desplaza de la misma forma y se conocen y se esfuerzan en ocupaciones superiores y tienen allí su residencia todos los días. Y dijeron que «Y será que de Luna nueva en Luna nueva, y de sábado en sábado»[104] ascienden hacia arriba para ser iluminados en una luz superior y se despojan de las vestiduras para ascender y «para contemplar la bondad del Eterno, etc.».

ואזי הרוח תשוב אל האלהים אשר נתנה, ותחזור למקומה לאחר כן
תשוב ועולה וזהו סוד אמרו והיה מדי חדש בחדשו ומדי שבת בש-
בתו יבוא כל בשר, ודקדקו ז"ל כל בשר זו היא הרוח.

Y luego el *Ruaj* regresará al Dios que lo dio, y luego regresará a su lugar y ascenderá nuevamente y éste es el secreto de «Y será que de Luna nueva en Luna nueva, y de sábado en sábado, vendrá toda carne», y nuestros maestros, de bendita memoria, han dicho que «toda carne» es el *Ruaj*.

---

104. Véase *Isaías* (LXVI-23).

הנשמה עולה למעלה ומתעדנת בסוד חיי העולם הבא באותם החיים
היוצאים מסוד עולם הבא וכל דבר חוזר ליסודו כי הנהר אשר הנש-
מה ממנו הוא עץ החיים ודאי ועל כן הנשמה תשוב לשאוב מאותם
החיים וזהו האמת וכך התעוררו עמודי העולם בסתר דבריהם, אש-
ריהם ואשרי חלקם בעולם הזה ובעולם הבא:

La *Neshamah* asciende a las alturas y se refina en el secreto de la
vida del mundo venidero, en la misma vida que emerge del secreto del
mundo venidero y todo vuelve a su fundamento porque el río del cual
emana la *Neshamah* es ciertamente el Árbol de la Vida y, por lo tanto,
el alma vuelve para sacar de esa vida y ésta es la verdad y es lo que nos
han enseñado los pilares del mundo con sus palabras ocultas. ¡Dicho-
sos ellos y dichosa su parte en este mundo y en el mundo venidero!

שער קצה השמים:

Puerta del extremo del cielo

כי שאל נא לימים ראשונים אשר היו לפניך למן היום אשר
ברא אלהים אדם על הארץ ולמקצה השמים ועד קצה הש-
מים, כבר ידעת והתבוננת עד אי זה מקום האדם ראוי
לשאול ולחקור בסוד דרכי החקירה לדעת קצת אמתת
מציאותו יתברך שמו אמרו ז"ל כי שאל נא לימים ראשו-
נים וכו' עד אי זה המקום אתה רשאי לשאול למן היום אשר
ברא אלהים אדם על הארץ, עיין בדבר הזה ותמצא סוד הח-
קירה וכוונתם יתברך שמו ואז תבין יראת ה', ומה שתשאל
מהו אשר ברא אלהים אדם, ואמרו ולמקצה השמים ועד
קצה השמים עד כאן אתה רשאי לשאול, ומשם והלאה אין
לך עסק בנסתרות כי הדברים סתומים וחתומים עד מאד,
ועל זה הסוד אמרו ז"ל אדם הראשון מקצה השמים ועד
קצה השמים נברא, וזהו התחלת אדם הראשון נברא וזהו
התחלת בריאת אדם הראשון וגם אמנם אע"פ שסוד אדם

69

נברא בסוד שש קצוות ענין השלש מדרגות זהו עיקר ויסוד כל הדברים:

«Pregunta, pues, ahora de los tiempos pasados, que han sido antes de ti, desde el día que creó Dios al hombre sobre la Tierra, y pregunta desde un extremo del cielo al otro».[105] Ya conoces y ya has comprendido hasta dónde el hombre merece preguntar y explorar en secreto de los caminos de la indagación para conocer alguna verdad de su existencia, bendito sea su nombre. Nuestros maestros, de bendita memoria, han dicho «Pregunta, pues, ahora de los tiempos pasados» hasta qué lugar puedes preguntar: desde el día en que Dios creó al hombre en la Tierra. Medita en esto y encontrarás el secreto de la búsqueda y su intención, bendito sea su nombre y entonces entenderás el temor de Dios, y si preguntas qué significa desde que Dios creó al hombre, ellos dijeron «desde un extremo del cielo al otro» y hasta aquí puedes preguntar y a partir de aquí en adelante no tienes nada que hacer con estos misterios porque son cosas muy oscuras y están completamente selladas, y éste es el secreto del que nuestros maestro, de bendita memoria, han dicho «el primer hombre fue creado de un extremo del cielo al otro» y así era el primer hombre creado. Y aunque el secreto del hombre haya sido creado en el secreto de los seis extremos, los tres niveles son el principio y fundamento de todas las cosas.

אור זרוע לצדיק ולישרי לב שמחה ליהודים. אמרו ז"ל אור שברא הב"ה במעשה בראשית אדם צופה ורואה בו מסוף העולם ועד סופו כיון שנסתכל בדור המבול ובדור הפלגה והרשעים העתידים לבוא בעולם עמד וגנזו, ולמי גנזו לצדיקים לעתיד לבוא דכתיב אור זרוע לצדיק ולישרי לב שמחה, כבר ידעת והתבוננת כי אור זה הוא האור הראשון שנברא במעשה בראשית דכתיב ויאמר אלהים יהי אור, ואמנם כי דקדקו ז"ל ואמרו אור שכבר היה, ואמנם כי פרשו

בו הרבה המפרשים ודקדקו במה שאמרו ז"ל והיה אור לא נאמר
אלא יהי, אבל אמרו בסוד הנסתרות אור שכבר היה, בסתרי תורה
ראיתי כי סוד אור הקדמון הוא כלל כל המציאות וכל ההויות למי-
ניהם, אמנם כי הוא ראש עליון על הכל וסוד המציאות הוא הוא,
והבן כי התחלת הכל המציא סוד נקודה התעלומה שהיא י' שהוציא
מזוהר אצילות מציאותו והוא הוא ענין אחד במציאות אותה הנקו-
דה, ומשם והלאה מה שנשתייר מסוד אויר הוא אור וזהו שכבר היה
חתום וחקוק היה מקודם זה בסוד ענין אויר, והתבונן כי ראש ענין
המציאות אשר הוא מן העולם ועד העולם זהו והוא קצה השמים,
ואמנם כי הוא אור הראשון, חסד, אברהם, ימין, דרום, מים, כסף,
כהן גדול, אהבה, והרבה שמות אחרים אשר בו אבל יש לפרש ול-
עיין בדברים האלה כפי אשר תשיג הדעת:

«Luz está sembrada para el justo, y alegría para los rectos de corazón, alegría para los judíos».[106] Dijeron nuestros maestros, de bendita memoria, que por medio de la luz que creó a Dios en la obra del Génesis, dijo Adán veía y escrutaba de un extremo al otro del mundo y cuando llegó la generación del diluvio y la generación de la torre de Babel y los malvados que vendrían al mundo se alzó y la reservó. ¿Para quién la reservó? Para los justos de los tiempos futuros, según ha sido escrito «luz está sembrada para el justo, y alegría para los rectos de corazón». Ya sabes y ya has entendido que esta luz es la primera luz que fue creada en la obra del Génesis, como ha sido escrito «Y dijo Dios que haya luz». En verdad, nuestros maestros, de bendita memoria, han aportado precisiones y han dicho que es una luz que ya existía. Muchos comentaristas lo han explicado y han examinado cuidadosamente lo que nuestros maestros, de bendita memoria, han dicho: «No ha sido dicho «habrá luz», sino «que haya luz». Además, según el secreto de los misterios han dicho «es una luz que ya existía». En *Los Misterios de la Torah* vi que el secreto de la luz del aire primordial es la suma total de todos los seres y de todas las cosas existentes, ciertamente es la cabeza

---

106. Véase *Salmos* (XCVII-11).

suprema que está por encima de todo, y es en sí misma el misterio de la existencia. Y entiende que desde el principio de todas las cosas procedió el misterio del punto oculto, a saber, la letra *Iod* (י), que fue producida a partir del esplendor (זוהר) que emana de su ser. Esta letra es por lo tanto una con el «punto oculto». Y aquello que después de la formación de este «punto» permanece del misterio del *Avir* (éter) es *Or* (luz), habiendo este último sido antes incluido en el misterio de *Avir*. Y has de entender que ésta es la cabeza suprema de la existencia desde la eternidad hasta la eternidad, y es la parte más extrema de los cielos. Y ciertamente porque es la luz primordial, *Hessed*, Abraham, derecha, sur, agua, plata, el Sumo Sacerdote, el amor, y muchos otros nombres que deben ser examinados e interpretados, como se puede comprender.

אור הראשון זהו אור שנתעטף בו הב"ה ובּרא את השמים כפי אשר
אמרנו והתעוררנו ונכח זה נבראו השמים בּרצונו יתברך ואמנם כי
היא אור הנתעטף בו אור סתום ונעלם, וזהו אור המאיר לקצוות של
מטה וזו התנוצצות שלו הוא מאור הזוהר הנעלם, חסד הוא על כי
הוא יתברך שמו בּרא העולם לפי המדרגה הזאת והמציא הכל מאתו
דכתיב אמרתי עולם חסד יבּנה כי מסוד המשכת התפשטות האור
הזה נבראו כל ההמשכות למטה, אמנם כי הרבּה חסדים הם הנמ־
שכים והנתהווים ממנו וזהו מה שאמרנו עולם חסד יבּנה חסד נבנה
לא כתיב אלא יבּנה, כדי שיבּנה תמיד וימשך זוהר התנוצצות שלו,
ואמנם כי העולם אינו מתקיים זולתי על זו המדרגה כי כל העולם
אינו עומד זולתי לפי חסד, והתבּונן כי המקיים חסד עם הבּריות הוא
מקיים קיום האמונה קיום המדרגה הזאת, ואברהם לפיכך זכה מקו־
מו ולהקרא סוד המדרגה אברהם כי הוא השתדּל תמיד לעשות חסד
עם הבּריות, ועל כן נתנה לו למורשה דכתיב וחסד לאברהם:

La luz primordial es una luz en la que se envolvió el Todopoderoso y creó los cielos como dijimos, y por el poder de estos cielos fueron creados en su deseo, bendito sea, y ciertamente porque es una luz en la que está envuelta una luz oculta y escondida. Y ésta es la luz que brilla en las extremidades de abajo y este resplandor procede de la luz del resplandor oculto. Hessed, porque Él, bendito sea su nombre, creó el mundo de acuerdo a este grado y todo existió a partir de él, según ha sido escrito «para siempre será edificada misericordia»[107] porque a partir del secreto de la continuación de la expansión de esta luz se crearon todas las continuaciones de abajo. Ciertamente, de él se extraen y se forman muchas *Hassadim*[108] y esto es lo que ha sido dicho: el mundo se creará con *Hessed*. Y no está escrito fue creado con *Hessed*, a fin de que sea creado de una manera continua y que el esplendor proceda de su irradiación. Y de hecho el mundo no existe más que por este grado porque el mundo entero no se mantiene sino por *Hessed*. Y has de entender que aquel que mantiene *Hessed* con los seres humanos es quien mantiene la existencia de la fe y la existencia de este grado. Y es por ello por lo que Abraham mereció su lugar y mereció que el secreto de este grado sea denominado Abraham porque siempre se esforzó por hacer *Hessed* con las criaturas, y por eso le dio la herencia de *Hessed* según ha sido escrito «y bondad a Abraham».[109]

ימין זו היא ימינו של הב"ה יתברך שמו ובו ניתנה התורה כאמרו מי-
מינו אש דת למו וכתיב ימינך ה' נאדרי בכח ימינך ה' תרעץ אויב,
כי לאומות העולם ימין דוחה ושמאל מקרבת אבל לישראל שמאל
דוחה וימין מקרבת, וכל טוב וכל שפע הוא מצד ימיני של הב"ה, בא
והתבונן כי מפני שהשפע והטוב והחסד בא תמיד לישראל מצד המ-
דרגה הזאת כשגרמו העונות מה כתיב השיב אחור ימינו והשמאל
גבר עליו, אמנם לפי התבוננות המדרגות בסוד נסתר כן הוא:

Está escrito «derecha»; se trata de la derecha del Santo, bendito sea, que su nombre sea bendito, y a través de ella fue dada la *Torah*, según ha sido dicho: «a su diestra la ley de fuego para ellos»[110] y ha sido escri-

---

107. Véase *Salmos* (LXXXIX-3). *Olam* (עולם) puede leerse como «mundo» o «para siempre».
108. Literalmente «bondades».
109. Véase *Miqueas* (VII-20).
110. Véase *Deuteronomio* (XXXIII-2).

to: «Tu diestra, oh Eterno, ha sido magnificada en fortaleza; tu diestra, oh Eterno, ha quebrantado al enemigo.»[111] Porque para las naciones del mundo la derecha rechaza y la izquierda acerca, pero para Israel, la izquierda rechaza y la derecha acerca. Y todo bien y toda abundancia proceden del lado derecho del Santo, bendito sea. Ven y observa por qué la abundancia y la bondad y la gracia siempre llegaban a Israel desde este nivel cuando las iniquidades imperaban, está escrito: «hizo volver atrás su diestra»[112] y la izquierda dominaba sobre ella. Ciertamente es así al mirar los grados en el secreto que está oculto.

דרום על כי הוא ימין מאותם ארבע פאתי העולם, ואמנם כי מכל
פאתי העולם אין הם בחמימות כמו דרום כי בהתחלף היסודות ונ־
כללים זה בזה, על כל פנים ענין האש היסודי נכלל בצד דרום והוא
בכנוי נקרא מדת דרום, ואמנם כי ארבע פאתי העולם מזרח מערב
צפון דרום כנגדם סוד ארבע היסודות שהם אבות כל התולדות,
והתבונן כי הוא מים יסוד אחד מהיסודות, ובהיותם נכללים זה בזה
הוא יסוד האש והאש הוא מים וכבר פרשנו זה במקומות רבים:

Sur, porque está a la derecha de esos cuatro puntos cardinales. Y ciertamente, entre estos puntos cardinales no hay ninguno tan cálido como el sur a causa del intercambio de los elementos y de que se incluyen entre sí, el uno en el otro, y en cualquier caso, la cuestión del fuego elemental se incluye en el lado sur y se llama acertadamente la dimensión del sur. Y ciertamente los cuatro puntos cardinales, este, oeste, norte, sur corresponden al secreto de los cuatro elementos que son los padres de todos los engendramientos. Y observa que el agua es el fundamento único de los elementos. Y dado que están integrados los unos en los otros, el elemento fuego es agua, y esto ya lo hemos explicado en muchos lugares.

---

111. Véase *Éxodo* (XV-6).
112. Véase *Lamentaciones* (II-3).

גדולה על כי הגדולה והמעלה היא היא, וזהו לך ה' הגדולה והגבורה
וגו' ועל כן נקרא הוא יתברך שמו גדול כי הגדולה והגבורה וגו', ועל
כן נקרא הוא יתברך שמו גדול כי הגדולה זו היא סוד גדולת מעלתו
של מקום, וכן הרבה שמות אחרים בסוד ענין הגוונין כמו כן שמכ־
ניס העניינים האלה לסוד גוונין הרבה והם ירוק, ואדום, ולבן, ואמנם
כי הגוונין זכרים בסוד מעלתם כסף על כי הוא גוון לבן הוא הנתכ־
נה בסד מדת מדרגה זו, אמנם לפי העניין הזה על שהוא כסף נבחר
וכתיב לי הכסף ולי הזהב, לי הכסף זו מדת דרום, ולי הזהב זו מדת
צפון וכתיב מצפון זהב יאתה ואמנם כי לפי העניינים האלה תוכל
לדעת רמז הדברים הנכונים:

Guedulah, por esa grandeza y esa altura que «tuya es, oh Eterno, la
magnificencia, y el poder, etc.».[113] Y por eso Él, bendito sea, es llamado
«Grande» ya que esta grandeza es el secreto de la grandeza del lugar, y
posee muchos otros nombres según el secreto de la serie de los colores
ya que estos asuntos se incluyen en el secreto de muchos colores que
son el verde, el rojo y el blanco. Y, ciertamente, estos colores según el
secreto de su rango, plata porque es un tono blanco, es denominado
por el secreto de este grado, y ciertamente por el significado, porque es
plata superior ha sido escrito: «mía es la plata y mío es el oro».[114] «Mía
es la plata» es la dimensión del sur, y «mío el oro» es la dimensión del
norte, y ha sido escrito «del norte es oro».[115] Y ciertamente por estos
significados podrás conocer por alusión las cosas correctas.

כהן גדול, כבר רמזתי לך סוד הדברים האלה, ואמנם כי כהן גדול
עומד בראש והוא נוטל בראש, כי לפי תוכן סוד הדברים הנאמרים
בסוד הכהן הגדול על כי הוא סוד ענין עמוק לפי סוד תוכן העניין זהו
סוד גדול ודבר עמוק בהיות הכהן הגדול יורש מעלה זו מצד המד־
רגה הזאת הנקראת גדולה ומפני כי הוא סוד המדרגה היא מדרגה

---

113. Véase 1 *Crónicas* (XXIX-11).
114. Véase *Ageo* (II-8).
115. Véase *Job* (XXXVII-23).

הידועה לכהן גדול שהוא מצד ימין, ואמנם כי הכהן הגדול היה מת־
כוין תמיד בסוד המכונה והעבודה לכונן תמיד המדרגה הזאת להיות
שולטת הימין תמיד, כי בהיות הימין שולטת כל השפע יורד מאותו
הצד שהוא מקבל ראשון תמיד מתוך מעין נחל קדומים הנסתר, ועל
כן לפי סוד הדבר הזה הוא ענין מצד התוכן הראשון אשר התעוררנו
בענין הזה בהיות הכהן הגדול נוטל בראש ממקום המעלה הוא מש־
פיע לסוד המדרגות של מטה וכלם מאירים ומתנוצצים מתוכו, ועל
כן הכהן היה מכוין בסוד הכוונה כאשר אמרנו לכונן המדה הזאת
ולהאיר אל עבר פניה, ואמנם כי לפי הענין הזה יש לדעת כי הוא
תוכן האמונה ועדיין נפרש בסוד הענין הזה בע"ה:

Sumo sacerdote, ya te he insinuado el secreto de estas cosas, y ciertamente el sumo sacerdote está a la cabeza y toma la delantera porque
según el contenido del secreto, lo dicho a propósito del sumo sacerdote, que es un asunto secreto de profundo interés según el secreto del
contenido del asunto, se trata de un gran secreto y una cuestión profunda ya que el sumo sacerdote hereda este grado de ese grado llamado
Guedulah; y dado que es el secreto, es un grado particular del sumo
sacerdote, que es del lado de la derecha. Y ciertamente el Sumo Sacerdote siempre estuvo concentrado en el secreto de la intención y del
culto para impulsar siempre este grado para que la derecha dominara
siempre. Y cuando la derecha tiene el control, toda la abundancia desciende de este lado que siempre recibe primero de lo que viene de la
fuente antigua y oculta. Y así, de acuerdo con el secreto de la cosa, es
un asunto del primer contenido que hemos evocado en este asunto, ya
que el Sumo Sacerdote toma la cabeza del lugar de este grado, influye
en el secreto de los grados de abajo y todo brilla y se ilumina a partir
de él. Y por eso el sacerdote se concentraba en el secreto de la intención, como hemos dicho, para poner en marcha esta dimensión e iluminar en dirección de su rostro y, ciertamente, en lo que se refiere a
este asunto, debe saberse que es el contenido de la fe y que revelaremos
el secreto de este asunto con la ayuda de Dios.

אהבה הוא מדת הימין והוא הסוד הנכון בהיות דרום מעורר ומקרב
החבה כאשר הוא ידוע כי הימין מחבק ומקרב וזהו סוד האהבה כי
הוא התעוררות האהבה ואמנם כי לפיכך האהבה שלימה והאהבה
נכונה בסוד ימין עליון, והשמחה אינה באה זולתי ממדרגה הזאת,
ואמנם כי לפי תוכן המדה הידועה הנקראת מים אמרו ז"ל מי שלא
ראה שמחת בית השואבה בבית המקדש לא ראה שמחה מימיו כי
סוד המדרגה גורם בהיות השמחה והאהבה גורם המעלה הזאת בה-
תכוננות העניין והדברים הנכונים כי על כל פנים בתוכן המעשה של
מטה מתכונן המדרגה למעלה, וכבר התעוררנו זה בכמה מקומות,
ואמנם כי סוד המדרגה הזאת היא למעלה משאר הששה קצוות
ואע"פ כי הבריח התיכן הוא סוגר ופותח ועל סבת המדרגה הכהן
הגדול נבחר מכל העם בקדושה ובמעלה ובמתנות נאות ובמלבו-
שיו ובתוכן כל ענייניו, ועל כן אל תתמה בהיות מעלת הימין על כל
השאר:

El amor es la dimensión de la derecha y es un secreto cierto, ya que el sur despierta y provoca el amor como ya se sabe pues la derecha abraza y atrae y éste es el secreto del amor porque es el despertar del amor y ciertamente por eso el amor es completo y el amor es auténtico gracias al secreto de la derecha de arriba. Y la alegría no llega más que en este grado, y de hecho según el carácter de la dimensión llamada Agua, nuestros maestros, de bendita memoria, han dicho que los que no han visto la alegría de la sala de donde se saca el agua en el Templo, no han visto alegría en toda su vida ya que el secreto este grado es activo, cuando hay alegría y amor este grado está activo gracias a las prácticas y cuestiones justas. Y ya lo hemos señalado en diversos lugares, y ciertamente, el secreto de este grado está por encima de los otros seis grados. Y si el cerrojo del medio está cerrado y abierto y a causa de este grado, el sumo sacerdote se distingue de entre todo el pueblo por su santidad y su virtud y por los dones apropiados, y por sus vestiduras y por el contenido de todos sus asuntos y, por lo tanto, no te sorprendas de la superioridad de la derecha sobre todo lo demás.

שאלוני אם כן שמעלת הימין היא מעלה ידועה יותר משאר המע־
לות שהם סוד שש קצוות מהו העניין בהיות סוד מעלת הבריח התי־
כן בתוך הקרשים שהוא מפתח הקרשים והוא יתד התקועה, וכבר
ידענו כי יעקב אבינו ע"ה מובחר מן האבות היה, והוא תקן הבית
בהתכוונות עליון סוד השנים עשר שבטים שבטי יה עדות לישראל,
תשובה העניין הזה הוא נכון וידוע לכל משכיל כי סוד הימין הוא גדול
ורם על כל שאר שש קצוות למטה, אמנם כי מעלת תפארת ישראל
היא מעלה הידועה במעלה ובמניין עליה, ואמרו כי סוד הימין הוא
להגין תמיד על הגוף ולסעדו במשפט ובצדקה, ואמנם לפי סוד הע־
ניין הידוע כי הגוף הוא התכוננות בכמה מדרגות ומעלות טובות אשר
בו והוא חשוב עד מאד, אבל הראש אשר הוא על הגוף הוא על הכל
ואמנם כי סוד הגוף כמלך בגדוד והימין הוא הנלחם מלחמותיו והעו־
שה צרכי הגוף, ובלתי זה כלם אין בהם כח וגבורה בכל השאר אבל
יעקב ודאי כאשר אמרת הוא המובחר מהכל והוא סוד היתד הת־
קועה והמרכבה העליונה וכלם נכללים בו, והימין אינו זולתי לעבוד
עבודת הגוף ולתקן ענייניו ונכלל בתוכו והגוף אינו מנוחה מתוך מד־
רגותיו וכבר רמזנו בספר הרמון סוד המעלה הזאת ועניינו ותכונותיו:

Una pregunta: si es así, el grado de la derecha es un grado más elevado que los otros grados, que son el secreto de los seis extremos, ¿qué
ocurre con el secreto del escalón del travesaño mediano en medo de las
planchas que es la llave de las planchas y la clavija clavada?.[116]

Y ya sabíamos que Jacob nuestro padre, que descanse en paz, era el
elegido de los patriarcas, y reparó la casa con la intención suprema del
secreto de las doce tribus, las tribus del Eterno, conforme al testimonio
dado a Israel.[117] Respuesta: este asunto es verdadero y conocido por
toda persona inteligente porque el secreto de la derecha es grande y
elevado en los otros seis extremos inferiores. Ciertamente, el grado de
Tiferet Israel es un grado situado encima de él en altura y jerarquía. Y
ya se ha dicho que el secreto de la derecha es proteger siempre el cuer-

---

116. Véase *Isaías* (XXII-25).
117. Véase *Salmos* (CXXII-4). Véase también Zohar (I-133a) Volumen IV de nuestra edición,
    pág-150, Barcelona 2008.

po y ayudarlo con justicia y caridad, y ciertamente de acuerdo con el secreto del asunto en cuestión, el cuerpo es consolidado por los diversos grados y los buenos escalones que están en él y es muy importante. Sin embargo, la cabeza que está en el cuerpo se sitúa por encima de todo y ciertamente el secreto del cuerpo «como rey con su batallón»[118] y la derecha es la que libra sus guerras y satisface las necesidades del cuerpo. Y sin ella nadie tendría poder y fuerza entre todos los demás salvo Jacob, ciertamente, como dijiste, pues es el preferido de todos y es el secreto de la estaca clavada en el carro superior y todos están incluidos en él, y la derecha no tiene otra razón de ser que asegurar el servicio del cuerpo y restaurar sus funciones si está incluida en él, y el cuerpo no reposa entre sus grados. Ya hicimos alusión en el *Libro de la Granada* al secreto de este peldaño, su naturaleza y sus cualidades.

שער צפון:

La puerta del Norte

והוא יסוד האש היסודי, השער הזה לא יפתח ויהיה סגור כי הוא סוד
זהב סגור, והוא הנקרא פחד יצחק, גבורה, מדת הדין הקשה, כולו
גוון אדום, חשך, שמאל, צפון, זהב, בית דין שלמעלה, יצחק, אלו הן
שמותיו, ואע"פ שיש לו שמות הרבה אחרים, אמנם כי יש לנו לפרש
אלו ואע"פ שתמצא שמות אחרים מפוזרים בכאן בהרבה מקומות
בספר הזה, מתוך העניינים תוכל לדעת ולהבין אותם, עכשיו התעורר
והבן לך סוד העניינים האלה והנני נכנס בביאורם בע"ה:

Y él es el secreto del fuego fundamental; esta puerta no se abrirá y permanecerá cerrada porque es el secreto del oro cerrado[119] y se llama «temor de Isaac». Guevurah, la dimensión del juicio severo, vino, color rojo, oscuridad, izquierda, norte, oro, tribunal superior, Isaac, estos son sus nombres, y aunque tiene muchos otros nombres, únicamente

---

118. Véase *Job* (XXIX-25).
119. U «oro oculto», que se suele traducir como «oro fino». Es obvio que se refiere a un tipo de oro distinto del de nuestras monedas o nuestros anillos.

tenemos que interpretar estos, aunque encontrarás otros nombres esparcidos aquí en muchos lugares de este libro. Podrás conocerlos y entenderlos por su contexto; ahora despierta y comprende el secreto de estos asuntos y entraré en su explicación, con la ayuda de Dios.

צפון הוא ידוע למשכילים כי סוד המדה הזאת היא מדה ידועה בדין
גמור וכל הדינין וכל תוקף הדינין שבעולם מכאן הוא ואין לך צד
מכל פאתי העולם שנמצא דין בצד ההוא כמו מדת צפון, ואמנם כי
מצפון תפתח הרעה וכל הדין שבעולם מאותו הצד מתעורר, והנה
תוכל לדעת כי מצפון מאותו הצד מתעוררים ענין הרוחות והמזיקין
שבעולם ורוחות רעות ועניינים רעים וקשים כי מצד שמאל שהוא
צפון באים ומתעוררים האש זהו סוד מדת צפון ענין המדרגה הידו-
עה, והוא נקראת אש היסודי, ואמנם כי סוד האש זהו אש המוליד
שאר האשות, וכלם יוצאים ממנה וזו היא אש היסודי על שם שהאש
הזאת יסוד כל האשות היא וממנה יוצאות, והתבונן כי יש אש אוכ-
לת אש והאש הזאת היא אוכלת כל שאר האשות כי היא אש חזקה
מכלן, ואמנם יש לך להבין ענין בני אהרן שהקריבו אש זרה לפני ה'
במדבר סיני ומתו ויצאו שרופים, תדע לך כי האש זרה שהקריבו
כבר התעוררו ז"ל וסתמו הדברים כפי מנהגם האמתי, אמרו שתויי
יין היו וכולם אמרו זהו זה, והתעוררו סוד ענין אחד נכון וידוע למש-
כילים, יש לך לדעת כי יש יין ויש יין טוב ויין רע, כפי שיש מים צלו-
לים ומים עכורים כן יש יין יין טוב ויין רע, יין הטוב שהוא יין הרקח יין
רע שהוא יין שמרים והוא היין הרע, ויש לדעת כי סוד היין הרע הוא
היין המשכר לאדם הנכנס בתוכו לרע לו עד אשר לא ידע בין ימי-
נו לשמאלו, ובזה היין חטא אדם הראשון, וחטא בו נח כמו אמרו וישת
מן היין וישכר ויתגל בתוך אהלה כתיב כי זהו מקום הרע, אמנם כי
מעלת סגני כהונה הידועים במעלת הכהונה כמה הוא ענין שבח המ-
עלה אשר בהם כי אע"פ שחטאו וחטאתם כתובה, אמרו ז"ל שתויי
יין היו אבל לא שכורים, וכבר ידעת כי הפרש גדול בין שתוי וש-
כור, שתוי מדבר לפני המלך ותפלתו תפלה, שכור אינו מדבר בפני
כלום ותפלתו תועבה, אמנם כי שתויי יין הוא מעניין היין המחובר
ומרוב התאוה ורוב כסופם ממנו שתו הרבה, ואמרו כי מקודם זה
יצא דימוס (נימוס) שלהם למות לפני המקום ב"ה דכתיב ויחזו את

האלהים ויאכלו וישתו, וכתיב ואל אצילי בני ישראל לא שלח ידו,
ועכשיו מרוב תאותם להכנס בפרדס נכנסו ושתו מן היין הטוב והמור-
בחר, ושם נכנסו לתוך היין הרע הקרוב אצל הטוב ההוא ושתו מעט
קט ממנו כדי לראות ועל כן היו שתויים אבל לא שכורים ונדונו לפני
המקום ב"ה ומתו, וזהו דכתיב אל תקרב אל פתח ביתה, והבן אמנם
כי זהו סוד אש זרה, ואמרו ז"ל כתיב הכא אש זרה וכתיב התם לש-
מרך מאשה זרה, אמנם כי מסוד האש היסודי יוצאת האש ההיא
כענין השמרים מן היין:

Norte; es conocido por los esclarecidos que el secreto de esta palabra es la dimensión conocida como juicio implacable y todos los juicios
y toda la vigencia de los juicios en el mundo provienen de aquí y no
hay ningún lado de todos los rincones del mundo donde haya un juicio como el de la dimensión del norte. Ciertamente, «del norte se sol-
tará el mal»[120] y todo el juicio que hay en el mundo se despierta por
este lado. Ciertamente, has de saber que el norte, de este lado, se despiertan los espíritus y los demonios que están en el mundo, así como
los espíritus malvados y las cosas malvadas y duras, vienen y se despiertan de la izquierda, que es el norte. Fuego, es el secreto de la dimensión
del norte, la naturaleza de esta dimensión en particular y es llamada
fuego fundamental. Y ciertamente el secreto del fuego es el fuego que
engendra el resto de fuegos, y todo sale de él y éste es el fuego fundamental y este fuego es el fundamento de todos los fuegos y de él vienen, y considera que hay un «fuego que devora al fuego»[121] y este fuego
devora a todos los demás fuegos ya que es más fuerte que todos. Y,
ciertamente, has de entender el asunto de los hijos de Aarón que sacri-
ficaron a un fuego extranjero ante el Eterno en el desierto de Sinaí y
murieron y salieron quemados.[122] Has de saber que del fuego extranjero que ofrecieron ya hablaron nuestros maestros, de bendita memoria,
y ocultaron las cosas, como es su verdadera costumbre. Dijeron que

---

120. Véase *Jeremías* (I-14).
121. Véase Talmud, tratado de *Iomá* (21 b).
122. Véase *Números* (X-1).

habían bebido vino y todos dijeron esto y lo otro, evocaron un secreto verdadero y conocido de los esclarecidos: has de saber que hay vino, y hay buen vino y mal vino, y así como hay agua clara y agua turbia, así hay buen vino y mal vino. El buen vino es el vino perfumado, el vino malo que es un vino fermentado y ese es el vino malo. Y uno debe saber que el secreto del mal vino es el vino embriagador para aquel en quien entra, causando su desgracia, hasta que no sabe distinguir entre su derecha y su izquierda. Y por este vino el primer hombre pecó, y por él pecó Noé, como ha sido dicho: «y bebió del vino, y se embriagó, y se descubrió en medio de su tienda», [123]está escrito «tienda» y éste es el lugar del mal.[124] Ciertamente, la virtud de los asistentes del sacerdocio, aquellos que ocupan un rango en el sacerdocio, es algo importante, pues aunque hayan transgredido y su pecado esté inscrito había bebido vino, pero no estaban ebrios». Dijeron nuestros maestros, de bendita memoria, «habían bebido vino, pero no estaban ebrios» y ya se sabe que hay una gran diferencia entre los que han bebido (שתוי)y los borrachos (שכור).[125] Uno que ha bebido habla ante el Rey y su oración es una oración, un borracho no habla ante nadie y su oración es una abominación. Ciertamente aquel que bebe vino lo hace del vino precioso[126] y a causa de su lujuria y su deseo, bebieron demasiado.[127] Y ha sido dicho que antes ya había salido un veredicto de muerte del Lugar, bendito sea, según ha sido escrito: «y vieron a Dios, y comieron y bebieron»,[128] y ha sido escrito: «Mas no extendió su mano sobre los príncipes de los hijos de Israel», y ahora en su deseo de entrar en el Pardes, entraron y bebieron del vino bueno y escogido. Y allí fueron al vino malo que se parece al bueno y bebieron un poco para

---

123. Véase *Génesis* (IX-2).
124. Véase *Zohar* (I-192a), pág. 213 de nuestra edición, Barcelona, 2008.
125. Evidentemente se refiere a los que han bebido vino, pero no han alcanzado la embriaguez y aquellos que sí están ebrios.
126. Literalmente del vino conectado o escogido. Se trata del vino reservado para los justos en el mundo venidero.
127. Los hijos de Aarón.
128. Véase *Éxodo* (XXIV-11).

ver y, por lo tanto, bebieron pero no se emborracharon y fueron juzgados ante el Lugar, bendito sea, y murieron.[129] Y es lo que ha sido escrito «no te acerques a la puerta de su casa»,[130] y has de entender que éste es el secreto del fuego extraño, y dijeron nuestros maestros, de bendita memoria que está escrito «un fuego extraño» y está escrito «para que te guarden de la mujer extraña».[131] Ciertamente, emerge del secreto del fuego fundamental como el fermento procede del vino.

פחד יצחק זהו סוד מדתו של יצחק הנקראת פחד כאמרו ופחד
יצחק היה לו והתבונן כי קול פחדים הוא והמקום גורם בהיות הפחד
והאימה יוצא ממנו לכל באי עולם, ואמנם כי סוד הפחד הזה גורם
פחדים הרבה כענין אמרו מפחד בלילות, ואמרו ז"ל מפחדה של
גיהנם כי פחדים הרבה נמשכים ומתפשטים, ונמשכים מסוד הפחד
העליון הנקרא פחד יצחק:

El temor de Isaac es el secreto de la dimensión de Isaac llamado «temor» según ha sido dicho: «y el temor de Isaac, no fuera conmigo»,[132] y comprende que se trata de la voz espantosa[133] y el lugar la provoca ya que el miedo y el terror salen de él hacia todos habitantes del mundo. Y ciertamente el secreto de este temor provoca miedos como dice el versículo «por los temores de la noche».[134] Y dijeron nuestros maestros, de bendita memoria, «del temor del *Guehinom*»[135] ya que se emiten y se propagan muchos miedos que provienen del secreto del temor supremo llamado «el temor de Isaac»:

---

129. Según el *midrash* (*Bereshit Rabbah*19,5), la causa de la transgresión de nuestros primeros padres fue que habían bebido vino y se habían embriagado.
130. Véase *Proverbios* (V-8).
131. Juego de palabras entre *Esh* (אש), «fuego» e *Ishah* (אשה), «mujer».
132. Véase *Génesis* (XXXI-42).
133. Véase *Job* (XV-2).
134. Véase *Cantar de los cantares* (III-8).
135. El infierno.

גבורה היא הנקראת על שם גבורה וכח תוקף הדין ועצמו, כגבור
המוכן למלחמה כך הוא זה המקום הוא מקום הדין ותקפו ועצמו
להוציא את כלי זעמו, וזו היא מדת השמאל הנקראת שמאלו של
המקום ב"ה והתבונן כי אע"פ שהיא דין ומקום הדין, היא מעוררת
החבה אצל הנקבה תמיד כאמרו שמאלו תחת לראשי וזו היא ענין
הסוד אמיתי בתפלה של יד שהיא בשמאל, אמנם יש לך להבין ולה־
תעורר כי אע"פ סוד הדין הקשה הוא החבה והתעוררות התשוקה
כענין היין המוחבר אשר אמרנו שהוא מעורר האהבה והחבה ובהד־
בק בו לבדו בלא עירוב המים, אזי הוא השכרות והדין בעולם ועל כן
הוא יתברך שמו הכליל זה בזה וסידר אותם להכנס זה בזה ומתחל־
פים אחד באחד וזהו המים נכללו באש והאש במים ונאחזים זה בזה
היסודות ארבעתם:

La Guevurah se llama Guevurah y lleva el nombre del heroísmo y
es la fuerza de la energía del juicio mismo, como un héroe (*Guibur*)
preparado para la guerra, así es este lugar, que es el lugar del juicio, de
su ardor y de su energía para blandir el instrumento de su ira. Y ésta
es la dimensión de la izquierda llamada la izquierda del Lugar, bendito sea, y has de comprender que, aunque sea el juicio y el lugar del
juicio, despierta siempre el cariño hacia la hembra según ha sido dicho: «su izquierda esté debajo de mi cabeza»[136] y éste es el verdadero
secreto de los *tefilin* de la mano que está a la izquierda. Aunque hay
que entender y ser consciente de que, aunque sea el secreto del juicio
severo, es amor y el despertar de la pasión como ocurría con el vino
reservado que mencionamos que despierta amor y el cariño y cuando te apegas a él sin mezclarlo con agua. Entonces hay ebriedad y el
juicio está en el mundo y por lo tanto Él, bendito sea, incluye el uno
en el otro y lo arregla para que entre el uno en el otro y se sustituyan
alternativamente uno por uno y ésta es el agua incluida en el fuego y
el fuego incluido en el agua y así los cuatro elementos.

---

136. Véase *Cantar de los cantares* (II-6).

חושך זהו סוד המדה הזאת סוד האש היסודי כאשר אמרנו, אמנם כי
החשך יכסה ארץ ומשם יוצא החשך המחשיך וזהו שאמרו ז"ל וחשך
על פני תהום זהו סוד מלאך המות המחשיך פני הבריות, כי על כל
פנים החשך הזה הוא החשך המחובר עם האור להיות האור ההוא
אור מובהק להתנוצץ ולהזריח מאורותיו כי תקון האור הוא החשך,
כענין אמרו כיתרון האור מן החשך כי ודאי יתרון הוא מן החשך הוא
ותקונו רופיו, ואמנם כי זהו סוד אמרו יוצר אור ובורא חשך כי זה
בזה מתכונן ומתתקן:

La oscuridad es el secreto de esta dimensión y el secreto del fuego
fundamental como ya dijimos, y en verdad «he aquí que las tinieblas
cubrirán la Tierra»[137] y de ahí viene la oscuridad cada vez más oscura
y esto es lo que dijeron nuestros maestros, de bendita memoria «y las
tinieblas cubrían la superficie del abismo»;[138] es el secreto del ángel de
la muerte que oscurece el rostro de las criaturas. Porque en cualquier
caso esta oscuridad es la oscuridad que se junta con la luz para que esa
luz sea una luz deslumbrante que brille y lance sus rayos luminosos ya
que la corrección de la luz es la oscuridad. De hecho, dijeron que el
provecho de la luz viene de las tinieblas y es evidente que el provecho
de la luz viene de la oscuridad, que la embellece. Verdaderamente, se
trata del secreto del versículo que dice: «forma la luz y crea la oscuridad»[139] ya que una se corrige y se perfecciona por la otra.

זהב הוא משובח על המתכות ועל סוד הענין הזה אמרו שבעה מיני
זהב יש בעולם והם משונים ומשובחים זה מזה, זהב אופיר, זהב
פרוים, זהב מופז, זהב שחוט, זהב ירקרק, זהב שבא, זהב סגור, אלו
הן שבעה מיני זהב, אמנם אמרו כי המשובח שבכלם הוא זהב סגור,
על כי הוא זהב הסגור מן העין וסגור מהכל, וזהו סוד שם אלהים
שהוא משותף בשבע מקומות יותר משאר מקומות, אלהים חיים

---

137. Véase *Isaías* (LX-2).
138. Véase *Génesis* (I-2).
139. Véase *Isaías* (XLV-7).

שהוא סוד העולם העליון וזהו כנגדו זהב סגור, על כן הוא סגור יותר
משאר מדרגות, אלהים זהו פחד יצחק והוא כנגד זהב שבא, וזהו
סוד אמרו ויחי ויתן לו מזהב שבא כי המלך המשיח מאותו הצד
שהוא צד שמאל מקבל, אלהים זהו נצח ישראל הוא כנגד זהב פרוים
סוד ענין הירכים, אלהים כנסת ישראל הכלולה כנגדה זהב ירקרק,
ועל זה הסוד אמרו ז"ל אסתר ירקרוקת היתה וזהו סוד האתרוג,
אלהים סוד מעלת בית דין של מטה שבעים סנהדרין הסובבים כסא
הכבוד, והוא כנגדו זהב שחוט, אלהים הוא סוד הדיינין של מטה
בעולם הזה, והוא כנגדו זהב אופיר, אמנם כי בשבע מקומות הללו
המשכת השתתפות שם אלהים כנגד שבעה מיני זהב שהם בעולם,
ועל כל פנים המשכת מדת הדין נמשך לכמה חיילים לכמה גבורות
אשר אין להם מספר כאמרו מי ימלל גבורות ה:

El oro es el más fino de los metales y acerca del secreto de este asunto se dice que hay siete tipos de oro en el mundo y son diferentes y más finos el uno que el otro.[140] Oro de Ofir, oro de Parvaim, oro puro, oro condensado, oro amarillento, oro de Saba, oro oculto, estos son siete tipos de oro, aunque dijeron que el mejor de todos es el oro oculto, porque es un oro oculto a la mirada y cerrado a todo. He aquí el secreto del nombre Elohim que está asociado en particular a siete lugares más que a otros. Elohim viviente quien es el secreto del mundo superior y le corresponde el oro oculto, porque está más oculto que los demás grados, Elohim es el temor de Isaac y corresponde al oro de Saba, Y éste es el secreto de lo que ha sido dicho «y vivirá y se dará oro de Saba»[141] porque el Rey Mesías recibe del mismo lado que es la izquierda, Elohim, que es *Netzaj* Israel corresponde al oro de Parvaim, secreto del asunto de los muslos, Elohim es la Asamblea de Israel completa que corresponde al oro amarillento. Nuestros maestros, de bendita memoria, han dicho a propósito de este secreto «Esther era amarillenta» y éste es el secreto del etrog, Elohim es el secreto de la Corte Suprema de abajo de los Setenta del Sanhedrín que rodea el trono de gloria,

---

140. Véase Zohar (II-148a), pág. 252 del volumen XIII de nuestra edición, Barcelona, 2012.
141. Véase *Salmos* (LXXII-15).

y corresponde al oro condensado, Elohim es el secreto de los jueces de abajo, en este mundo, y corresponde al oro de Ofir. Verdaderamente en estos siete lugares la expansión del nombre Elohim corresponde a los siete tipos de oro que hay en el mundo, y en todo caso la expansión de la dimensión del juicio se prolonga en muchos soldados y muchos héroes que no tienen número según ha sido dicho: «¿quién expresará las valentías del Eterno?».

שער המזרח:

Puerta del este

והוא יסוד הרוח, אמנם כי סוד העניין הזה הוא היתד התקועה ועיקר
האמונה כי היא מדרגה העומדת באמצע מכל צד ומכל עבר ועל כן
סוד עיקר המרכבה העליונה בסוד שם של שבעים ושתים שמות של
מקום, וזהו מזרח, רוח, הבריח התיכון, יעקב, ישראל סבא, תפארת
ישראל, צדקה, שמים העליונים, רחמים, משפט, והרבה אחרים שגם
בעניין זה שמות הרבה, אמנם נפרש ברמזים עניינים אלה בסוד כל
אחד ואחד מהם:

Y es el elemento del aire, aunque el secreto de este asunto es la clavija clavada y la raíz de la fe ya que es un grado que se sitúa en el medio
a cada lado y en todas las direcciones y por lo tanto es el secreto del
principio del carro superior según el secreto del nombre de setenta y
dos nombres del Lugar. Y éste es el este, el soplo, la barra del medio,
Jacob, el antiguo Israel, Tiferet Israel, la caridad, el cielo superior, la
misericordia el derecho, y muchos otros nombres, porque también en
este asunto hay muchos nombres, aunque estos asuntos se interpreta-
rán por alusión en el secreto de todos y cada uno de ellos.

מזרח משם האור יוצא והוא התנועעות האור בהתנצצו כל הגוונין
וכל המאורות מאירים וכל הכוכבים ממסלותם והמזלות ממושבותם,
כלם מאירים ומתנוצצים בסודו ועניינו כי גם העולם הבא בהתנו־
צצו זה השער לה' להתנוצץ ולהזריח ועל כן הוא פותח דלתות שערי
מזרח ומאיר לעולם כלו כי המזרח הוא כלל כל המאורות והוא כולל
את כולם, ועל כן הוא סוד יתד התקועה בכל צד, ומכל מקום יש לך
להתעורר כי כל השערים העליונים כולם אדוקים בו מן העולם הע־
ליון ולמטה, אמנם כי הם נקראים שערי מזרח, כי יש שערים אחרים
למטה והם הנקראים שערי צדק, ועל השערים העליונים נאמר שאו
שערים ראשיכם והנשאו פתחי עולם ויבוא מלך הכבוד, ועל השע־

רים של מטה נאמר פתחו לי שערי צדק אבא בם אודה יה, ואמ־
נם כי בסוד זה אותם השערים נקראים שערי מזרח, ועל כל פנים כי
בהתעורר המזרח כל השערים נפתחים וכל האור וכל השפע יוצא
לעולם, ועל זה הסוד האל פותח בכל יום דלתות שערי מזרח ובוקע
חלוני רקיע ומוציא חמה ממקומה, כי הרקיע הוא הרקיע שאמרו
ז"ל שיש בו חמה ולבנה וכוכבים ומזלות, והחלונות אשר לו מדר־
גות ידועות וממונות על תפקידן בסוד העולמות כולם כי הנהר היוצא
מעדן אין לו הפסק לעולם, ואמנם כי אותם המדרגות ידועות הן ונ־
קראים חלונות, על כי על ידם השפע יורד ונמשך למטה והרקיע הזה
הוא הנהר היוצא מעדן, וראיתי אנשים החושבים לעלות במחשב־
תם ודעתם נסכל ומנעו מתקון רז"ל לומר בבתי כנסיות בשבת ובוקע
חלוני רקיע ומוציא חמה וג' ועל כל פנים כי לא ידעו הדבר מהו כי
הם הצנורות אותם החלונות להמשך מהם המשכת השפע למטה,
ונחזור למה שהיינו בביאורו בסוד השערים העליונים הנקראים שערי
מזרח, ואמנם כי לפי סוד העניינים אשר אמרנו הכל הוא כפי סוד
סדר הדברים העליונים:

El este: de allí sale la luz y es el movimiento de la luz; cuando centellea, todos los colores y todas las luminarias se iluminan y todas las estrellas en sus órbitas y las constelaciones en sus lugares todos brillan e irradian según su secreto y su función porque también el mundo venidero cuando irradia la puerta del Eterno, brilla y lanza sus rayos y por lo tanto abre las hojas de las puertas del este e ilumina al mundo entero porque el este es el principio de las luminarias y las incluye a todas. Y, por lo tanto, hay una clavija secreta clavada en cada lado, y en cualquier caso tienes que ser consciente de que todas las puertas superiores están atadas a ella, las del mundo superior y las de abajo. Ciertamente se llaman las puertas del este, porque hay otras puertas abajo y se llaman puertas de la justicia. Y a propósito de las puertas superiores ha sido dicho: «Alzad, oh puertas, vuestras cabezas, y alzaos vosotras, puertas eternas, y entrará el Rey de gloria».[142] Y a propósito de las

---

142. Véase *Salmos* (XXIV-7).

puertas de abajo ha sido dicho: «Abridme las puertas de la justicia, entraré por ellas, alabaré al Eterno».[143] Ciertamente, en lo referente a este secreto estas puertas se llaman las puertas del este, y en todo caso cuando el este se despierta, todas las puertas se abren y toda la luz y toda la abundancia descienden al mundo. Y a propósito de este secreto, Dios abre todos los días las hojas de las puertas del este y abre las ventanas del firmamento y hace salir al Sol de su lugar. Porque el firmamento es el firmamento del que nuestros padres, de bendita memoria han dicho que encubre al Sol, a la Luna, las estrellas y las constelaciones. Y sus ventanas son grados conocidos que están a cargo de su papel en el secreto de los mundos ya que el río que sale del Edén no deja de fluir nunca. Y efectivamente estos grados son conocidos y se llaman ventanas, porque por ellas desciende la abundancia y se difunde hacia abajo y este firmamento es el río que sale del Edén. Y he visto a personas que pensaban elevarse por su pensamiento cuyo espíritu actúa neciamente, y no siguen la regla establecida por nuestros maestros de bendita memoria, que consiste en recitar en las sinagogas en *Shabbat* y revienta las ventanas del cielo y hace salir el Sol y en cualquier caso ignoran lo que es porque estas ventanas son los mismos canales de los que fluye la abundancia hacia abajo. Pero regresemos a lo que estábamos explicando, el secreto de las puertas superiores denominadas puertas del este, y ciertamente según el secreto de los elementos que hemos explicado, todo está de acuerdo al secreto del orden de las cosas superiores.

והבן כי יסוד הרוח הוא האוחז בשני העברים בין המים ובין האש
ואוחז בשניהם ומכריע ביניהם, ואמנם כי סוד הענין הזה בהיות במ־
עשה בראשית ענין המחלוקת בין שני הצדדין כי המחלוקת הוא
תמיד בין האש ובין המים אבל הרוח הוא מכריע ביניהם ועושה
שלום ביניהם, ועל כן ימי בראשית אמרו ז"ל למה לא נאמר כי טוב

---

143. Véase *Salmos* (CXVIII-19).

בשני מפני שבו נברא המחלוקת כי המחלוקת היתה בין היום הרא-
שון שהוא סוד המים ובין היום השני שהוא סוד האש, ועל כן לא
נאמר ביום השני כי טוב כי הוא שמאל ובו התעוררות המחלוקות
ואע"פ שהמחלוקת הזה הוא תקון העולם וישובו, אבל אע"פ שהוא
שמאל מפני שבו נברא גיהנם ומתוך סבת השני נברא גיהנם, כי כמו
סיג הזהב יצא באותו היום הזוהמא אשר בו והבן, ומפני כן לא נאמר
בו כי טוב, וביום השלישי הוציא לפועל תוכן שני הימים ונסתכמו
ביחד ואזי נתישב העולם על תקון מלאכת המחשבה העליונה, ואמ-
נם כי לפי זה הסוד נאמר ביום השלישי כי טוב כי טוב שני פעמים,
ומה נחמד הענין בהיות המדרגה האמיתי הזאת יסוד הנקרא רוח
האוחז בשני העברים ומסכים ביניהם, ועל כן הוא סבת כולם והוא
שלום:

Y entiende que el elemento del aire se sostiene de los dos lados entre el agua y el fuego y sostiene ambos y establece el equilibrio entre ellos, y de hecho que el secreto de este asunto corresponde a la obra de *Bereshit* (מעשה בראשית), y hay una disputa entre las dos partes porque la disputa es siempre entre el fuego y el agua pero el aire es decisivo entre ellos y hace el equilibrio entre ellos, y por eso a proposito de los días del Génesis nuestros maestros, de bendita memoria dijeron «¿por qué no se dijo bueno en el segundo día?, porque en él se creó la controversia»[144] porque la controversia fue entre el primer día que es el secreto del agua y el segundo día que es el secreto del fuego. Y por eso no se dice en el segundo día que es bueno pues es la izquierda y en él se despiertan las controversias, aunque esta controversia sea la corrección del mundo y su retorno. Pero dado que es la izquierda, se creó el *Guehinom* y a causa del segundo día se creó el *Guehinom*. Porque como ocurre con las escorias del oro, en ese día salió la inmundicia que hay en él, compréndelo, y por lo tanto no se dice de él que fue bueno. Y al tercer día ejecutó el contenido de los dos días y los puso de acuerdo juntos y entonces el mundo se estabilizó en la corrección del trabajo

---

144. Véase *Génesis Rabbah* (4,6).

del pensamiento supremo. Y, ciertamente, de acuerdo con esto, se dice de acuerdo a este secreto del tercer día «que es bueno», «que es bueno», dos veces, y qué agradable es dado que el verdadero elemento de este asunto es llamado espíritu que se sostiene ambos lados y hace reinar la armonía entre ellos y por eso es la causa de la paz y es la paz.

הבריח התיכון בתוך הקרשים העניין הוא נכון למשכילים בהיותו
נקרא הבריח התיכון כי הוא עמוד שהכל תלוי בו המחבר את האהל
להיות אחד, ועל כן מבריח מן הקצה אל הקצה, אמנם כי הבריח
התיכון אמרו ז"ל זה זה יעקב והנה מה טוב ומה נעים בהיותם אומרים
זה יעקב כי כך הוא בהיות הימין והשמאל במחלוקת זה בזה הוא
נוטל מצד זה ונוטל מצד זה ונעשה מהם אחד, וזהו סוד בהיות הכל
אחד, והוא קול אחד בסוד ייחוד האמונה כי הקול בהתיחדו מסוד
שלשה דברים מחוברים כאחד שהם האש והמים והרוח ומתיחדים
כאחד בכח סבת התוקע המוציא אותם מתוך השופר והם בהתיחדם
סוד אחד, ובעיינך בזה תמצא סוד הייחוד מהו ועניינו ותכונתו.

«Y la barra del medio pasará por medio de las tablas»,[145] el asunto es correcto para los esclarecidos ya que se le llama la barra del medio porque es una columna de la que depende todo ya que conecta la tienda para que sea uno. Y, por lo tanto, «pasará de un extremo al otro», aunque a propósito de la clavija del medio dijeron nuestros maestros, de bendita memoria que es Jacob y que bueno y agradable es que hayan dicho que es Jacob, porque así es y derecha e izquierda están en controversia entre ellos. Toma de un lado y del otro lado y los dos se convierten en uno. Y éste es el secreto del hecho de que todo es uno, y es una voz según el secreto de la unicidad de la fe, pues la voz se unifica en el secreto de que las tres cosas están unidas como una, que es fuego y agua y aire y éstas se unen gracias el poder de la causa del que sopla y que los hace salir del *shofa*r y son un único secreto. Y me-

---

145. Véase *Éxodo* (XXVI-28).

ditando en esto, encontrarás el secreto de la unidad y su naturaleza y su estructura.

ואמנם כי בענין זה הוא סוד המדרגה הזאת הנקראת אחד בייחוד
שלימה והוא סוד המרכבה שהיא סוד מרכבה העליונה ונקרא קול
והוא קול הנשמע, כי יש קול שהוא קול גדול ונקרא כך כאמרו קול
גדול ולא יסף והוא סוד עיקר השם המיוחד המתיחד בעיקר שורש
האמונה והוא קול הדק הפנימי שהוא סוד העיקר האמיתי, ואמנם
כי לזה העניין גלה חכם הרזים מה שאמרו ז"ל כל הנותן שלום לחברו
קודם שיתפלל כאלו עשאו במה, שנאמר חדלו לכם מן האדם אשר
נשמה באפו כי במה נחשב הוא, אל תיקרי במה אלא במה, ואמ-
נם כי התעוררו העניין האמתי והודיעו במנהגם הישר לומר במשכים
לפתחו, והנה ראיתי בירושלמי עניין גדול ונאה בסוד הדברים האלה
ואמרו שאינו אסור לתת שלום לחבירו זולתי אם מברך לו בשם
שנאמר חדלו לכם מברך לו בשם שנאמר חדלו לכם מברך רעהו
בקול גדול בבקר השכם קללה תחשב לו, ואמנם כי הוא סוד עיקר
אמיתי וראיה ברורה בדבריהם בהיותם אומרים עד שמברך לו בשם
והביאו ראיה מברך רעהו בקול גדול, קול גדול הוא עיקר השם כפי
אשר התעוררנו כי הוא קול הדק הפנימי המעמיד את שאר הקולות
וכולם עומדים בסבתו.

Y ciertamente porque en este asunto se halla el secreto de este grado llamado uno en la plenitud y es el secreto del carro que es el secreto del carro superior y se llama voz y es una voz que se escucha. Porque hay una voz que es una gran voz y se llama así por «a gran voz y no añadió más»[146] y es el secreto de la esencia del nombre unificado que está unido a la raíz de la fe y es la voz sutil interior que es el secreto del principio verdadero. Y ciertamente, a propósito de este asunto, el sabio de los secretos reveló lo que dijeron nuestros maestros, de bendita memoria, aquel que saluda a su amigo antes de que rece, es como si hiciera de él

---

146. Véase *Deuteronomio* (V-22).

un altivo.[147] Según ha sido dicho: «Dejaos del hombre, cuyo aliento está en su nariz; porque ¿de qué es el estimado?»[148] No leas *Bameh*[149] sino *Bamah*,[150] y de hecho se han ocupado del significado verdadero y lo han dado a conocer según es su honesta costumbre diciendo: «levantándose en la puerta». Ahora bien, vi en el Talmud de Jerusalén un asunto grande y hermoso referente al secreto de estas cosas, y dijeron que no está prohibido saludar a su amigo excepto si lo bendice por el Nombre según ha sido dicho «dejad, pues» y aportan una prueba: «El que bendice a su amigo en alta voz, madrugando de mañana, por maldición se le contará».[151] De hecho se trata del secreto de un principio verdadero y la prueba concluyente que hallamos en sus palabras es que dicen «hasta que sea bendecido por el Nombre» y aportan como prueba el versículo que dice «El que bendice a su amigo en alta voz», alta voz que es el principio del Nombre, como ya hemos dicho, ya que es la voz sutil interior que hace subsistir a las demás voces que se mantienen gracias a ella.

ועוד ראיה ממה שאמרו במשכים לפתחו דכתיב בבקר השכם על כל
פנים הענין נכון למבין, והתבונן במה שהיינו בביאורו כי סוד הבריח
התיכון לקיים קיום האמונה הוא העמוד האמצעי כי הוא סוד יתד
התקועה כאשר אמרנו:

Y otra prueba es que han dicho «levantándose en la puerta» a partir del texto que dice «levantándose por la mañana» y todo es cierto para aquel que entiende, y reflexiona en lo que estábamos explicando: el secreto de la barra del medio cuya función es mantener el fundamento de la fe.

---

147. Un orgulloso y un idólatra.
148. Véase *Isaías* (II-22).
149. En qué.
150. Altanero.
151. Véase *Proverbios* (XXVII-14).

ישראל סבא שאמרו ז"ל מפני שיש ישראל שנקרא בסוד הענין הזה
ישראל והוא סוד הנער מטטרון דכתיב בו כי נער ישראל ואוהבהו
והוא נער ישראל זוטא, ואמנם כי המדרגה הזאת הוא הנקרא יש־
ראל סבא והוא תפארת ישראל, והנה הורונו על כל פנים כי סוד יש־
ראל סבא והוא עיקר הכל וזהו סבא ולא הנער, ואמנם כי הוא סוד הנער
על סבתו אמרו כל נערה שבתורה נער כתיב כי הוא סוד ענין נקבה
אצל מעלה:

El antiguo Israel. Nuestros maestros, de bendita memoria, han hablado de ello pues hay un Israel que se llama Israel según el secreto del
asunto que es el secreto del joven Metatrón, a propósito del que ha sido
escrito: «cuando Israel era niño, yo lo amé»,[152] se trata del joven Israel,
pero este grado es llamado el antiguo Israel y es *Tiferet* Israel. Y he aquí
que hemos enseñado que en cualquier caso el secreto de Israel es el
principio y la esencia de todo y que es un anciano y no un niño, y de
hecho porque a propósito del secreto del niño ha sido dicho que todas
las niñas que aparecen en la *Torah* se escriben como niños ya que es un
secreto de lo femenino respecto a arriba.

והבן תפארת ישראל יש לך לדעת על מה נקרא כך כי על כן נקרא
בשם זה בהיות הגוונין שלשה והגוון המחבר אותם ובהיותם מחוב־
רים הגוונין כאחד אזי הוא התפארת בהיות תפארת הגוונין באחד,
אמנם כי יש לך לדעת מהו הסוד ישראל אשר בך אתפאר, בהיות
תפארת החבור באותם הגוונין כאחד זהו התפארת כאשר אמרנו,
והתבונן כי על כן הם שלשה שמות כוזו במוכסז כוזו אלו הן הש־
לשה שמות שהן ייחוד אחד בהתיחדם כאחד בהיותם חבור אחד
בסוד אחד, וזהו בהתיחדם כאחד נקרא תפארת, ועל זה הסוד אמרו
שלשה מדרגות עשה הב"ה בישראל ואלו הן כהנים לויים וישראל,
ובהתיחדם כאחד כתיב ישראל אשר בך אתפאר, במה בשלש מד־

---

152. Véase *Oseas* (XI-1).

רגות הללו, ואמנם כי על שהגוונין מתיחדים כאחד בסוד אחד אזי
נקרא תפארת וכבר רמזנו בזה:

Y comprende: *Tiferet* Israel, has de saber porque se llama así, se llama con este nombre porque sus colores son tres y es el color que los conecta y cuando están conectados, es *Tiferet* de los colores unidos, aunque tienes que saber cuál es el secreto de Israel: «Israel, en ti me gloriaré»[153] porque hay belleza la unión de los colores y ésta es *Tiferet*, como ya hemos dicho. Y reflexiona en el hecho de que son tres nombres, *Kozo, Bemoksz, Kozo*,[154] y estos son los tres nombres que son una unicidad en su unidad como uno en el secreto del uno, y uniéndose se llaman *Tiferet*. A propósito de este secreto, ha sido dicho: «el Santo, bendito sea, hizo tres grados en Israel que son sacerdotes, levitas e israelitas»,[155] y cuando se unen, ha sido escrito: «Israel, que en ti me gloriaré»[156] ¿Por qué? Por estos tres grados, en verdad, porque los colores se unen según el secreto del uno, entonces se llama *Tiferet* y esto ya lo hemos explicado.

צדקה כבר התעוררנו זה בספר הרמון וכתבנו כל הצורך, וזהו סוד
המדה הידועה הזאת כפי אשר התעוררנו שם ובכמה חלקים נחלק
במחלקת הצדקה והנה הוא ידוע ואין להאריך בכאן בזה הענין:

Caridad, ya nos hemos referido a ella en *El Libro de la Granada* donde he escrito todo lo necesario. Y éste es el secreto de la dimensión conocida como ya lo hemos mencionado y en algunos lugares hemos tratado la controversia sobre la Caridad, que es bien conocida y no es necesario extenderse aquí en este asunto.

---

153. Véase *Isaías* (XLIX-3).
154. Véase *Zohar* (I-18b), pág. 234 de nuestra edición, Barcelona, 2006. Se trata de nombres formados con las letras de los tres nombres que aparecen en el *Shemá Israel*.
155. Talmud de Jerusalén.
156. Véase *Isaías* (XCIX-3).

שמים העליונים, כבר התעוררנו בתחלה על ענין זה ואמנם כי סוד
האש והמים בהתיחדם כאחד בההכמה מוסכמת כפי אשר התעוררנו
בתחלה, שהב"ה בלל אש ומים ועשה מהם שמים, ואמנם כי זהו יום
שלישי במעשה בראשית שברא הוא יתברך בחפץ וברצון בריאה זו
ואמרו לחים היו ולא הוקרשו עד יום השלישי, ואמנם הבן הענין כי
סוד האש והמים שהיו הם במחלוקת והמחלוקת היתה בסבת שלום
ותקון העולם ויישובו כפי אשר התעוררנו בתחלה ולפיכך נקרא
שמים כלומר אש ומים וזהו מכון שבתו של הב"ה וכבר התעוררנו
בו:

Cielos superiores, ya hemos aludido al principio sobre este asunto
y, de hecho, es el secreto del fuego y el agua cuando están unidos en
un acuerdo armonioso como indicamos al principio, el Santo, bendito sea, mezcló el fuego y el agua e hizo el cielo, y de hecho se trata del
tercer día de la obra de *Bereshit* pues Él, bendito sea, creó esta creación con deseo y voluntad. Y dijeron que estaban húmedas y no estaban coaguladas hasta el tercer día, y comprende este asunto pues se
trata del secreto del fuego y el agua que estaban en controversia y esta
controversia tenía por finalidad la paz y la corrección del mundo y su
estabilización, como hemos indicado al principio y por lo tanto es
llamado cielos, es decir, fuego y agua, y éste es lugar donde habita el
Santo, bendito sea, y esto ya lo hemos tratado.

רחמים הוא תשלום הכל בהיות החסד והדין מחוברים כאחד וזהו
סוד הרחמים, וסוד רחמים היא המדה השלימה הצריכה לכל אדם
להתנהג בה, כי על כל פנים בהיות האדם שלם ויודע הדין וכולל
אותו בחסד אזי הוא רחמים להתנהג במדה הזאת, ולפי תוכן המדה
הזאת ומעלתה אמרו כל מי שאין בו רחמים אינו מזרע ישראל דכ־
תיב והגבעונים לא מבני ישראל המה, כי ישראל הם רחמים ממש
וסוד רחמים ועל כן נקרא ישראל ואם אינו מתנהג במדה הזאת אינו
מזרע ישראל וכביכול כאלו מכחיש המדרגה:

La misericordia (רחמים) es la plenitud de todo, ya que la gracia y el juicio están unidos juntos y éste es el secreto de la misericordia. Y el secreto de la misericordia es la dimensión completa según la cual toda persona debe comportarse, ya que, de todas maneras, al ser perfecto el hombre, conoce el juicio y lo integra en la gracia y entonces es misericordia pues se comporta según esta dimensión. Y a causa del contenido de esta dimensión y su superioridad, ha sido dicho que aquel que no tiene en él misericordia, no es de la simiente de Israel, según ha sido escrito: «los gabaonitas no eran de los hijos de Israel».[157] Porque Israel es verdaderamente misericordia y el secreto de la misericordia, y por eso se llaman Israel y si no te comportas con esta dimensión no eres de la simiente de Israel y es como si se negara este grado.

שאלה, כבר התעוררתי בכמה מקומות על סוד החסד וסוד הרחמים
מה בין זה לזה ומהו ענין החסד וענין הרחמים. תשובה, העניין הזה
ידוע הוא לכל משכיל בענין סוד החסד וסוד הרחמים, כי החסד מדה
אחת והרחמים שתים, ואמנם כי יש לי לעוררך על סוד זה, תדע לך
כי סוד החסד יש אדם שהוא עושה חסד עם הבריות ואינו משגיח
אם צדיק או רשע או אם זך ואם ישר אלא כוונתו לעשות חסד, חסד
הוא עם העניים ועם העשירים עם המתים ועם החיים, ואין צריך לה-
שגיח בשום דבר אחר בעולם כי החסד מתפשט ונמשך על כל באי
עולם, כי במדה הזאת הוא יתברך שמו מנהג עולמו לקיים אותו ולא
להשגיח לעונות ולחטאים ולפשעים אשר בני העולם חוטאים בכל
יום ובכל עת ובכל רגע והוא עושה חסד חנם על הכל, רחמים הוא
בהיותו משגיח ואומר מי אשר חטא לי וראה פועל איש ומעשהו
ומשגיח עליהם בצד הדין וראה ורוצה לעשות עמהם דין, ולאחר כן
חוזר ומרחם עליהם ואינו רוצה לכלות מעשה ידיו ולעשות עמהם
רע מצד הדין, כך הוא דרך הצדיק השלם רואה לאדם הולך בדרך
לא טוב או שעשה עמו רעה ובא לידו לעשות בו דין ולאחר כן חוזר
ומרחם עליו אבל בלא עיון הדין או רחמים, והחסד אינו כן כי בלא

שום דין הוא, וזהו ההפרש אשר בין החסד ובין הרחמים, וזהו שאמ־
רו ז"ל קם מכסא דין ויושב על כסא רחמים שאין רחמים נמצא זולתי
בהשגחת הדין בתחלה כפי אשר התעוררנו ודי להשכיל:

Pregunta, ya has hablado en varios lugares sobre el secreto de la gracia y el secreto de la misericordia, ¿qué diferencia hay entre una y otra y qué significa la gracia y qué significa la misericordia?

Respuesta, este asunto es conocido por todos los esclarecidos, porque la gracia es una *Middah* y la misericordia otra, y en verdad he de hacer que despiertes a este secreto; has de saber que el secreto de la gracia es cuando una persona hace bondad a las personas y no se preocupa de si se trata de un justo o de un malvado, o si es puro y recto ya que su única intención es hacer bondad; es bondadoso con los pobres y con los ricos, con los muertos y con los vivos, y no hay necesidad de preocuparse por nada más en el mundo porque la gracia se extiende y perdura en todos los seres del mundo, porque en esta *Middah* Él, bendito sea su nombre, es la que conduce el mundo para hacerlo subsistir y que no se preocupe por las iniquidades y los pecados y crímenes que la gente del mundo comete todos los días y en todo momento y a cada minuto y él hace gracia gratuitamente sobre todo. Misericordia, porque es vigilante y dice «¿Quién ha pecado contra mí?». Y observa los actos de los hombres y sus obras y los vigila desde el lado del juicio y ve y quiere hacer justicia con ellos, y luego vuelve y tiene misericordia de ellos pues no quiere destruir la obra de sus manos y hacerles mal desde el lado del juicio. Éste es el camino del justo perfecto: ve que un hombre va por el mal camino o que le ha hecho daño y le llega la oportunidad de obrar contra él según el juicio, pero retrocede y le hace misericordia. Mas sin consciencia del juicio no puede haber misericordia. No ocurre lo mismo con la gracia, que no supone ningún tipo de juicio. Ésta es la diferencia entre la gracia y la misericordia. Es lo que dijeron nuestros maestros, de bendita memoria: «se levanta del trono del juicio y se sienta en el trono de la misericordia»[158] pues la misericordia existe por afán de justicia, como ya hemos indicado y esto es suficiente para entender.

משפט הוא הוא הענין ממש כי הוא סוד רחמים ממש וכבר התעו־
ררנו בזה אמנם כי הענין הזה הוא בקושיא בהיות אומר ואל תבוא
במשפט את עבדך וגו' כבר התעוררנו בזה, ממה שאמרו ז"ל דוד
המלך ע"ה אמר לפני הב"ה רבונו של עולם מה אין חותמין
ברכה וגו' אמר לפניו רבונו של עולם אם כן בחנני ה' ונסני צרפה
כליותי ולבי, כשאירע אותו מעשה דבת שבע ניחם על כל מה שאמר
והתחיל לבקש רחמים על עצמו ואומר בחנת לבי פקדת לילה צרף־
תני בל תמצא זמותי בל יעבור פי, משם והלאה היה מתירא לעמוד
בנסיונו של מקום ב"ה התחיל לומר ואל תבוא במשפט את עבדך,
ואפי' ענין המשפט שהוא הרחמים איני יכול לעמוד בו מפני מה
מפני כי לא יצדק לפניך כל חי, עד כאן ראיתי במדרשות מפוזרים
הדברים אנה ואנה, ואמנם כי המשפט לאלהים הוא, וזהו יכללכל דב־
ריו במשפט עד כאן אמרו בסוד משפט, ואמרו ציון במשפט תפדה
זהו סוד הרחמים, ואע"פ כי הדבר אינו נראה לפי רוב הדעות אבל
קבלה היא ונקבל עד כאן סוד המרכבה העליונה שלשה אבות שהן
המרכבה כאמרם ז"ל האבות הן הן המרכבה, וזהו סוד המרכבה
והוא ענין גדול ונפלא בסוד מרכבה העליונה, מכאן והלאה יש לעו־
רר על שלש האחרונות כפי אשר התעוררנו בתחלה:

El derecho es realmente este asunto, ya que es el verdadero secreto de la misericordia y ya nos hemos referido a él, aunque este asunto es problemático ya que ha sido dicho: «Y no entres en juicio con tu siervo, etc.»[159] y ya hemos hablado de esto, por lo que nuestros maestros, de bendita memoria, han dicho: «el rey David, que en paz descanse, dijo ante el Eterno, el Señor del mundo, porque no hay sello para la bendición, etc.», y dijo así: «pruébame, oh Eterno, y sondéame; funde mis

---

158. Véase *Levítico Rabbah* (29,6).
159. Véase *Salmos* (CXLIII-2).

riñones y mi corazón».[160] Cuando tuvo lugar el episodio de Betsabé, se arrepintió de todo lo que dijo y comenzó a pedir piedad para sí mismo y dijo: «Tú has probado mi corazón, me has visitado de noche; me has apurado, y nada inicuo hallaste: heme propuesto que mi boca no ha de propasarse».[161] Desde entonces sintió miedo de la prueba del Lugar, bendito sea, y empezó a decir: «Y no entres en juicio con tu siervo, etc.», y lo mismo ocurre con el derecho, que es la misericordia y no se puede sostener. ¿Por qué? Porque «porque no es justo delante de ti ningún ser humano».[162] Hasta ahora he visto en los *midrashim* estas cosas están esparcidas aquí y allá, y de hecho «el derecho pertenece a Dios»,[163] «conduce sus asuntos con juicio»,[164] y hasta aquí han hablado del secreto del derecho, «Sion será liberado por el derecho»[165] y éste es el secreto de la misericordia. Y aunque el asunto no resulte evidente para todas las opiniones, se trata de una cábala[166] que recibimos. Y hasta aquí el secreto del carro superior, de los tres patriarcas que forman el carro según dicen nuestros maestros, de bendita memoria, «los patriarcas son el carro», y éste es el secreto del carro y es un asunto magnífico y maravilloso referente al secreto del carro superior. Ahora hemos de tratar de las tres últimas[167] como ya anunciábamos al principio.

---

160. Véase *Salmos* (XXVI-2).
161. Véase *Salmos* (XVII-3).
162. Véase *Salmos* (CXLIII-2).
163. Véase *Deuteronomio* (I-17).
164. Véase *Salmos* (CXII-5).
165. Véase *Isaías* (I-27).
166. En el sentido de una tradición oral.
167. Las tres últimas Sefirot.

שער שלש אחרונות:

Puerta de las tres últimas

שהן סוד השלש ברכות אחרונות והן רצה, ומודים, ושים שלום,
אמנם כי סוד אלו השלש אחרונות שהן כנגד סוד אבות העליונים
סוד המרכבה אשר אמרנו, ואמנם כי אלו השלש אחרונות הן נצח,
והוד, ויסוד, אמנם כי הן כנגד רצה, ומודים, ושים שלום, ועכשיו
יש לפרש כל דבר ודבר בסוד אלו השלוש אחרונות אשר אמרנו,
והתבונן כי נצח הוא כנגד רצה שהוא אחת מהשלוש ברכות אחרו־
נות, הוד הוא כנגד הודאה ברכה אחרת, יסוד הוא כנגד שים שלום,
ואמנם כי סוד נצח הוא כבר התעוררנו בתחלה על כי הוא מדת שמאל,
וכי יש מפרשים האומרים שהיא מדת ימין וסמכו על מה שאמרנו
בתחלה דכתיב נעימות בימינך נצח, אמנם כי כבר התעוררנו בסוד
זה, ותקנו לומר רצה כנגדו שהוא ענין סוד הקרבנות, והקרבנות כלן
הן נשחטות בצפון ולצפון תשוקתם כי סבת הקרבן דין, הקרבן סבתו
דין וענינו דין בהיותו נשחט ונפרש ונעשה כליל על גבי המזבח וזהו
דין גמור, כי אמנם אמרו האדם חטא הבהמה מה חטאה אלא בכאן
אמרו ענין גדול ודקדקו בסוד נפש האדם ונפש הבהמה ואמרו בו
סוד עמוק:

Que son el secreto de las tres últimas bendiciones, «servicio», «agradecimiento», y «concede la paz», ciertamente, estas tres últimas están en contra del secreto de los padres superiores, el secreto del carro como ya dijimos. Y ciertamente estas tres últimas son Netzaj, Hod y el Iesod, porque corresponden a «servicio», «agradecimiento», y «concede la paz», y ahora hemos de interpretar cada detalle relativo al secreto de estas tres últimas que hemos mencionado. Considera que Netzaj corresponde a servicio, que es la primera de las últimas tres bendiciones, Hod corresponde a agradecimiento, objeto de la bendición siguiente, Iesod corresponde a «concede la paz» y ciertamente, ya lo hemos develado al principio que el secreto de Netzaj es la dimensión de la izquierda. Y hay comentaristas que dicen que es la dimensión de la derecha y se apoyan en lo que dijimos al principio según el versículo: «en tu diestra, deleites para siempre».[168] Ciertamente, ya hemos tratado de este secreto, y han instituido decir «servicio» respecto a ella ya que es el corazón de los sacrificios. Todos los sacrificios son abatidos hacia el norte, y aspiraban hacia el norte ya que la causa del sacrificio es el juicio. La causa del sacrifico es el juicio y su carácter es el juicio porque la víctima abatida sobre el altar es un juicio completo y total, y ciertamente ha sido dicho: «El hombre ha pecado, pero ¿en qué ha pecado el animal?»[169] Y a propósito de este asunto, han formulado una importante idea analizando el secreto del alma del hombre y del alma del animal y han dicho un secreto profundo.

ואמנם כי בסוד הקרבנות נפרש בע"ה כפי אשר ראינו במקומות מד־
רשי רז"ל, והבן כי הקרבן הוא סוד הדין ושחיטתו בצפון שהוא צד
הדין, ועל כן הכהן שהוא מצד הימין אינו עומד בדין לעולם והש־
חיטה כשרה בזרים, ואמרו ז"ל מקבלה ואילך מצות כהונה, והת־
בונן כי סוד העניין בהיות הכהן מצד החסד ואינו עומד בדין כי הדין
הפך מדתו הוא ועל כן לא היה ראוי להכחיש המדה, ואמנם כי לפי־
כך כשר בכהנים פסול בלויים כשר בלויים פסול בכהנים, כי הלויים
עניינם וסבתם דין, ועל כן על פיהם יהיה כל ריב וכל נגע, מה שאין
כן בכהנים כי סבתם ימין ואינם עומדים בדין לעולם, והתבונן כי עניין
נצח ישראל שהיא כנגד רצה עניין הקרבן סודו דין ועניינו דין, והוא
מדת שמאל כאשר התעוררנו בתחלה, ועל כן אין להאריך בזה ודיי
למשכיל:

Y ciertamente vamos a interpretar el secreto de los sacrificios con la ayuda de Dios según lo que hemos visto en los *Midrashim* de nuestros maestros, de bendita memoria. Y has de entender que el sacrificio es el secreto del juicio, así como la matanza en el norte que es el lado del juicio. Y, por lo tanto, el sacerdote, que está a la derecha nunca se sitúa del lado del juicio y la matanza es válida (*Kosher*) si está realiza-

---

168. Véase *Salmos* (XVI-11). «Para siempre» es aquí Netzaj, que también significa «victoria».
169. Véase Talmud, tratado de *Sanhedrín* 54a.

da por extranjeros, y dijeron nuestros maestros, de bendita memoria, «así empieza el ritual del sacerdocio».[170] Y has de entender que el secreto del asunto es que el sacerdote se sitúa del lado de la gracia y no se sitúa en el juicio y el juicio es lo contrario de su dimensión por lo que no le pertenece contradecir esta dimensión. Y ciertamente, lo que no es apropiado en los sacerdotes no es apropiado para los levitas y lo que no es apropiado para los levitas no es apropiado para los sacerdotes. Porque la causa y el carácter de los levitas es el juicio. De este modo, en ellos estará toda disputa y toda plaga, lo cual no ocurre con los sacerdotes, ya que su causa es la derecha y no se sitúan nunca en el juicio. Y has de entender que el asunto de Netzaj Israel corresponde a «servicio» que es el dominio del sacrificio, es el juicio y su función es el juicio y es la dimensión de la izquierda, como ya desvelamos al principio, y por lo tanto no debe prolongarnos en esto y es suficiente para los esclarecidos.

שער הודו של משה רבינו ע"ה:

דכתיב ונתת מהודך עליו, ומשם והלאה נחה עליו רוח הנבואה ונ־
תנבא מצד הימין, מה שלא היה כן זולתי לשמואל הרמתי ע"ה כפי
אשר התעוררנו בתחלה, ואמנם התבונן בסוד העניין הנכון כי בח־
בור נצח והוד כאחד היו הנביאים מתנבאים נבואתם בסוד האמיתי,
ואמנם כי שמותם הם נצח והוד למודי ה' חסדי דוד הנאמנים, והרבה
אחרים נביאים, ועכשיו יש לי לפרש הסוד כפי כל אחד ואחד מהם,
כבר פירשתי בסוד נצח העניין הנכון כאשר ראוי להכנס בו כל מש־
כיל בראשונה ובאחרונה, ואמנם כי הוד סוד ההודאה כאשר אמרנו
לתת הודות ותשבחות למלך יוצר בראשית על כל הטובות אשר גמ־
לנו והנסים והנפלאות אשר עשה עמנו וגמלנו כרחמיו וכרב חסדיו
והיא מדת חסד כנגד החסד שלמעלה, כי מצד החסד האויבים נכנ־
עים ונשברים והאל נותן נקמות וידבר עמים תחתינו, וזהו סוד אמרם
ימינך ה' נאדרי בכח ימינך ה' תרעץ אויב, ועל כי המדה הזאת מכ־

---

170. Véase Talmud, tratado de *Berajoth* (31b).

ניע האויבים והשונאים אנו אומרים בברכה זו הכנעת האויבים כי
בצד שמאל אין האויבים נכנעים ונשברים לעולם כי הימין דוחה להם
והשמאל מקרב ואין השמאל דוחה אותם לעולם, ועל סבה זו הכנ־
עת האויבים והשונאים תמיד נזכר בברכה זו מפני כי לישראל הש־
מאל דוחה והימין מקרב, ועל כן יש לנו לתת הודאה ליוצר בראשית
בסבת הימין על הטוב שעשה עמנו והרעות אשר גמל עם האויבים,
וזהו סוד ההודאה כפי אשר התעוררנו:

Puerta de *Hod*, de Moisés, nuestro maestro, a propósito del quien ha sido escrito: «Y pondrás de tu resplandor (הודך) sobre él»[171] y desde entonces el espíritu de profecía reposó sobre él, y profetizó del lado de la derecha. Lo que no fue así con Samuel, el de Ramah, que en paz descanse, como ya explicamos al principio. Y ciertamente observa el secreto del asunto correcto porque en la unión de Netzaj y de Hod por igual los profetas profetizarían su profecía según el verdadero secreto. Y ciertamente, sus nombres son Netzaj y Hod, «los discípulos del Eterno» y «las misericordias fieles a David». Y muchos otros profetas, y ahora tengo que explicar el secreto de todos y cada uno de ellos. Ya he explicado, a propósito de Netzaj, el verdadero secreto que todo hombre esclarecido ha de penetrar desde el principio hasta el final. Y verdaderamente, Hod es el secreto el agradecimiento, como ya hemos dicho, que consiste en agradecer y alabar al rey formador del principio, Por todo el bien que nos ha dado y los milagros y maravillas que ha hecho con nosotros y nos ha dado con su misericordia, y sus muchas gracias y es una dimensión de la gracia que corresponde a la gracias de arriba. Porque por la gracia los enemigos se rinden y se quebrantan y Dios hace venganza y nos somete a los pueblos y éste es el secreto de lo que ha sido dicho «Tu diestra, oh Eterno, ha sido magnificada en fortaleza; tu diestra, oh Eterno, ha quebrantado al enemigo».[177] Y porque esta dimensión somete a los enemigos y a los adversarios, hablamos en esta bendición de la sumisión de los enemigos porque por la

---

171. Véase *Números* (XXVII-20).
172. Véase *Éxodo* (XV-6).

izquierda los enemigos no se rinden ni son vencidos nunca ya que la derecha los rechaza y la izquierda nunca los rechaza. Por esta razón, la sumisión de los enemigos y de los adversarios se evoca en esta bendición porque a propósito de Israel, la izquierda rechaza y la derecha acerca. Hemos, pues, de agradecer al formador del principio, a causa de la derecha, por el bien que nos ha hecho y las desgracias que ha infligido a los enemigos. Éste es el secreto del agradecimiento, como ya hemos desvelado.

למודי ה' הם נצח והוד אשר אנו בהם, ואמנם כי הם נקראים נביאים והם למודי ה' כי על כל פנים הירכים הם למודים שאין צריך ללמדם זולתי שהם למודים להלוך ולתת זה דרך לזה ומקום זה לזה, ועל כן הם למודים ודאי ולשמוע כלמודים והם מעלת הנבאים כי ממקום זה היתה נבואתם ומתעוררים אלו המדרגות אצל אספקלריא שאינה מאירה ומתוכה היו מתנבאים ורואים נבואתם ועל כן רואים מרחוק בציורים ודמות דמיונים רבים וכפי מעלת הנביאים כך היו רואים, מהם היו רואים כמי שרואה מרחוק, ומתוך שאין שאין מעלתו נחשב כל כך עם קונהו היה רואה מרחוק ונדמה לו צורות דמיונים רבים וע־ ניינים אחרים כאשר התעוררנו בתחלה, ויש מהם שהיתה מעלתם חשובה והיו רואים כמי שרואה מקרוב יותר ומצייר העניינים כציור אמתי יותר ועם כל זה לא אלו ולא אלו היו רואים הציורים והד־ מיונים דבר על בורין כפי הראוי זולתי משה רבן כל הנביאים ע"ה שהיתה נבואתו נבואה מצוחצחת ורואה דבר על בוריו ולא נשמע מפיו החוצה כי נאמן בית היה כאמרו בכל ביתי נאמן הוא, ועל כן משה רבינו ע"ה לא ראה לעולם סוסים ונשים וחרשים ארבע וסיר נפוח ולא מקל שקד אלא דבר על בוריו ועניין על אמתו כדרך בן ביתו אשר אדוניו אתו וכל אשר הוא עושה ה' מצליח בידו, מפני שאין רואה את כל מאומה בידו ולפיכך ולא קם נביא עוד בישראל כמשה אשר ידע ה' פנים אל פנים:

Los discípulos del Eterno son Netzaj y Hod[173] que estamos tratando ahora, y ciertamente porque son llamados profetas y son los discípulos del Eterno y de cualquier modo los muslos son los discípulos que no necesitan que se les enseñe, sino que están instruidos para caminar y un darse un lugar el uno al otro. Y por esta razón son discípulos y escuchan como discípulos y tienen el nivel de los profetas porque de este lugar procedía su profecía y estos grados se levantan ante un espejo que no brilla y profetizaban a través de él y veían su profecía; y, por lo tanto, veían de lejos en figuras y muchas imágenes y según el rango de los profetas, así era su visión. De este modo veían como quien ve desde lejos y como su rango no era tan importante, veían de lejos y se les aparecían muchas formas de imágenes y otras cosas como desvelamos al principio. Algunos profetas tenían un nivel importante y veían como aquel que ve de cerca, las cosas se les representaban de una manera exacta y a pesar de ello, ni los unos ni los otros veían las figuras y las imágenes con toda la claridad necesaria, a excepción de Moisés, que en paz descanse, el maestro de todos los profetas, cuya profecía era una profecía luminosa y veía las cosas directamente y de su boca nada salía al exterior pues era el fiel de la casa, como ha sido dicho: «que es fiel en toda mi casa».[174] De este modo Moisés, nuestro maestro, que en paz descanse, nunca vio caballos, ni cuatro mujeres, ni un caldero hirviendo, ni un almendro en flor; vio las cosas con claridad y la realidad de un modo veraz como el hijo de una casa que tiene a su señor cerca de él y «que todo lo que él hacía, el Eterno lo hacía prosperar en su mano».[175] Y nunca más se levantó profeta en Israel como Moisés, a quien haya conocido el Eterno cara a cara».[176]

---

173. Estas dos Sefirot corresponden a la pierna derecha y a la pierna izquierda.
174. Véase *Números* (XII-7).
175. Véase *Génesis* (XXXIX-3).
176. Véase *Deuteronomio* (XXXIV-10).

ונחזור למה שהיינו בביאורו בסוד למודי ה' כי הם נקראים נביאים,
ואמנם כי חתום תורה בלמודי, כי תורה שבכתב יצאה מן הקול הדק
הפנימי ונחתם ונסתם כשהגיעה למעלת הנביאים, ומה נחמד הע־
נין להשכיל אשר אמרנו בתחלה בהיות יהושע מתנבא נבואתו בסוד
הודו של משה ע"ה שהוא מדת ימין והיא המתעוררת תחלת הנ־
ביאים, כי מיהושע והלאה התחילו הנביאים לנבאת נבואתם וההת־
חלה היתה מצד הימין ושמואל ע"ה ישב על כסא הנבואה לאחר
כן משני הצדדין הללו כאשר התעוררנו ושקול היה כמשה ואהרן
להיותו בשני הצדדין, ואמנם כי הם נקראים חסדי דוד הנאמנים, לפי
שמהם היתה רוח הקדש שורה עליו והיה מתנבא לעתיד בקול השיר
שהיה משורר לפני בוראו מחצות לילה ואילך בשירות ותשבחות,
ואמנם כי הכל לפי סוד הדרכים כאשר אמרנו:

Y volvamos a lo que comentábamos a propósito del secreto de los discípulos del Eterno que se llaman profetas, y ciertamente, «sella la *Torah* entre mis discípulos»,[177] porque la *Torah* escrita salió de la voz interior sutil y fue sellada e incluida cuando llegó al nivel de los profetas, y esto es agradable para esclarecer lo que dijimos al principio cuando Josué profetizó su profecía en el secreto de *Hod* de Moisés, que en paz descanse, que es la dimensión de la derecha y se puso en marcha desde el principio de los profetas. Porque desde Josué en adelante los profetas comenzaron a profetizar y el principio estaba en el lado derecho y Samuel, que en paz descanse, se sentó después en el trono de la profecía por estos dos lados como dijimos y tenía el mismo valor que Moisés y Aarón, y de hecho son llamados «misericordias firmes a David»[178] porque a partir de ellos el Espíritu de Santidad se establecía sobre sobre él y profetizaba el futuro con la voz del cántico que cantaba delante de su Creador desde la medianoche en adelante con himnos y alabanzas. Y ciertamente, todo sigue el secreto de los caminos del que hemos hablado.

---

177. Véase *Isaías* (VIII-16).
178. Véase *Isaías* (LV-3).

מכנף הארץ זמירות שמענו צבי לצדיק. עכשיו יש לך להעיר ולה־
תבונן בסוד דרך האמונה הקדושה כי כל הדברים האלה ועניינם
הם שערי האמונה לדעת כל אשר נשמה באפו ולהבין דרכי בוראם
לדעת לעבוד עבודה אמיתית על דרך האמת כאשר אמרנו והת־
עוררנו בתחלה, ואמנם כי האדם אינו שלם אם אין בו עיקר הדעת
האמיתי בהתבוננות דרכי האמונה לעבוד עבודתו בשקל הקדש,
בשקל הקדש תקח עבודת הקדש לעבוד לצור נאדר בקדש, ומה
נחמד הענין כאשר התעוררנו בסוד אמרנו גם בלא דעת נפש לא
טוב, כי לא תוכל הנפש לישר הליכותיה ומלקחיה ומחתתיה זולתי
בדעת החכמה להכנס לחשוב מחשבות לעשות מעשהו ולעבוד עבו־
דתו, כדי שילך האדם בטח ויירש החיים הגנוזים אשר עין לא ראתה
אלהים זולתך, כי סוד הענין גדול ורם עד מאד בהיות האדם יודע סוד
ידיעת שמו יתברך כאמרו אשגבהו כי ידע שמי יקראני ואענהו עמו
אנכי בצרה אחלצהו ואכבדהו אורך ימים אשביעהו וגו' כל אלו הב־
טחונות יש לאותם היודעים ידיעת סוד השם לעבוד אותו יתברך,
ואמנם כי אין מעלה גדולה יתירה על כל שאר המעלות כאותם אשר
נתן הבורא הוא יתברך שמו בהם:

«Desde los confines de la tierra oímos cánticos: gloria al Justo».[179]
Ahora hay que despertar y considerar el secreto del camino de la fe sagrada ya que todas estas cosas y su significado son las puertas de la fe
para conocer a todos los que tienen un alma en sus narices y hacerles
comprender los caminos de su Creador para conocer y practicar el verdadero culto siguiendo el camino de la verdad como dijimos y desvelamos al principio. Y, de hecho, el hombre está incompleto si no tiene
la esencia del *Daat* (דעת) verdadero meditando en los caminos de fe
para realizar la obra según el siclo del santuario. En el siclo del santuario accederás al culto sagrado para servir a la Roca magnífica en la
santidad. Y es un asunto agradable como dijimos a propósito del secreto del versículo «El alma sin sabiduría (דעת) no es buena».[180] Porque el
alma no es capaz de enderezar su comportamiento «sus despabiladeras

---

179. Véase *Isaías* (XXIV-16).
180. Véase *Proverbios* (XIX-2).

y sus platillos,» más que por el conocimiento de la sabiduría, en la mente que permite penetrar y concebir pensamientos para hacer su obra y practicar su culto,[181] para que el hombre pueda caminar con seguridad y heredar la vida oculta que ningún ojo ha visto, oh Dios, salvo tú. Porque el secreto de este asunto es muy grande y elevado, porque el hombre conoce el secreto del conocimiento de su nombre, bendito sea, según ha sido dicho: «yo entonces lo libraré; lo exaltaré, porque ha conocido mi nombre. Me invocará, y yo le responderé; con él estaré yo en la angustia; lo libraré, y le glorificaré. Lo saciaré de larga vida, etc.»[182] Aquellos que poseen el secreto del conocimiento del nombre disponen de todas estas cosas para servirle, bendito sea, y ciertamente no hay rango más elevado en todos los escalones que aquellos en los que ha depositado su nombre el Creador, bendito sea su nombre.

ונחזור למה שהיינו בביאורו מכנף הארץ זמירות שמענו צבי לצ-
דיק, פרשו בו מכנף הארץ מכסוי הארץ שהוא דבר המכוסה והנעלם
זמירות שמענו כי על כל פנים הארץ הלזו הידועה היתה גן עדן והיא
השירה תמיד בשיר ושבח ואינה משתכחת לעולם מלומר נעים זמי-
רות לנגד צדיק לעלות לסוד העולם העליון מלך שהשלום שלו, כי גם
אמנם העולם העליון הוא סוד המלך שהשלום שלו וזה השלום הוא
הסבה להיות נקבה תסובב גבר בסבתו ועניינו, ואמנם כי היא נקבה
וכל האיברים כולם בחזקת זה זולתי בהתעוררות השלום הזה שהוא
החזיר את כל האיברים זכרים בסבתו, והנה הוא ידוע למשכילים
כי הוא ברית קדש, צדיק, חי העולמים, נהר יוצא מעדן, עץ החיים,
כל רקיע אשר בו חמה ולבנה וכוכבים ומזלות, והנה הורונו עניינים
גדולים ורמים בסוד הענין הזה, הרקיע הזה הוא המגלגל כל הגלג-
לים מלמעלה למטה ונוטל כל המאורות מלמעלה וכולל מאורותם,
כי גם אמנם הגלגל העליון הנסתר סוד עוז החביון הוא המגלגל כל
הגלגלים ומסבב אותם כי הלא סבתם ועל סבתו חוזרים ומתנועעים
כל גלגל וגלגל כפי תכונתו ומרוצת תנועתו, ואין גלגל מאלו הש-

---

181. Véase *Éxodo* (XXV-38).
182. Véase *Salmos* (IX-14 a 16).

בעה רקיעים שיש לו שום תנועה בעולם בלתו, והרקיע הזה שהוא
צדיק הוא המגלגל הגלגלים אשר הם למעלה ממנו ונוטל מאורות
מכולם כדי לתת לגלגל וילון ולרוות צמאונו ולהזריח מאורותיו כי
וילון אין אור מעצמו כלום ואינו משמש כלום, וגם אמנם בהיות
נוטל צדיק כל המאורות הוא אזי נקרא כל בחפץ וברצון אמיתי, כי
על כן סוד אמרם ויתרון ארץ בכל הוא, והנה הוא סוד כמוס לנגד
הבורא יתברך כי צדיק סוד ברית הקדש הוא על כל שאר המאורות
למטה ומזריח ומאיר אותם ונותן בהם כח לעשות חיל, ואמנם כי
סוד כמוס לנגד הבורא יתברך שמו שזו המדרגה צדיק הוא העמוד
אשר העולם עומד עליו, באמרם ז"ל בגמרא חגיגה על שבעה עמו-
דים העולם עומד, וחזרו להודות שעל עמוד אחד העולם עומד, וצדיק
שמו דכתיב וצדיק יסוד עולם מפני שסוד הברית הוא קיום כל הגוף
בתאוה ובחפץ וכל האיברים ברוב תשוקה וחבה מתעוררים לעומ-
תו ומתחברים בחבור חפץ וחבה לרצונו, ואמנם כי סוד הצדיק אשר
העולם נכון עליו כל קיומו וכל תנועתו מהמשכת מציאות תנועתו
הוא, ונקרא שמש כי השמש מאיר ללבנה וכל שאר הכוכבים למטה
כולם מאירים מאור השמש והוא מאיר את כולם וכולם נוטלים ומ-
קבלים אור ממנו, וכל השפע וכל הטוב היוצא מעם מעלה העליונה
הוא מקבל ולאחר כך ממנו יוצא להאיר לכולם, ואמרו ז"ל כל השו-
מר בריתו של מקום זוכה להקרא צדיק, יוסף שמר בריתו של מקום
לפיכך זכה ונקרא צדיק יוסף הצדיק, ואמנם התבונן כי מאז שמר
אותו בבית אדניו וירש השמש והירח והשמש הוא מקומו, ויהי מאז
מפקיד אותו בביתו ועל כל אשר יש לו זכה ונקרא צדיק מאז ירש
השמש להיות אחוזתו ונחלת חבלו:

Y volvamos a lo que estábamos explicando: «Desde los confines de
la tierra oímos cánticos: gloria al Justo». Desde los confines de la tierra
es decir desde el escondite de la tierra que es una cosa oculta y misteriosa, oímos cánticos, pues toda esta tierra conocida era el Gan Edén
y canta constantemente cánticos y alabanzas y nunca se olvida de decir
canciones agradables a los justos para ascender al secreto del mundo
superior. «Rey que posee la paz». Porque el mundo superior es el secreto del rey que posee la paz y esta paz es la causante de que «una hembra

rodeará al varón»[183] gracias a ella y por su función. Y ciertamente ella es femenina y todos sus órganos están considerados como tales, excepto cuando esta paz se despierta y transforma todos los órganos en masculinos y aquí los esclarecidos saben que es el pacto sagrado, el justo. El viviente de los siglos, el río que sale del Gan Edén, el árbol de la vida, todo, el firmamento en el que hay Sol, Luna, estrellas y constelaciones. Y aquí están los grandes y sublimes asuntos que se refieren al secreto de este asunto, este firmamento es el que hace girar todas las esferas de arriba a abajo y toma todas las luminarias de arriba e incluye a sus luminarias. Porque aunque la rueda superior oculta es el secreto de la fuerza del escondite, es la que hace rodar todas las esferas y las hace girar, porque es su causa y provoca su movimiento según su calidad y el curso de su movimiento y no hay esfera de estos siete cielos que tenga movimiento sin ella. Y este firmamento, que es justo, es el que hace rodar las esferas que están por encima de él y toma sus luces para darla a la esfera Vilon y apagar su sed y hacer brillar sus luces porque Vilon no tiene luz propia y no sirve para nada. Y, dado que el justo toma de todas las luminarias, es llamado todo por un deseo genuino y una voluntad verdadera, y es el secreto de «el provecho de la tierra es para todos».[184] Se trata de un profundo misterio referente al Creador, bendito sea, ya que el justo es el secreto del pacto sagrado, y se sitúa por encima de las otras luminarias de abajo y les da luz y las ilumina y les da poder, y de hecho que un secreto escondido frente el Creador, bendito sea su nombre, ya que este grado, el justo, es el pilar sobre el que el mundo se mantiene, como dijeron nuestros maestros, de bendita memoria, en la Guemará en *Jaguigah* «sobre siete pilares, se mantiene el mundo».[185] Y volvieron para enseñar que el mundo se mantiene sobre un pilar, y su nombre es el justo, según ha sido escrito «el justo es el fundamento del mundo» porque el secreto del pacto es el fundamento de todo el cuerpo en lo referente a la lujuria y al apeti-

---

183. Véase *Jeremías* (XXXI-22).
184. Véase *Eclesiastés* (V-9).
185. Véase Talmud, tratado de *Jaguigah* (12b)

to y todos los órganos por la pasión y la fuerza de atracción se despiertan causa de él y se conectan en una unión de deseo y pasión según su voluntad. Ciertamente, toda la estabilidad y todo el movimiento del mundo proceden de la existencia del movimiento secreto del justo en el que reposan. Y se llama Sol porque el Sol da luz a la Luna y a todas las demás estrellas y todos brillan con la luz del Sol que ilumina a todos y todos reciben luz de él. Y toda la abundancia y todo el bien que vienen del grado superior, él los recibe, y a partir de él lo iluminan todo. Y han dicho nuestros maestros, de bendita memoria: «aquel que guarda la alianza del Lugar merece ser llamado justo».[186] José guardó el pacto del Lugar por lo que tuvo mérito y fue llamado justo, José el justo. Considera que, ciertamente, lo guardó cuando estaba en casa de su amo, y heredó el Sol y la Luna, y el Sol fue su lugar. Y será desde que era su sirviente en su casa, sobre todo lo que tenía, mereció ser llamado justo y heredó del Sol que se convirtió en su propiedad y su herencia.

ואמנם יש לי להעירך ולהעמידך על סוד אחד בענין זה, אמרו לעו־
לם הנעשה על יד משה רבן כל הנביאים לא נעשה זולתי במא־
מרו של מקום ובתפלתו שהתפלל עליו זולתי על ענין קרח ובהכרח
בא לאותו מעשה בענין רוגז ורגזות ובענין שהיה שבע רוגז וכמה
חרדות שנחרד קודם, ואפי' שעשה שאמר אותו הענין נראה כי חמס
שותה באותם החטאים בנפשותם עד שאמר באחרונה אני אומר
לא ה' שלחני אם לא יהיה בך בחמס אשר חמסוהו בכמה פעמים,
יהושע שהיה תלמידו בלא תפלה ובלא ענין אחר מה כתיב ויאמר
לעיני ישראל שמש בגבעון דום כמי שמצוה אנשי ביתו ועושין מיד
רצונו, מפני מה אמרו יהושע מזרעו של יוסף בא דכתיב למטה אפ־
רים הושע בן נון אמר יהושע השמש ירש אותו אבא דכתיב והנה
השמש והירח ואחד עשר כוכבים משתחוים לי, והואיל והוא כך
אצוה אני ואגזור עליו מה שארצה, ולפיכך עמד השמש בדבורו דכ־

---

186. Véase Zohar I-59b. Pág. 11 del volumen III de nuestra edición, Barcelona, 2007.

תיב וידום השמש וירח עמד וגו' כי על כל פנים יוסף זכה להקרא
צדיק, ברית כך הוא ודאי כי הברית הוא צדיק והוא שמש דוגמת
הברית, אמנם כי הוא הברית הנוטל כל השפע מן הראש וממשיך
המשכת כל האיברים אצלו בחפץ ובתאוה אמיתית, והבן כי לפיכך
האדם הוא סוד דוגמא אמיתית ויש לו לשמור ולגדור גדר לעצמו
לשמור ולעשות שלא יפגום סוד המדרגה הזאת, כי על כל פנים ענין
גדול הוא עד מאד ונפלא בסוד האמונה, ומה נחמד הענין הגדול הזה
כי הוא אבר אחד קטן אשר באדם, ובשבילו זכה האדם לחיי העולם
הזה ולחיי העולם הבא מפני כי הוא חותמו של מקום ועל אשר הוא
חותם אמת, אות הקדש המעולה והמשובחה מאותיות שמו יתברך
הרשים באבר הזה, וזהו אות י' אות שמו ממש, ולפיכך צריך האדם
החתום בחותם אמת אות הקדש לתקן גופו ולכונן רעיוניו לשמור
חותמו של מקום סוד אות אמת אשר אמרנו, ועל ענין זה יש לה-
רגיז תמיד יצרו שלא יחטא בבשרו ואל יכניס חותם המלך במקום
רע, ולא ישתחוה לאל אחר ואל יכניסהו ברשות אחר, כי המכניס
ברית חותם הקדש במקום אחר הוא פוגם המקום ומשקר חותמו של
מקום, ועל כל פנים כי בהכנסת החותם הקדוש הזה במקום רע אזי
החותם פגום ופגם המקום ההוא כביכול משקר המקום וחותם המלך
וכל המשקר חותמו של מלך וגו':

Y, ciertamente, tengo que atraer tu atención y comunicarte un secreto de este asunto. Dijeron: «siempre un milagro hecho por Moisés,
maestro de todos los profetas, no se produjo sino gracias a la palabra
del Lugar y gracias a la oración que él oró para obtenerlo, excepto en el
caso de Koraj», fue a pesar suyo que actuó como lo hizo, con ira y
temblor que sintió antes. E incluso si dijo estas palabras, parecía que
«bebe su daño»[187] a causa de los que habían cometido pecados contra
hasta que dijo: Dios no me envió si las cosas no ocurren, y todo eso a
causa de la cólera que habían suscitado en varias ocasiones. Josué,
quien fue su discípulo sin (necesidad de) oración y sin (hacer) nada
más obtuvo según ha sido escrito: «Sol, detente en Gabaón»[188] como

187. Véase *Proverbios* (XXVI-6).
188. Véase *Josué* (X-12).

quien manda a la gente de su casa e inmediatamente hacen su voluntad. ¿Por qué dijeron «Josué procede de la simiente de José»? De la tribu de Efraím, Oseas hijo de Nun. Josué dijo: el Sol lo heredó mi padre, según ha sido escrito: «y he aquí que el Sol y la Luna y once estrellas se inclinaban a mí».[189] Y como es así ordenaré y decretaré sobre él lo que quiera, y por lo tanto el Sol se detuvo ante su palabra, según ha sido escrito «Y el Sol se detuvo y la Luna se paró» y por esta razón José fue llamado justo. Alianza, así es ya que el pacto es el justo y él es como el pacto. Ciertamente es el pacto que recoge toda la abundancia que viene de su cabeza y atrae a ella el influjo de todos sus órganos con un deseo y una lujuria verdaderos. Y has de entender que, por lo tanto, el hombre es el secreto de la imagen verdadera y debe mantenerse y cercar una valla para guardar y hacer a fin de no dañar el secreto de este grado. Porque, en todo caso, se trata de un gran asunto maravilloso en el secreto de la fe. Y qué agradable es esta gran cuestión ya que es un pequeño órgano que se encuentra en el hombre y gracias a él el hombre gana la vida de este mundo y la vida del mundo venidero porque él es el sello del Lugar y por el cual sella la verdad, una letra sagrada, la más excelente y más fina de las letras sagradas de su nombre, bendito sea, que está inscrita en este órgano. Se trata de la letra *Iod* (י), una letra de su nombre, en verdad, por esta razón, el hombre que ha sido marcado por el sello de la verdad, la letra sagrada, ha de tener en orden su cuerpo y corregir sus pensamientos a fin de preservar el sello del Lugar, el secreto de la letra de la verdad del que hemos hablado. Y por esta razón se debe siempre sacudir a su inclinación (יצר) para que no peque en su carne y no ponga el sello del rey en un mal lugar, y no se incline ante otro dios y no lo pongan en otro lugar. Porque aquel que introduce la alianza del sello en otro lugar, deteriora el lugar y traiciona al sello del lugar. En cualquier caso, introduciendo este sello sagrado en un mal lugar, el sello se daña y se daña ese lugar;

---

189. Véase *Génesis* (XXXVII-9).

por decirlo de algún modo se está traicionando al lugar y el sello del rey y todos los que traicionan el sello del rey, etc.

ואמנם כי סוד העניו בהיות אות הקדש י' החתום בבשרו שהיא אות המשובחת מאותיות שמו של הב"ה, והבן מה שאמרו ז"ל על המלך שלמה שהרבה מה שהרבה אמרו עלתה י' שבירבה לפני הב"ה אמרה לפניו רבונו של עולם עשאני שלמה פלסתר אמר לה בתי שלמה יאבד ואלף ואלף כמהו ואת לא תאבדי, מיד גירה בו וכו', והאות ההוא אות דלא ירבה ומה אם שלמה ע"ה כך שאר בני אדם הח- טאים בנפשותם ומשקרים חותמו של מקום על אחת כמה וכמה, כי אמנם חס ושלום שהמלך שלמה חטא להיותו פוגם אפי' אות או אפי' נקודה אלא שהרבה כסף וזהב והרבה סוסים והרבה נשים ואמר איתיאל ואוכל כלומר אתי אל ואוכל ולא אחטא לפני המקום, ואמ- נם כי בעניו אחר לא חטא חס ושלום חס וחלילה, וכבר התעוררנו בזה בתחלת הספר:

Y ciertamente, el secreto del asunto es que es la letra santa *Iod*, ins-crita en la carne, que es la letra más sutil de las letras del nombre del Santo, bendito sea. Y has de entender lo que dijeron nuestros maestros, de bendita memoria, a propósito del rey Salomón que multiplicó lo que multiplicó; dijeron: la *Iod* ascendió ante el Santo, bendito sea, y le dijo: Señor del Universo, Salomón me ha convertido en un estafador. Le respondió: hija mía, Salomón perecerá y mil otros como él perece-rán, pero tú no perecerás. E inmediatamente se enfadó con él, etc. Y esta letra es una letra de la palabra multiplicar (ירבה), y si esto ocurre con Salomón, que en paz descanse, mucho más con los demás seres humanos que pecan en sus almas y traicionan el sello del Lugar. Por-que en verdad no es posible que el rey Salomón pecara al sentirse ofen-dido, aunque fuera por una letra o incluso por un punto; había acu-mulado mucha plata y mucho oro y muchos caballos y muchas mujeres y dijo: «a Itiel y a Ucal»,[190] o sea, Dios está conmigo y tendré la fuerza y comeré lo que está conmigo y no pecaré ante el Lugar. Y ciertamente en otro asunto no pecó, Dios no quiera, y ya hemos explicado esto al principio del libro.

והתבונן כי ענין מלך ישראל היתה הצורך למעט כל הדברים הללו
כדי שלא יהיה פוגם המדרגה באשר המלך קשור בו, כי על כל פנים
כאשר אמרנו וילון אינו משמש כלום, וגם אמנם בהיות אז הלב־
נה עומדת במלואה וכוונתו היתה לעשות תשלום המדה כמו שהיא
והתבונן עד מאד כי בהיות וילון רקיע שאינו משמש כלום לפיכך
צוה בתורה שלא ירבה כל כך, וגם אמנם כי הכסף והזהב וכל כך
אמרה התורה הטעם דכתיב לבלתי רום לבבו מאחיו וגו', ואמנם כי
בהיות מלך ישראל כדוגמת סוד של מעלה היה צריך לו שלא יפ־
גום המדרגה ולא בשום צד ממנה, וכוונת המלך שלמה ע"ה לטובה
היתה, ואמנם כי הסוד כבר רמזנו בזה כל הצורך, אבל על מה שהיינו
בביאורו שצריך האדם שלא יפגום סוד המדרגה כפי אשר אמרנו
והתעוררנו וצריך לשמור חותמו של מקום כאשר אמרנו כי בהיותו
בועל ארמית כבר אמרו ז"ל כל הבועל ארמית קנאין פוגעין בו כי על
ענין זה צריך האדם לקנא לשמו של מקום ב"ה ויש אנשים החושבים
בנפשותם ואומרים כי הישמעאלית אינה גויה ואין לה חומר גויה, כי
שמעתי אומרים והלא הישמעאלית אינה גויה כי הישמעאלים
מאמינים בשם אחד ומיחדים בייחודו, ועוד כי הם נמולים מה שאין
כן הגוים שהם ערלים ומשקרים אמונתם ואין להם אמונה ודת, ועוד
כי הישמעאלים שומרים בנפשותם מאותם מאכלות הגוים והרבה
מהם שלא ישתו יין ומה לכם לידון הישמעאלית כדין גויה בת ערל
בשר וערל לבב הטמא משקץ והעכבר, יש לדעת כי חומר האיסור
שאסרה התורה בעניינים אלה כאשר אמרנו הוא משום נ.ש.ג.ז והוא
סימן ידוע לזה נדה שפחה, גויה, זונה, הדברים האלה הם בשוה לי־
שמעאלית ולגויה נדה הישמעאלית אין לה דת ודין ולא תשמור
עצמה ותהי נדתה עליה ותחטא ותחטיא, ואינה נאמנת לומר טהורה

---

190. Véase *Proverbios* (XXX-1). *Iti El* puede leerse como «Conmigo está Dios» y *veUcal* como «tendré fuerza».

אני או כך וכך אני בנות ישראל הן ודאי החסים על עצמן שאפי'
רואות טפת דם כחרדל יושבות עליה שבעת ימים נקיים כי קדו־
שות הן ובנות קדושים משרתי עליון, ומי נתן לישמעאלית מצוה זו
ולא דין ולא קול ולא דברים בענין זה שפחה שאסורה היא לישראל,
ואפי' עבד שבישראל כיון שיוצא לחירות אסור לישא שפחה, ואמ־
רו אפי' מי שהוא חציו עבד וחציו בן חורין דין שלו שלא ישא שפחה
כלל, והכי אמרו משום דטעמא דמחלוקת בין בית שמאי ובית הלל
וחזרו בית הלל להודות לבית שמאי דאמרי מי שחציו עבד וחציו בן
חורין לישא שפחה דהא אי אפשר צד חירות יש בו לישא ישראלית
אי אפשר משום צד עבדות שבו מאי תקנתיה כופין את רבו וכותב
לו שטר על חצי דמיו וישא ישראלית, וחזרו בית הלל להודות לבית
שמאי, ועוד אמרו אם לא יקח לא זה ולא זה אי אפשר דהא אסור
לעמוד בלא פריה ורביה ולא יבטל וכתיב לא תהו בראה לשבת
יצוה, לפיכך תקנו בכך ומה אם לעבד מבקשים תקון כדי שלא ישא
שפחה, מי שהוא בן חורין דכתיב בנים אתם לה' אלהיכם על אחת
כמה וכמה, והישמעאלים בני שפחה בני זנונים הם ואין בכל הע־
מים בנים להב"ה זולתי ישראל בלבד, גויה ידוע הוא והישמעאלית
הרי היא כגויה לכל דבריה וגויה ממש היא, כל מי שלא עמדו אב־
תיו על הר סיני ולא קבלו התורה גוי גמור, הוא ואם תאמר והלא
הגוים שבע מצות שקבלו עליהם בני נח יש להם כבר אמרו בגמרא
ע"ז כתיב עמד וימודד ארץ ראה ויתר גוים מה ראה דכיון שלא קבלו
התורה ראה שבע מצות שניתנו לבני נח והתירן מהם שאפי' שיעשו
אין מקבלין עליהם שכר כמי שאינו מצוה ועושה, ועל כן כל אותם
שלא ניתנה להם תורה ולא קבלוה הרי הם גוי גמור, והישמעאלית
גויה היא ממש לכל דבריה ועניניה כשאר הגוים הטמאים, זונה כך
ודאי ואין בכל האומות שטופים בזמה כמו הישמעאלים והישמעא־
לית בחומר זונה היא יותר מכל האומות אשר בשר חמורים בשרם
וזרמת סוסים זרמתם, ועל מה שאומרים שהם נמולים יותר וויתר
מערלים הם, וערלתם הגוים המשיכו, כי יש לדעת וכבר אמרו ז"ל
כל גוי שמל ולא פרע ולא טבל גוי הוא גוי גמור לכל, ועוד על שאין
להם כלל הדברים המצווים על מי שנימול שצריך טבילה פריעה ול־
קבל עול מלכות שמים וכל המצות האמורות בתורה, ואם לאו גוי
גמור הוא והישמעאלים אין להם פריעה. ולא טבילה ולא שום מצוה
מכל מצות האמורות בתורה, ולא עוד אלא שפוגמים האמונה לע־

שות פירוד ומכערים אותנו באותו ענין יותר הם מגוים גמורים, והלא
הכותיים גירי אריות הם והם שומרי משמרת תורה שבכתב ופתם
וויינם ומאכלם אסור בכמה איסורין יותר מן הגוים שפת של גוי מותר
בלבד שיכשיר ישראל התנור, וכבר ידעת פת כותי כמה חמור איסו־
רו, כל שכן וכל שכן ענין הישמעאלים שהם גוים גמורים ואין להם
שום צד בתורה ובמצוה, ומאלה הדברים תוכל לדעת סוד האמת
ותקל עניינם:

Y has de entender que en el asunto del Rey de Israel era necesario disminuir todas estas cosas para no ofender el grado al que estaba ligado el rey, porque en cualquier caso, como dijimos, Vilon no sirve para nada. Y a pesar de que entonces la Luna estaba completamente llena y su intención era hacer el perfeccionamiento de esta *Middah* tal como estaba, y medita profundamente que al ser Vilon un cielo que no sirve para nada por lo tanto la *Torah* ordenó que no era necesario acrecentarlo, ciertamente la *Torah* habla de plata, de oro y de lo demás porque está escrito: «para que no se eleve su corazón sobre sus hermanos, etc.».[191] Y ciertamente siendo el rey de Israel a imagen del secreto de arriba, no tenía que dañar este grado ni ningún aspecto del mismo, y la intención del rey Salomón, que en paz descanse, era para bien y, ciertamente, ya hemos aludido a este secreto todo lo necesario, pero a propósito de lo que estábamos explicando de que la persona no debe dañar el secreto de este grado, como dijimos y recalcamos, debe preservar el sello del Lugar, como hemos indicado, si se acuesta con una aramea, nuestros maestros, de bendita memoria, han declarado: «Aquel que tiene relaciones con una mujer aramea, los fanáticos pueden ir a por él»[192] ya que en esta circunstancia el hombre ha de tener celo del nombre del Lugar, bendito sea y hay individuos que creen en su interior que la mujer ismaelita no es una *Goia*[193] y que no está so-

---

191. Véase *Deuteronomio* (XVII-20).
192. Véase Talmud, tratado de *Sanhedrín* (81b). *Kanain* (קנאין), «fanáticos» significa en realidad los que tienen exceso de celo.
193. Una gentil.

metida a las leyes de una *Goia*. Porque he oído decir que los ismaelitas son distintos de los gentiles porque los ismaelitas creen en un solo Dios y dan testimonio de su unidad. Y además porque están circuncidados, a diferencia de los gentiles que son incircuncisos y traicionan su fe y no tienen fe ni religión. Y además los ismaelitas guardan sus almas de esos alimentos de los gentiles y muchos de ellos no beben vino y ¿por qué aplicar a los ismaelitas la misma ley que a los gentiles, hijos de incircunciso de corazón impuro contaminado por bestias repugnantes y ratones? Uno debe saber que la esencia de la prohibición que la *Torah* hizo en estos asuntos, como ya dijimos, es por N.S.G.Z. y se trata de un acrónimo[194] conocido de *Niddah, Shifhah, Goia, Zonah*.[195] Estas cosas son iguales en los ismaelitas y en los gentiles. *Niddah*, la mujer ismaelita no tiene religión ni ley, y no se guardará a sí misma[196] y será *Niddah* sobre ella y peca y hace pecar, y no hay que fiarse de ella cuando dice soy pura, o estoy en tal o cual estado. Ocurre lo contrario con las hijas de Israel que se cuidan y si ven una gota de sangre pequeña como un grano de mostaza sobre ellas, esperan siete días de limpieza porque son santos e hijos de santos, servidores del Altísimo. ¿Y quién ha dado a la lsmaelita esta *mitzvah*? No hay ley, ni voz, ni palabras a propósito de esto. La sirviente: está prohibida al de Israel, e incluso un esclavo en Israel, que puede estar liberado de casarse con una sirviente. Y así, nuestros maestros, de bendita memoria, han dicho: «incluso aquel que es medio esclavo y medio libre, la ley dice que no se casará con una sirviente».[197] Y así dijeron a raíz de una disputa entre Beit Shamai y Beit Hillel y Beit Hillel acabó alineándose con Beit Shamai, que dice: «aquel que es medio esclavo y medio libre, le es imposible casarse con una sirviente porque es medio libre y le es imposible casarse con una de Israel porque, por otro lado, es medio escla-

194. Literalmente un signo.
195. Mujer que está menstruando, sirviente, mujer gentil, prostituta.
196. No tendrá en cuenta cuando menstrúa que está en un estado de impureza.
197. Véase Talmud, tratado de *Guitín* (41b).

vo. ¿Cuál será la solución?[198] Hay que obligar a su amo a redactarle una carta por la mitad de su sangre y se casará con una de Israel. Y Beit Hillel acabó adoptando la opinión de Beit Shamai». También dijeron: «si no puede tomar ni a la una ni a la otra, se trata de una situación imposible, ya que está prohibido no tener descendencia y no es posible abstenerse de ello, como ha sido escrito: «la estableció y no la hizo un lugar desolado, sino que la formó para ser habitada».[199] Ésta es la razón por la cual instauraron esto. Y si para un esclavo encontraron un arreglo para que no se case con una sirviente, más aún con aquel que es libre, según ha sido escrito: «vosotros sois hijos del Eterno vuestro Dios».[200] Más aún, los ismaelitas son hijos de una esclava y no hay hijos del Santo, bendito sea, entre todas las naciones excepto los de Israel. La gentil: es conocido que la ismaelita es como una gentil en todas las cosas y es una verdadera gentil. Todos aquellos cuyos padres no estuvieron en el monte Sinaí y no recibieron la *Torah* son gentiles completos. Y si dijeras que los gentiles tienen siete *mitzvot* que recibieron de los hijos de Noé, ya ha sido dicho en la Guemarah de *Avodah Zara*: «ha sido escrito: «se detuvo, e hizo temblar la Tierra, Miró e hizo estremecerse a las naciones».[201] ¿Qué es lo que vio? Como no habían recibido la *Torah*, vio las siete *mitzvot* que fueron dadas a los hijos de Noé y los liberó de ella» de manera que incluso si las cumplían no recibirían ninguna retribución, como alguien que no está sometido a una *mitzvah* y sin embargo la cumple. Así pues, todos aquellos a los que no fue dada la *Torah* y que no la recibieron, son en realidad gentiles completos. Y la ismaelita está considerada literalmente una *Goia* en todos los aspectos y circunstancias como el resto de los gentiles impuros. La prostituta, lo es seguramente y no hay entre todas las naciones libertinos como los ismaelitas, y entre las ismaelitas hay prostitutas más que en todas las naciones «cuya carne es como carne de

---

198. Literalmente la reparación o la corrección.
199. Véase *Isaías* (XLV-18).
200. Véase *Deuteronomio* (XIV-1).
201. Véase *Habacuc* (III-6).

asnos y cuyo flujo como flujo de caballos».[202] En cuanto a lo que dicen algunos que están circuncidados, su prepucio se parece al de los gentiles. Hay que saber lo que dijeron nuestros maestros, de bendita memoria: «todo *Goi* cuyo prepucio ha sido circuncidado pero no roto y que no ha tenido inmersión, sigue siendo un *Goi* en todos los aspectos».[203] Además, cuando no se practican todas las cosas que fueron prescritas al hombre que ha sido circuncidado, que ha de sumergirse, hacerse el desgarro y recibir el yugo del reino de los cielos y todas las *Mitzvot* que aparecen en la *Torah*, se sigue siendo un *Goi* completo. Ahora bien, los ismaelitas no practican el desgarro ni la inmersión ni ninguna de las *mitzvot* ente todas las *mitzvot* enunciadas en la *Torah*. Y además violan la fe haciendo una separación y nos afean en este mismo asunto más aún que los gentiles completos. ¿Acaso los samaritanos no se han convertido en verdaderos leones que guardan la *Torah* escrita?[204] Pero su pan, su vino y su comida están sujetos a numerosas prohibiciones, muchas más que las de los *Goim*, pues el pan de un *Goi* está permitido si uno de Israel hace que el horno esté conforme al rito. Y ya sabes cuán rigurosa es la prohibición que afecta al pan del samaritano, y mucho más con la de los ismaelitas que son *Goim* completos y no mantienen ningún lazo con la *Torah* y las *Mitzvot*. Y a partir de estas cosas conocerás el secreto de la verdad y facilitarás su interés.

והבן כי סוד הברית היא דרך כלל האמונה ובהעביר הערלה מן הב־
רית זהו סוד האמונה, ואמנם כי העברת הערלה להכנס בסוד האמו־
נה [אינה אמונה] עד שיעשה פריעה ויתגלה העטרה, וכיון שמגיע
האדם לעטרה אז נכנס בסוד דרך האמונה ונקשר באמונה, והנה
תוכל לדעת כי סוד האגוז בהיות האדם משבר את הקליפה אינו
כלום עד שיכנס למוח ויתגלה המוח כעין זה הערלה, ואמנם כי כבר
התעוררנו בסוד הערלה כי היא סוד עמוק וגדול בהכנסת האדם

---

202. Véase *Ezequiel* (XXIII-20).
203. Véase Talmud, tratado de *Yevamoth* (46a).
204. Véase Talmud, tratado de *Julín* (3b).

בברית ומשליך ממנו סוד הערלה, והערלה סוד אלהים אחרים הוא
אלהי נכר אל אחר, ועל כן יש לשבר את הקליפה ולהשליך מתוכו
אותה הזוהמא מלוכלכת בצואה, וראיתי ענין עמוק בסוד דברי הק-
דמונים ז"ל שהיו אומרים צרך לתקן כלי מזומן מלא עפר ולהשליך
בתוכו הערלה והטעם על שם ועפר תאכל כל ימי חייך ונחש עפר
לחמו לעולם אמנם כי בדרך דרשה יש ענין אחר שאמרו ז"ל ר' אבא
פתח מזבח אדמה תעשה לי וזבחת עליו את עלותיך ואת שלמיך
וגו' מלמד שחביב לפני המקום ב"ה ענין זה כאלו בונה מזבח ומק-
ריב עליו כל הקרבנות שבעולם, וזהו מזבח אדמה שבונה האדם לפני
המקום לעלות את בנו היקר ומקריב אותו קרבן לפניו, וזהו מזבח
כפרה שהאדם מתקן לפני בוראו, ואז נכנס האדם הקרב אל מזבח ה'
בסוד האמונה ונתדבק לבוראו, ואמנם כי סוד זה הוא עיקר האמו-
נה שלימה, ולפיכך כל השומר ברית הקדש ואות חותמו של המקום
ב"ה כי בזה יזכה האדם להכנס לחיי העולם הבא, ואמנם כי הוא חי
העולמים ונקרא כך על כי הוא כולל כל החיים היורדים מעם המעלה
סוד חיי העולם הבא ועל כך נקרא חי חי בהיותו מתתקן מעם מזבחי
עולם העליון וחי אצל עולם התחתון לתת לו ולברכו והוא חי מצד זה
של למעלה וחי אצל זה של מטה והוא איש חי בין שני העולמות לי-
טול מכאן ולתת כאן, והכל הוא סוד ידוע למשכילים:

Y has de entender que el secreto del pacto es el camino del principio
de la fe y, la eliminación del prepucio del pacto, es el secreto de la fe. Y
ciertamente, la eliminación del prepucio para entrar en el secreto de la
fe [no es fe] hasta que se haya producido una rotura y la corona[205] esté
al descubierto. Y cuando el hombre llega a la corona, entonces entra en
secreto por la fe y queda ligado a la fe. Y aquí conocerás que el secreto
de la nuez cuando el hombre rompe la cáscara no es nada hasta que
entra al meollo[206] y el meollo se descubre como ocurre con el prepucio.
Y ciertamente ya hemos desvelado el secreto del prepucio porque es un
gran y profundo secreto que el hombre se introduzca en el pacto y

---

205. Eufemismo por «el glande»:

206. En hebreo *Moaj* (מוח), que también significa «cerebro». Señalemos el extraordinario parecido entre la nuez y el cerebro humano.

arroje lejos de él el secreto del prepucio. El prepucio es el secreto de los otros dioses, es el dios extranjero, el otro dios. Y, por lo tanto, la cáscara debe romperse y se debe echar esta misma suciedad sucia en las heces. Y vi una idea profunda en el secreto de las palabras de los antiguos, de bendita memoria, que decían: «hay que preparar un recipiente apropiado lleno de polvo y arrojar en él el prepucio»:[207] la explicación está en el versículo: « y polvo comerás todos los días de tu vida»[208] y a partir de entonces la comida de la serpiente será el polvo; sin embargo, hay otra explicación según el *Drash*. Nuestros maestros, de bendita memoria, han dicho: «Rabbí Aba abrió un versículo: «Altar de tierra harás para mí, y sacrificarás sobre él tus holocaustos y tus ofrendas de paz, etc.».[209] Esto nos enseña que este rito es tan querido para el Lugar, bendito sea, como si se construyera un altar y se sacrificaran en él todos los sacrificios del mundo. Y éste es el altar de tierra que el hombre construyó ante el Lugar para atar a su amado hijo y ofrecerlo como sacrificio ante él, y es un altar de expiación que el hombre establece ante su Creador. Entonces el hombre que sacrifica en el altar del Eterno, entra en el secreto de la fe y se aferra a su Creador, y ciertamente, este secreto es la esencia de la fe completa, y por lo tanto todo el que guarda la Santa Alianza y la señal del sello del Lugar, bendito sea, este hombre tendrá el privilegio de entrar en la vida del mundo venidero. Y ciertamente es el viviente de los mundos y se llama así porque incluye toda la vida que desciende de arriba, del secreto del mundo venidero y por eso se llama un viviente, porque corrige con las ofrendas del mundo superior y es viviente respecto al mundo inferior para darle dones y bendecirlo y es viviente del lado del mundo de arriba y es viviente del lado del mundo de abajo y es un hombre que vive entre los dos mundos tomando de uno y dando al otro. Y todo esto es un secreto conocido por los esclarecidos.

---

207. Véase Zohar (III-44a), pág. 227 de nuestra edición, Vol. XX, Barcelona, 2015.
208. Véase *Génesis* (III-14).
209. Véase *Éxodo* (XX-24).

נהר היוצא מעדן הוא סוד המדרגה הזאת וכבר אמרנו והתעוררנו
בסוד זה בהיות זה הנהר צדיק חי העולמים והוא הנהר הנכנס לים
וממלא אותו על כל גדותיו, ואמנם כי בספר הרמון התעוררנו בזה,
ואמרו ז"ל מה שמו של אותו נהר היוצא מעדן, אמר ר' שמעון בן
יוחאי ע"ה יובל שמו דכתיב ועל יובל ישלח שרשיו, והבן עד מאד כי
הוא דוגמא מן היובל אשר למעלה ממנו, ומזה הנהר פורחות הנש־
מות כי הוא עץ החיים ואמרו עץ החיים מהלך חמש מאות שנה וכל
מימי בראשית מתפלגים תחתיו והוא מוגבל בשנים עשר גבולי אל־
כסון, כאמרם ז"ל אילן יש לו להב"ה והוא מוגבל בשנים עשר גבו־
לי אלכסון, והוא עניינו בארבע פאתי העולם כפי אשר כתבנו בכמה
מקומות וכבר ידוע הוא, אמנם כי כל צורות הקדשים אחוזים בתוכו
וממנו פורחות הנשמות שהן פרי מעשיו של הב"ה וזהו סוד אמרו
ממני פריך נמצא, והנה הנהר אינו פוסק לעולם והוא הוא הכל,
כי כל הוא כאמרו כי כל בשמים ובארץ, וכבר רמזנו זה, והוא עץ
החיים האילן אשר אמרנו ומהלכו בחמש מאות שנה, אמנם כי כבר
רמזנו אותם החמש מאות שנה שהם החמש ספירות הידועות אשר
הזכרנו, והכל הוא כפי אשר התעוררנו בתחלה ודי בזה לכל משכיל:

El río que sale del Gan Edén es el secreto de este grado y ya hemos
dicho y explicado a propósito de este secreto que este río es el justo,
viviente de los mundos, y es el río que entra en el mar y lo llena en
todas sus orillas. Y ciertamente en el *Libro de la Granada* desvelamos
y dijimos que nuestros maestros, de bendita memoria, dijeron: ¿cuál es
el nombre de ese río que sale del Edén? Dijo Rabbí Shimon ben Iojai
dijo: Iobel es su nombre ya que está escrito «que extiende sus raíces
junto a la corriente». Y has de entender muy bien que es un ejemplo
del Jubileo que está por encima de él. Y de este río parten las almas
porque es el Árbol de la Vida y nuestros maestros, de bendita memoria, han dicho que el Árbol de la Vida tiene una longitud de quinientos
años y todas las aguas del Génesis están debajo de él y se limita a doce
límites de diámetro. Como dicen nuestros maestros, de bendita memoria, ha sido dicho que el Santo, bendito sea, tiene un árbol que está
limitado por doce límites de diámetro. Y extiende por los cuatro rincones del mundo como hemos escrito en varios lugares y ya es cosa

conocida, Ciertamente todas las formas santas se guardan dentro de él y de él se alzan las almas que son el fruto de las obras del Santo, bendito sea, y éste es un secreto del versículo: «de mí procede tu fruto».[210] Y he aquí, el río nunca cesa y es el todo, porque es todo como ha sido dicho: "todo lo que hay en los cielos y en la Tierra", y esto ya lo hemos insinuado, y es el Árbol de la Vida, el árbol del que hemos hablado, cuya longitud es de quinientos años, aunque ya lo hemos insinuado, los quinientos años que son las cinco sefirot conocidas que hemos mencionado. Y todo es como explicamos al principio, y eso es suficiente para cualquier persona esclarecida.

שער מערב יסוד העפר:

Puerta del oeste, fundamento del polvo

רמזנו והתעוררנו בסוד עיקר האמונה שהיא סוד עיקר העולמות וכל שורש סודות התורה הקדושה, אמנם כי עיקר האמונה ושורש הכ־ וונה הקדושה בהיות האדם בעולם הזה לעבוד לבוראו לתקן את נפשו לאור באור החיים, והתבונן כי סוד האמונה ושורש הכוונה בהיות האדם בעולם הזה יסד וכסא לנוח עליו הכסא המתנשא והוא הוא הפתילה והמצות והמעשים טובים הם הם השמן לכונן הפתילה ולתת השמן על ראש הפתילה למען יהיה עליו מאיר האור המאיר עליו להיותו מאיר לפני בוראו, וזהו שאמר חכם הרזים בכל עת יהיו בגדיך לבנים ושמן על ראשך אל יחסר, למען האור הזה אשר אמרנו יהיה מאיר עליו ולא ידעך נרו באישון לילה, ואמנם כי עיקר המצות והמעשים טובים אשר האדם עושה בעולם הזה הוא לכונן את נפשו ולתקון ענינים גדולים וטובים למעלה להמשיך עליו המשכת אור שפע של מעלה, ואמנם כי סוד הממונה הוא השער הזה לבוא בהיכל המלך ודור ע"ה אמר עליו פתחו לי שערי צדק אבוא בהם אודה יה זה השער לה' צדיקים יבואו בו:

---

210. Véase *Oseas* (XIV-9).

Ya insinuamos y desvelamos el secreto de la esencia de la fe, que es el secreto de la esencia de los mundos y toda la raíz de los secretos de la Sagrada *Torah*. Ciertamente, la esencia de la fe y la raíz de la intención sagrada es que el hombre está en este mundo para servir a su Creador y preparar su alma para la luz de la vida. Y has de entender que el secreto de la fe y la raíz de la intención es que el hombre sea en este mundo un fundamento y un trono para que descanse el trono sublime y siendo la mecha, las *Mitzvot* y las buenas obras son el aceite para impulsar la mecha y poner aceite en la cabeza de la mecha para que brille sobre ella, y esto es lo que dijo el sabio de los misterios: «En todo tiempo sean blancas tus vestiduras, y nunca falte ungüento sobre tu cabeza»,[211] a fin de que la luz de la que hemos hablado brille encima de él y «no se apagará su lámpara en la oscuridad de la noche».[212] Y, ciertamente, el objetivo de las *Mitzvot* y las buenas obras que el hombre hace en este mundo es preparar su alma y fije arriba grandes y buenos asuntos para atraer sobre él un influjo de luz y abundancia de arriba.

יש לך לדעת כי סוד הדברים והמשכת העניינים כולם בסוד עיקר
השכלים הנפרדים ואותם הגלגלים אשר הם מניעים כפי אשר הוד־
ענו כי אין תנועה לשום גלגל בלתי מניע, והתנועה היא על יד הש־
כלים הנפרדים המניעים אותם לחפץ האדון יתברך כולם נתהוו ונ־
משכו מהמשכת עיקר סוד אספקלריא שאינה מאירה, וזהו סוד
אמרו הכל היה מן העפר והכל שב אל העפר, ואמרו ז"ל הכל היה מן
העפר אפי' גלגל חמה כי סוד זה הוא עיקר לכל ההויות למיניהם וכו־
לם משם יצאו ואליו ישובו בכח וסבה אלה בהמשכת סוד אספקל־
ריא המאירה, ואמנם כי הכל היה מן העפר והזרע הזרוע אשר יזרע
הוא מעם הנהר יוצא מעדן, והכל שב אל העפר כי הוא היה הסבה
הראשונה מעם המעלה העליונה כי בכח היסודות ועיקרם היה הכל
בסוד העפר כהיות יסוד המים, והאש, והרוח, נותנים סבת המשכת

---

211. Véase *Eclesiastés* (IX-8).
212. Véase *Proverbios* (XX-20).

כחם ועניינים בתוך צדיק חי העולמים והוא נוטל את כולם, ובכח זה
העפר מוליד וצומח כי כארץ תוציא צמחה וכגנה זרועיה תצמיח,
ואמנם כי סוד שורש עיקר זה הוא בכמה שמות צדיק, גן עדן, ארץ
החיים, עפר, מטתו של שלמה, מערב, בית דין של מטה, מזבח החי־
צון, שמטה, כנסת ישראל, דוד המלך, לבנה, המלך המשיח, שכי־
נה של מטה, כסא הכבוד, עולם של מטה, אבן שתייה, אספקלריא
שאינה מאירה, המלך הגואל, ירושלים, בית המקדש, ברכה, וכמה
שמות אחרים יש למדרגה הזאת, אמנם יש לפרש ברמז סוד הע־
ניינים האלה בסודם ועניינם:

Tienes que saber que el secreto de las cosas y la continuación de todas las realidades están todos en el secreto del principio de los intelectos separados y las esferas que mueven, como ya hemos indicado dado que no hay movimiento en ninguna esfera sin un motor.[213] Y el movimiento se efectúa gracias a los intelectos separados que mueven según el deseo del Señor, bendito sea, todos son formados y extraídos de la esencia del secreto del espejo que no brilla. Y éste es el secreto de lo que ha sido dicho: «todo es hecho del polvo, y todo volverá al mismo polvo»,[214] y nuestros maestros, de bendita memoria han dicho: «todo viene del polvo, incluso la esfera del Sol» porque este secreto es la raíz de todas las esencias según su especie y todos de allí salieron y a allí volverán por la fuerza y la causa gracias a la continuación del secreto del espejo luminoso. Y ciertamente, todo viene del polvo y la semilla que se sembrará procede del río que sale del Edén y todo vuelve al polvo porque fue la primera causa del más alto grado porque los elementos y su esencia todo estaba en el secreto del polvo, porque el elemento del agua y el fuego y el soplo, entregan la causa de su poder y su realidad en el seno del justo, viviente de los mundos, y él los toma a todos gracias a esta fuerza el polvo da a luz y hace germinar «porque como la tierra produce su renuevo, y como el huerto hace

---

213. Véase Maimónides, *Guía de perplejos o descarriados*, pág.142 de nuestra edición, Ediciones Obelisco, Rubí, 2018.
214. Véase *Eclesiastés* (III-20).

brotar su simiente».[215] En realidad, la raíz de este principio tiene varios nombres: Justo, Gan Edén, la tierra de la vida, el polvo, la cama de Salomón, el oeste, el tribunal de abajo, el altar exterior, el año del jubileo, la Asamblea de Israel, el rey David, la Luna, el rey Mesías, la Shekinah de abajo, el trono de gloria, el mundo de abajo, la piedra de fundación, el espejo que no brilla, el redentor, Jerusalén, el templo, la bendición, y este grado tiene muchos otros nombres. Por lo tanto, hay que explicar por alusión el secreto de estos asuntos en cuanto a su misterio y su significado.

צדיק היא סוד אספקלריא שאינה מאירה והיא מדת הדין שלמטה
ואמנם כי צדק על שם הדין ביושר והוא מכון שבתו של מקום כא-
מרו צדק ומשפט מכון כסאך, כי אמנם כל ענייני העולם הזה אינם
מתנהגים זולתי בצדק ועל סוד המדרגה הזאת כתיב מאזני צדק,
אבני צדק, איפת צדק, והין צדק, כדי שיהיה הכל וכל העניינים המ-
תנהגים בעולם הזה בצדק, ועל כן נאמר בצדק תשפוט עמיתך, כי
הוא הקו השוה אשר בעולם הזה עליו אין להוסיף וממנו אין לגרוע,
ואמנם כי צדק צדק תרדוף למען תחיה כי צדק שהוא קו השוה דין
שקול על קו היושר והאמת, ואמנם כי לפי הדרך הנכון אשר העולם
הזה מתנהג בו הוא הדין האמיתי בצדק, ובהיות המדה בסוד זה כל
הדברים וכל העניינים בשוה איש לפי אכלו לוקטים כפי מעשיו וע-
נייניו ואין מי שיוצא מדרך המשקל חוצה, ובהיותה כן כל העולמות
וכל הנבראים על תפקידן איש על קצהו ואיש על דגלו לצבאותם
וכל השערים ממונים על תפקידם ועל זה אמר נעים זמירות ישראל
פתחו לי שערי צדק אבוא בם אודה יה זה השער לה' צדיקים יבואו
בו, כי זהו הפתח להכנס לפנים בהיכלי המלך הנעלם ושערי צדק
כבר התעוררנו בהם, אמנם בהיות השערים האלה נפתחים אז הוא
עת רצון להכנס ולפני מלכים יתיצב ובל יתיצב לפני חשוכים, ואמ-
נם כי בסוד ענין זה יש לך לדעת כי סוד הצדק הוא עיקר בכל העו-
למות למטה ועל זה הסוד נאמר צדק ילין בה בהיות ישראל על אד-

215. Véase *Isaías* (LXI-11).

מתם בסוד המדה הזאת על קו השוה אין מוסיף ואין גורע מדין הקו
האמיתי, ולפי כל הדברים וכל העניינים האלה בעוד שהיא עומדת
על סוד שם זה הכל הוא כפי אשר אמרנו צדק בהיות המדה הזאת
עומדת על משמרתה כפעם בפעם בסוד הדין לדין העולמות אין מי
שיוצא מדרך הדין חוצה והכל מתנהג על הדרך הזה דין ישר אמיתי
ובהיותה מנהגת העולמות למטה על דרך שם זה אז היא עולה ומ-
תחברת בסוד העולם הנסתר להיותה נשפעת ממנה בסוד הצנורות
המושכים השפע למטה ואז הכל בסוד חבור אחד בחבור זכר ונקבה
ונעשה הכל צדקה בהיות ה' תוספת על צדק כי אות ה' הוא מסוד
העולם העליון הנוסף על צדק ונעשה הכל צדקה להיות הקול תש-
לום ועיקר אמיתי, וכבר התעוררנו בסוד הצדקה בספר הרמון בכמה
עניינים וחלקים נחלק:

El justo es el secreto del espejo que no brilla y es la *Middah* del juicio de abajo, y de hecho el nombre de la justicia se refiere al juicio de la derecha y es el asiento de la residencia del Lugar como ha sido dicho: «Justicia y juicio son la morada de tu trono»,[216] porque es cierto que todos los asuntos de este mundo se comportan con justicia hacia los demás y a propósito del secreto de este grado ha sido escrito: «Balanzas justas, pesas justas, *efa* justo, e *hin* justo tendréis»,[217] para que todas las cosas y cada uno de los asuntos de este mundo sean llevados con justicia, y por eso ha sido dicho: «con justicia juzgarás a tu prójimo», porque es la línea de equilibrio en este mundo y no se le debe sumar ni restar. Y, ciertamente, «la justicia, y sólo la justicia buscarás, para que vivas» porque la justicia que es la línea de equilibrio, es un juicio equilibrado según la honestidad y la verdad, y ciertamente siguiendo la forma precisa en que este mundo se comporta así será el juicio verdadero en la justicia. Y dado que esta dimensión está conforme a este secreto, todas las cosas y todas las realidades están en equilibrio y cada cual cosecha su alimento según sus hechos y asuntos, y no hay nadie que escape de la regulación de esta balanza. Y siendo sí, to-

216. Véase *Salmos* (LXXXIX-14).
217. Véase *Levítico* (XIX-36).

dos los mundos y todas las criaturas tienen su papel, cada uno sus límites y cada uno su bandera para sus ejércitos y todas las puertas están a cargo de su papel y a propósito de esto ha sido dicho: «el dulce cantor de Israel»,[218] «abridme las puertas de la justicia, por ellas entraré, alabaré a *Iah*».[219] «Esta puerta es del Eterno, por ella entrarán los justos»,[220] porque ésta es la abertura para entrar en los palacios del rey oculto y en cuanto a las puertas de la justicia ya hemos hablado de ellas, y ciertamente, cuando estas puertas se abren, entonces es el momento favorable para entrar y «delante de los reyes estará; no estará delante de los de baja suerte».[221] Y, ciertamente, respecto al secreto de este asunto tienes que saber que el secreto de la justicia es la esencia de todos los mundos de abajo y sobre este secreto ha sido dicho: «llena estuvo de juicio».[222] Cuando los de Israel están en su tierra en el secreto de esta misma *Middah* de acuerdo con la línea de equilibrio, no hay suma ni resta en la línea verdadera. Y de acuerdo con todas estas cosas y todos estos asuntos, mientras permanece en el secreto, son, como dijimos, justicia, y cuando esta dimensión desempeña su papel para juzgar a los mundos, nadie escapa del juicio y todo es llevado de este modo, el juicio recto y verídico. Cuando dirige los mundos de abajo en función de este nombre, asciende y se une al secreto del mundo oculto para recibir la abundancia por el secreto de los canales que envían la abundancia hacia abajo, y todo es el secreto de una unión íntima, de una unión del macho y de la hembra, y todo se vuelve *Tzedakah*, se añade una letra *He* a *Tzedek* y la letra *He* se refiere al misterio del mundo de arriba que se añade a la justicia y se convierte en caridad porque todo es plenitud y principio verdadero. Y ya hemos desvelado el secreto de la caridad en el *Libro de la granada* que hemos dividido en varios asuntos y varias partes.

---

218. Véase 2 *Samuel* (XXIII-1).
219. Véase *Salmos* (CXVIII-19).
220. Véase *Salmos* (CXVIII-20).
221. Véase *Proverbios* (XXII-29).
222. Véase *Isaías* (I-21).

גן עדן כבר רמזנו והתעוררנו בסוד גן עדן שבארץ כפי הסוד והדרך
האמיתי אשר חכמים הגידו ולא כחדו מסודותיו ועניניו, גן עדן יש
למטה בארץ כפי אשר התעוררנו בתחלה, גן עדן יש למעלה בש־
מים והוא סוד המדרגה אשר אמרנו, ואמנם כפי הדרך הזה גיהנם יש
למטה בארץ והוא במקום ידוע מחלקי היישוב כפי אשר התעוררו
ז"ל ואמרו שבעה פתחים יש לו לגיהנם ואמרו והודיעו העניינים ובאי
זה מקום הוא כל פתח ופתח ונקרא גיהנם על שם ידוע גי בן הנם
והוא מקום גיהנם של מטה, ואמנם כי הוא מקום אש דולקת לילה
ויומם לא תכבה לעולם יעלה עשנה והוא מוכן לנפשותן של רש־
עים, וכבר התעוררנו זה בספר נפש החכמה וכשם שיש גיהנם למטה
בארץ כן יש גיהנם למעלה בשמים, ושם התעוררנו בסודו ועניינו
ואמנם כי יש עניינים גנוזים ונסתרים בדברי רז"ל ובדברי הסתרים
מסוד קדמוני גדולי עולם, אמרו כי גיהנם יש למטה בארץ והוא מוכן
לנפשותן של רשעים וכמו כן יש גן עדן בארץ הוא מוכן לנפשותן של
צדיקים, ואמרו שם כי אין נפש נסתרת מחמתו:

Ya hemos hecho alusión y desvelado el secreto del Gan Edén terres-
tre de acuerdo al secreto y el camino verdadero que los sabios han enseñado y cuyos sus secretos y asuntos no han ocultado. El Gan Edén
está en la Tierra como indicamos al principio y también hay un Gan
Edén arriba en el cielo y es el secreto del grado del que hemos hablado.
Y ciertamente, también hay un *Guehinom* abajo en la Tierra y está en
un lugar conocido de las partes del mundo habitado como dijeron
nuestros maestros, de bendita memoria: «el *Guehinom* tiene siete puertas» y dijeron en qué lugar se encuentra cada puerta y se llama *Guehinom* a causa de un nombre conocido, *Gui Ben Hinom*[223] y es el lugar
del infierno abajo. Y, ciertamente, es un lugar de fuego que arde por la
noche y nunca se apaga, y exhala humo y está listo para las almas de
los malvados. Y ya lo hemos explicado en el *Libro del alma sabia* y así
como hay *Guehinom* en la Tierra, también hay *Guehinom* en el cielo.
Y ya hemos explicado su secreto y su naturaleza, y que hay asuntos

---

223. El valle del hijo de Hinom. Véase *Jeremías* (VII-31).

misteriosos y ocultos en las palabras de nuestros maestros, de bendita memoria, y en las palabras misteriosas y secretas de los antiguos, grandes del mundo. Dijeron que el *Guehinom* está en la Tierra y está listo para las almas de los malvados y también hay un Gan Edén en la Tierra que está listo para las almas de los justos. Y dijeron allí que no hay alma que escape a su calor.

ומה נחמד הענין להשכיל אשר התעוררנו בעניינים אלה, אמרו כי נפשותן של צדיקים צריכין לרחוץ ולהטהר מלכלוך העולם הזה, לה־ כנס לגן עדן אשר בארץ טהורה מלבוש באותו גיהנם, כי אין רחי־ צה וטהרה אותה הנפש זולתי האש כי ענין גזרת הנפש גזורה היא מסוד אש אוכלה, ולפיכך רחיצתה היא באש להטהר ולהתלבן מל־ כלוכה להכנס לגן עדן אשר בארץ טהורה ונרחצת ומלובנת כאשה המתטהרת מלכלוכה, ובהיותה עומדת על משמרתה בגן עדן אשר בארץ טהורה ונרחצת מלכלוכה כאשה המתטהרת מטומאתה אע"פ שאינה מתחברת בבעלה וביום עלות הנפש להתחבר בבעלה לע־ לות לראות לאור באור החיים מדי חדש בחדשו ומדי שבת בשבתו, על כל פנים גיהנם יש למעלה ושם תטבול ותרחץ ותטהר יותר כשם שתרחץ ותטבול האשה בליל עבורה בהתחברה בבעלה, כך הנפש בעלותה באותו גיהנם של מעלה תטבול ותרחץ ותטהר יותר כדי להכנס לגן עדן שלמעלה לאור החיים הגנוזים, וזהו הענין הנכון כי גיהנם שבארץ מוכן לרחיצת נפשות הצדיקים להכנס לגן עדן שבא־ רץ, גיהנם של מעלה מוכן להכנס לגן עדן של מעלה אותה הנפש ולהטהר בו בתחלה, ועל כל פנים כי כענין הזה הסוד הוא ידוע לק־ דמונים ז"ל ודקדקו האמת והנכון כפי הדרך הזה אשר אמרנו הסוד הוא נכון וידוע כי גן עדן יש בארץ כפי הסוד אשר התעוררנו ואמנם כי גן עדן יש למעלה והוא מקום צרור הנפשות, ואע"פ שתוכל לד־ קדק במה שפירשנו בתחלה בדקדוק הנפש והרוח והנשמה, אמנם כי לכולם יכול האדם לקרוא נפש ושם נפש יקרא לכולן בלא דקדוק דבר אחד, ואמנם כי סוד גן עדן אשר למעלה הוא מקום צרור הנ־ פשות או הנשמות או הרוחות בלא דקדוק, וגם אמנם כי לפי דרך האמת הרוחות הן כענין אמרו והרוח תשוב אל האלהים אשר נתנה, ואם תאמר והלא כתוב והיתה נפש אדוני צרורה בצרור החיים,

והלא כתוב נפש ולא רוח ולא נשמה, על כל פנים כבר אמרנו כי שם
נפש עולה לכל אחד ואחד:

¡Y qué agradable para la inteligencia es este asunto que hemos desvelado! Dijeron que las almas de los justos deberían ser lavadas y limpiadas de la inmundicia de este mundo para entrar en el Gan Edén
de la Tierra puras y vestidas del mismo *Guehinom*, ya que no hay otro
lavado y purificación del alma si no es por el fuego, porque originariamente el alma fue extraída del secreto del fuego consumidor. Y,
por lo tanto, su lavado se realiza en el fuego para purificar y blanquear la inmundicia para que pueda entrar en el Gan Edén de la
Tierra pura y lavada y blanqueada como una mujer que se purifica de
la inmundicia. Y así está en su lugar en el Gan Edén que está en la
Tierra, pura y limpia de su inmundicia como una mujer purificándose de su impureza y que no se ha unido aún con su esposo, y el día en
que el alma asciende para unirse con su esposo para ascender y contemplar la luz de vida y ser iluminada por ella, «de Luna nueva en
Luna nueva, y de sábado en sábado»,[224] se encuentra con un *Guehinom* arriba en el que se sumergirá y se bañará y se purificará del mismo modo que la mujer se lava y se baña por la noche después de
unirse con su esposo. Así, cuando el alma asciende al *Guehinom*
de arriba, será sumergida, lavada y purificada más para entrar al Jardín del Edén de arriba, en la luz de la vida oculta. Y esto es lo correcto, porque el *Guehinom* en la Tierra está listo para lavar las almas de
los justos para que puedan entrar en el Gan Edén de la Tierra, el
Guehinom de arriba está listo para permitirles entrar en el Gan Edén
de arriba con la misma alma purificándola previamente. Y, en cualquier caso, en lo que se refiere a este asunto, el secreto es conocido por
los antiguos, de bendita memoria, que han buscado la verdad meticulosa y justa de esta manera que dijimos; este secreto es verdadero y
conocido: existe un Gan Edén en la Tierra según el secreto que he-

---

224. Véase *Isaías* (LXVI-23).

mos desvelado y el Gan Edén de arriba es el lugar del ramillete de las almas. Y aunque puedas acordarte de lo que explicamos haciendo la diferencia entre la persona, el espíritu y el alma, es cierto que el hombre puede llamarlos a todos alma y el nombre de alma será dado a todos sin distinción, y ciertamente el secreto del Gan Edén que está abajo es el lugar del ramillete de las personas son de las almas y los espíritus, y también según el camino de la verdad los espíritus son como ha sido dicho: «y el polvo se torne a la tierra, como era antes, y el espíritu se vuelva a Dios que lo dio».[225] Y si dijeras que no está escrito: «con todo, el alma de mi señor será ligada en el haz de los que viven», [226] y está escrito Nefesh y no Ruaj o Neshamah, aunque ya hemos dicho que Nefesh (la persona) se refiere a todos ellos, sin exccpción.

אמנם כי ראיתי במדרש ז"ל אומרים נפש דוד זו היא מדתו של דוד
ועליה נאמר נפש אדוני, ולפי זה הדרך אין בו שום קושיא כלל וגן
עדן של מעלה זו היא המדה הידועה והוא כדוגמת ענין גן עדן שבא-
רץ, ודוגמת גן עדן שבארץ הוא כדוגמת אותו של מעלה ואותם
הציורים והעניינים אשר בגן עדן של מטה הם דוגמת אותם הציורים
והעניינים אשר בגן עדן של מעלה וכבר אמרו דברים גנוזים גדו-
לים ורמים בעניין גן עדן שבארץ ואותם הציורים והעניינים הם סו-
דות עמוקות ועניינים גדולים נעלמים ונפלאים לאותם הנכנסים בהם,
ואמנם כי אע"פ שהדברים נעלמים ונפלאים עד מאד יש לדעת כי
סוד גן עדן שהוא מקום צרור הנשמות והוא מוכן למעלה, ושם זוהר
האספקלריאות העליונות והחלונות מוכנות בסוד מעלה עומדים ומ-
תנוצצים ומזהירים שם בסוד אור חיי העולמים הגנוזים, וכל הדברים
אשר הם בגן עדן שבארץ כולם הם בגן עדן של מעלה, והצדיקים
יושבים והעטרת הידועה בראשיהם ונהנים מזיו השכינה ושם העדו-
נים וההנאות אשר עין לא ראתה אלהים זולתך, ואמנם כי לפי סוד
הדרך האמיתי וההתעוררות אשר התעוררנו בתחלה תוכל לדעת כי

225. Véase *Eclesiastés* (XII-7).
226. Véase 1 *Samuel* (XXV-29).

הצדיקים הם בגן עדן של מטה ובגן עדן של מעלה, הם למטה והם
למעלה ולפיכך הוא גן עדן למטה בציור הצדיקים העומדים בעולם
הזה ודמותם ותארם כפי אשר אמרנו והתעוררנו בגן עדן של מעלה
הנשמות עומדות נשללות מגוף והם נעשים כמלאכי השרת להתה-
לך בתוך אבני אש כאמרו אתהלך לפני ה' בארצות החיים, ואמנם
כי הם כמלאכי השרת עומדים ורצים ונהנים מזיו זוהר נועם ה' ולב-
קר בהיכלו באמרו אחת שאלתי מאת ה' היתה זאת לחזות בנועם ה'
ולבקר בהיכלו, ועל זה כמו כן נאמר ונתתי לך מהלכים בין העומדים
האלה ומפני זה תוכל לדעת סוד העניינים האלה על מתכנתם ברמז
דבר וכבר התעוררנו זה העניין ונכון למשכיל, עכשיו יש לפרש סדר
העניינים על מתכנתן ועניינן:

Ciertamente vi en el Midrash que nuestros maestros, de bendita memoria, dijeron que el alma de David es la *Middah* de David y por eso se ha dicho «el alma de mi señor, etc.». Y de acuerdo con esto, no hay contradicción en absoluto y el Gan Edén de arriba es la *Middah* conocida y es como el Gan Edén en la Tierra. Y el ejemplo del Gan Edén en la Tierra es como el del cielo y las mismas imágenes y cosas que están en el Gan Edén de abajo son como las mismas imágenes y cosas que están en el Gan Edén de arriba, y ya hemos explicado que estas imágenes y estas cosas son grandes secretos ocultos y profundos y para quienes entran en ellos. Y, ciertamente, aunque estas cosas están ocultas y son muy maravillosas, uno debe saber que el secreto del Gan Edén, que es el lugar del ramillete de las almas y está preparado arriba y contiene el resplandor de los espejos superiores y se alzan las ventanas destinadas al secreto de arriba brillando y resplandeciendo por el secreto la luz de la vida de los mundos ocultos. Y todas las cosas que están en el cielo en la Tierra, todas las de arriba están en el Gan Edén del cielo. Y los justos se sientan y las coronas están en sus cabezas y disfrutan de la gloria de la Shekinah y allí están las delicias y los manjares y placeres que «ningún ojo no ha visto, oh Dios, salvo tú».[227]

---

227. Véase *Isaías* (LXIV-3).

Y ciertamente por el secreto del camino verdadero y de lo expuesto y explicado al principio, sabrás que los justos están en el Gan Edén de abajo y en el Gan Edén de arriba. Están abajo y están arriba porque el Gan Edén de abajo está hecho según la figura y la semejanza de los justos que se encuentran en este mundo, como dijimos, y en el Gan Edén de arriba las almas están privadas de cuerpo y se convierten en ángeles oficiantes. Caminar en medio de piedras de fuego como ha sido dicho: «Andaré delante del Eterno en la tierra de los vivientes».[228] Y efectivamente, son como ángeles oficiantes que se ponen de pie y corren y disfrutan del resplandor de la bondad del Eterno y visitan su palacio según ha sido dicho: «Una cosa he demandado al Eterno, ésta buscaré; que esté yo en la Casa del Eterno todos los días de mi vida, para contemplar la hermosura del Eterno, y para inquirir en su templo».[229] Y a propósito de esto también se ha sido dicho: «te daré libre acceso entre éstos que están aquí», y por eso podrás conocer el secreto de estos asuntos según su significado cuando se alude a ellos, y ya hemos desvelado este asunto y es suficiente para el esclarecido, y ahora deben interpretarse el orden estos asuntos según su significado y naturaleza.

ארץ החיים סוד ענין זה כפי דרך היסודות על מתכנתן וסודן ועניינים, ואמנם כי כפי סוד תוכן היסודות היא נקראת ארץ כי סוד המים, והאש, והרוח, הארץ בלולה מהם והיא ארץ החיים, ואמנם כי סוד ארץ החיים על שם שהיא כוללת החיים היורדים דרך הצנורות, וכבר פרשנו בזה כל הצורך:

La tierra de la vida: el secreto de este asunto es como el camino de los elementos según su función y su contenido, y efectivamente dado que el secreto del contenido de los elementos se llama tierra pues el secreto del agua y el fuego, y el aire, la tierra está constituida de ellos y es la tierra de la vida, y, ciertamente, es el secreto de la tierra de la vida

---

228. Véase *Salmos* (CXVI-9).
229. Véase *Salmos* (XXVII-4).

ya que incluye la vida que desciende por los conductos, y esto ya ha
sido explicado todo lo necesario.

עפר כבר פרשנו זה, ואמנם כי עפר זה הוא עפר הזהב, וזהו ענין הנ־
כון כי סבתה הזהב של מעלה ומשם מקבלת כי לעולם סבת הנקו־
דה השמאל היא ועל כן העפר הוא מוליד וזורע זרע להצמיח, ואם
תאמר והלא כתיב כי עפר אתה ואל עפר תשוב, על כל פנים כך הוא
כי אדם הראשון הוא היה העפר התחלת כל הנבראים למטה בתול־
דות בני אדם וממנו יצאו, ועל הסבה אשר אמרנו הכל היה מן העפר
ואמרו ז"ל הכל היה מן העפר אפי' גלגל חמה, ואמנם כי סבת העפר
הזה כבר ידעת הסוד ותוקף הענין הנכון, ובדוגמה זו היה אדם הרא־
שון למטה שכל התולדות וסבת כל הנבראים נתהוו ממנו, ולפיכך
כי עפר אתה בדוגמת אותו העפר ואל עפר תשוב, על כל פנים זהו
הסוד בהיות כל אשר הסבות שבים ונחזרים אל הסבה הראשונה
אשר יצאו ממנה וזהו והכל שב אל העפר וזהו ואל עפר תשוב ואמ־
נם כי הרוח כשם שיוצא כך נחזר ונכנס אל מקומו, ואין שום דבר
חוזר ממקומו בשום צד בעולם כי כל הדברים וכל ההויות תחוזרנה
לקדמותן כפי ההויה והסבה הראשונה אשר היתה בתחלה ואין שום
דבר יוצא מדרך זה לעולם:

Polvo: esto ya lo hemos explicado, y ciertamente este polvo es polvo
de oro, y ésta es la explicación correcta porque su causa es el oro de
arriba y de ahí que reciba siempre pues siempre la izquierda, por lo
tanto el polvo siembra semilla para crecer, y si dijeras ¿acaso no está
escrito «polvo eres y a polvo volverás»?[230] En cualquier caso, es así porque el primer hombre fue polvo y comienzo de todas las criaturas de
abajo gracias a los engendramientos de los hijos de hombres que sur-
gieron de él. Y por lo que dijimos, todo viene del polvo, y nuestros
maestros, de bendita memoria, han dicho que todo viene del polvo,
incluso la esfera del Sol, y ciertamente, en lo que se refiere a la causa de

---

230. Véase *Génesis* (III-19),

este polvo, ya conoces el secreto y la fuerza del asunto y según este modelo fue el primer hombre abajo a partir del cual se formaron todos los engendramientos y la causa de todas las creaciones. Y por lo tanto polvo eres a imagen de ese mismo polvo, y al polvo volverás. En cualquier caso, éste es el secreto, ya que todas las demás causas regresan y vuelven a la causa primera de la que salieron, y esto es lo que dicen «todo vuelve al polvo» y «al polvo volverás», y lo mismo con el espíritu: así como sale así vuelve y entra en su lugar. No hay nada en el mundo que de algún modo no esté en su lugar, pues todas las cosas y todas las esencias vuelven a su origen y la esencia y la causa primera que eran originariamente, y nada escapa nunca a esta regla.

מטתו של שלמה זהו הסוד על שם סוד הכסא שהוא הכסא המוכן
למלך המטה הידועה הנתונה בין צפון ודרום כעניין אמרו ז"ל על כי
היא סוד המטה המקבל משני הצדדין מסוד הימין והשמאל, ואמנם
כי סוד אמרם אמרו ז"ל שאמרו ז"ל כל הנותן מטתו בין צפון לדרום הויין
לו בנים זכרים, כי הכוונה בהיות האדם לבו ורעיוניו בסוד האמונה
לכונן אותה ולסעדה במשפט ובצדקה כי בהיות האדם מכין לבו ור־
עיוניו מגמתו לעשות עבודת בוראו אז המטה נתונה בין צפון לדרום
לקבל השפע ולהשפיע לתחתונים, כי בהיותה מקבלת משני הצדדין
אז העולמות כולן על העניין הנכון להיותם בתשלום השפע האמיתי,
ואמנם כי מטתו של שלמה היא המטה הידועה אשר המלך העליון
בא עליה, וזהו אמרם ז"ל בחצות הלילה הב"ה נכנס עם הצדיקים בגן
עדן כי סוד המטה הידועה מוכנת אז באבנים יקרות אמרות ה' אמ־
רות טהורות ועליהן סוד המטה הראשה בשש וארגמן לבושה מוצ־
עה בחטובות אטון מרגלית וזהב וכסף ותועפות ועמודיה זהב וכסף
על רצפת בהט ושש ודר וסחרת, וכן כמה עניינים סתומים וחתומים
אשר לא תסופרנה, והמלך שוכב על המטה ההיא וששים גבורים
סביב לה מגבורי ישראל וכמה סריסים ועמודים העומדים לחוץ מא־
חורי הפרגוד והיו להם הלילה משמר והיום מלאכה לאריס והפרכת
מפסיק לעמוד פרושה לפני המטה עד עלות השחר, וכמו השחר עלה
ויאיצו המלאכים אשר תפקידם על משמרת היום וכולם חונים איש

על מחנהו ואיש על דגלו בסוד תפקידם ועניינם, ועל כן המטה היא
מוכנת למלך שהשלום שלו, ואמנם כי הדבר הוא ידוע למשכילים:

Cama de Salomón: éste es el secreto que se refiere al misterio del
trono destinado al rey que posee la paz y además se trata de la cama
conocida situada entre el norte y el sur, como dijeron nuestros maestros, de bendita memoria: «aquel coloca su cama entre el norte y el sur
tendrá hijos machos».[231] Y esto significa que cuando la intención y los
pensamientos que el hombre tenga su corazón y sus ideas estén en el
secreto de la fe para establecerla y sostenerla por la justicia y la rectitud
porque el hombre prepara su corazón y sus pensamientos tendiendo a
hacer el trabajo de su Creador, entonces la cama está situada entre
norte y sur para recibir abundancia e influir sobre los seres de abajo.
Porque al ser un receptor en ambos lados, los mundos están establecidos en lo correcto y se benefician de la verdadera abundancia. Y, ciertamente, la cama de Salomón es la cama conocida en la que vino el
Rey Supremo. Y esto es lo que dijeron nuestros maestros, de bendita
memoria: «A medianoche, el Santo, bendito sea, va con los justos al
Gan Edén»[232] pues el secreto de la cama en cuestión está entonces
dispuesto en medio de piedras preciosas, «las palabras del Eterno son
puras»,[233] y en ellas está el secreto de la cama cubierto de lino fino y
de púrpura, de tela tejida con piedras preciosas, de oro, de plata y de
vigor con columnas de oro y de plata colocadas sobre suelo de porfi-
rio, de mármol, de nácar y de mármol negro, con numerosas cosas
escondidas y ocultas que no pueden ser explicadas. Y el rey está acos-
tado sobre esa cama y sesenta héroes de los héroes de Israel lo rodean
e innumerables eunucos y columnas de pie detrás de la cortina y de
noche harán la guardia y de día trabajarán cosechando y el velo que
está frente a las columnas está delante de la cama hasta el amanecer.
Y cuando amanece, los ángeles se apresuran, aquellos cuyo deber era

---

231. Véase Talmud, tratado de *Berajoth* (5b).
232. Véase Zohar (II-67b), volumen XI de nuestra edición, pág.17, Barcelona, 2011.
233. Véase *Salmos* (XII-7).

vigilar del día, y todos acampan según su campamento y su bandera, siguiendo el secreto de su deber y su ocupación, y así la cama está preparada para el rey que posee la paz, y ciertamente esta cosa es conocida por los esclarecidos.

והבן על מה שאמרנו הנה מטתו של שלמה כי השאלה היתה בתח־
לה מקודם זה לומר מי זאת עולה מן המדבר, רז"ל התעוררו ופרשו
על סוד מחנה השכינה ההולכת לפני מחנה ישראל ושאלת השואל
היתה לומר מי זאת העולה מן המדבר וג' תשובת המשיב לומר
הנה מטתו של שלמה המטה המוכנת בסוד שרפי קדש וחיות אל
נאדר בקדש ואופנים וכרובים וכמה מרגליות ואבנים טובות למיניהם
המטה הידועה אשר אמרנו, והיא המטה הידועה אשר שלמה שוכב
עליה וששים גבורים סביב לה הם סוד הששה קצוות שהם מסוד
הגבורה והם מקבלים השפע מצד גבורה של מעלה וכולם מלומדי
מלחמה למען לא יקרב איש זר אשר לא מזרע אהרן הוא הוא איש
תהפוכות איש לשון ולא יערבב שמחת הכלה עם החתן כי הוא מע־
רבב תמיד השמחות בהיותו מלשני בסתר העולמות וכל בני העולם
והוא אורב תמיד בעת השמחה לקטרג ולערבב אותה, ועל סוד זה
נאמר מפחד בלילות ואמרו ז"ל מפחדה של גיהנם אמנם כי הענין
ידוע הוא למשכילים ואין צריך להאריך בזה יותר:

Y has de entender lo que dijimos aquí de «he aquí la cama de Salomón» porque la pregunta era al principio de esto era «¿Quién es ésta que sube del desierto?».[234] Nuestros maestros, de bendita memoria, han tratado y explicado el secreto del campamento de Shekinah que precede al campamento de Israel y la pregunta del que preguntaba es: «¿Quién es ésta que sube del desierto?», y la respuesta del que responde es «he aquí la cama de Salomón». La cama preparada en secreto por los sagrados serafines y las *Jaiot* del Dios espléndido en santidad, las ruedas, los querubines y las joyas innumerables algunas perlas y todo tipo

---

234. Véase *Cantar de los cantares* (III-6).

de piedras preciosas. La cama de la que estamos hablando es la cama en la que se acuesta Salomón y los sesenta héroes que la rodean son el secreto de las seis extremidades de Guevurah que reciben los efluvios del lado de la Guevurah de arriba y todos van a la guerra «ningún extraño que no fuera descendiente de Aarón debería acercarse»,[235] se trata del hombre perverso, del «varón de lengua maligna»,[236] y no ha de alterar la alegría de la novia con su novio. Porque él siempre estropea las fiestas calumniando en secreto los mundos y todas las personas del mundo y siempre acecha durante los momentos de alegría para estropearlos y dañarlos. Y a propósito de este secreto nuestros maestros, de bendita memoria, han dicho «los temores de la noche» y han declarado: los temores del *Guehinom* y ciertamente este asunto es conocido por los esclarecidos y no hay necesidad de prolongarse más:

בית דין של מטה הוא הסוד הידוע בהיות המדה הזאת מקבלת מצד
הגבורה על כי סבתה שמאל כאשר התעוררנו, ולפיכך אמרו בסוד
האתרוג אשר פירשנו, האתרוג על שם הגוון שלה ירקרק כעין הזהב
ועל סוד זה אמרו ז"ל אסתר ירקרוקת היתה וחוט של חסד משוך
עליה וכך הוא ודאי, אמנם כי החכמים אשר התעוררו ואמרו גוון
אסתר והיופי שלה כך הוא ודאי לא הוסיפו ולא גרעו מכמות שהיא
ואותם הגוונים ממש היו לה כי ידעו אי זו דוגמא היתה בארץ והואיל
וכך היא הורשו לומר האמת בענין עמוק, כי על כל פנים סוד דוגמת
מרדכי ואסתר והמן ואחשורוש הכל היתה דוגמא ועניין ידוע והוא
סוד עמוק למשכילים:

El tribunal de abajo es el secreto conocido que esta dimensión se recibe de la Guevurah porque su causa es la izquierda, como ya explicamos. Y por eso dijimos a propósito del secreto del *etrog* que hemos interpretado. El *etrog* a causa de su color es amarillento como el oro y sobre este secreto dijeron nuestros maestros, de bendita memoria, que

---

235. Véase *Números* (XVI-40).
236. Véase *Salmos* (XL-11).

Esther era amarillenta y un hilo de gracia estaba colgado a su alrededor y así era, aunque los sabios que han tratado y han hablado del color de Esther y de su belleza, no sumaron y no restaron valor a nada y ciertamente ella realmente tenía ese color pues conocían el modelo que se reflejaba en la Tierra y por eso se le permitieron decir la verdad en un asunto tan profundo. Porque, en cualquier caso, un secreto de Mardoqueo, Esther, Amán y Asuero, era para todos un modelo y un asunto conocido, y es un secreto profundo para los esclarecidos.

ונחזור למה שהיינו בביאורו בהיות בית דין של מטה סוד סוד המדה
הידועה כי בית דין של מעלה הוא סוד הגבורה ולפי רום מעלתה
אמרו ז"ל אין בית דין של מעלה דנין את האדם אלא עד עשרים שנה
ובית דין של מטה משלש עשרה שנה ומעלה, ואמנם כי בית דין של
מטה היא המדה הידועה, ויש החושבים בלבם לומר שבית דין של
מטה זהו בית דין אשר בארץ ולא יותר ובית דין של מעלה הוא בש־
מים ולא יותר, ולפי דעתם מקשים וקושיא היא על כל פנים בהיות
האדם בעולם הזה והוא נער והוא בן חמש עשרה שנה או בן שמנה
עשרה ומת ונפטר לבית עולמו ומקשים ואומרים אם כן שאין בית
דין של מעלה דנין את האדם עד שיהיה בו עשרים שנה ואיה הדין
והיושר והלא אינו חי בעולם עשרים ולא תשעה עשר למה מת ולמה
נסתלק מן העולם, על כל פנים קושיא היא והקושיא היתה נכונה,
אבל בהיותם יודעים סוד בית דין של מעלה וסוד בית דין של מטה
יוכלו לעמוד על תוכן האמת בלא קושיא כלל, כי בית דין של מטה
הוא המקבל מהמשכת בית דין של מעלה ולפיכך הדין דין אמת,
והתבונן כי עומדים וסובבים סוד הכסא המתנשא שבעים סנהדרין
שהם שבעים מלאכים הסובבים כסא הכבוד ומקבלים השפע מה־
משכת סוד הגבורה, והם דנים את העולם בכל הדינין הראוי לידון
ולכל אחד ואחד בעולם, ואמרו ז"ל כי למעלה בסוד בית דין זה יש
היכל אחד והוא הנקרא זכות מפני שבשעה שהם עומדים בדין הכסא
נתקן על אופניו ועל גלגליו והעמודים נכונים והאריות נוהמים והצו־
רות והעופות למיניהם כולם יחד נשאו קול ותחזר רנה האופנים והג־
לגלים והקולות נשמעו והסנהדרין יושבים סביב וסובבים הכסא
איש איש על מושבו כפעם בפעם, והתובע והעדים לפניהם ומעידים

עַל כָּל פּוֹעַל אִישׁ וּמַעֲשֵׂהוּ, וְהָאֲרָיוֹת נוֹהֲמִים וְהַגַּלְגַּלִּים רוֹעֲמִים וְהָעוֹ־
פוֹת מְצַפְצְפִים וְהָעַמּוּדִים נוֹתְנִים קוֹלָם וְנִשְׁמָע קוֹל הַכִּסֵּא בְּכָל הָרָ־
קִיעִים וְכָל מַחֲנוֹת עֶלְיוֹנִים קְדוֹשִׁים יוֹדְעִים שֶׁהַכִּסֵּא נִתַּן בְּדִין הָעוֹלָם
וְהַסַּנְהֶדְרִין עוֹמְדִים בְּדִין, מִיָּד מַתְחִילִין מִן הַקָּטָן וּפוֹתֵחַ בִּזְכוּת וְאַחֲרָיו
כֻּלָּם פּוֹתְחִין בִּזְכוּת וְזֶה אַחַר זֶה עַד שֶׁהָעִנְיָן נִתְלָה לַגְּדוֹלִים, וְאָמְנָם
כִּי זֶהוּ הוּא סוֹד הָאֱמֶת וְהָעִיקָר הַנָּכוֹן אִם יֵשׁ עָלָיו מַלְאָךְ מֵלִיץ אֶחָד
מִנִּי אָלֶף לְהַגִּיד לְאָדָם יָשְׁרוֹ מִיָּד וִיחֻנֶּנּוּ וַיֹּאמֶר פְּדָעֵהוּ מֵרֶדֶת שַׁחַת
מָצָאתִי כֹפֶר, וְאָמְנָם כִּי לְפִיכָךְ נִקְרָא זְכוּת עַל שֵׁם שֶׁפּוֹתְחִין בִּזְכוּת
וְכָל הָעִנְיָן הוּא בִּזְכוּת עַד שְׁעַת גְּמַר הַדִּין, וְאָמְנָם כִּי כָל הַדְּבָרִים וְכָל
הָעִנְיָנִים שֶׁבָּעוֹלָם נִדּוֹן בָּהֶם דִּכְתִיב בִּגְזֵרַת עִירִין פִּתְגָּמָא וּבְמַאֲמַר
קַדִּישִׁין חוּץ מִשְּׁלשָׁה דְבָרִים אֲשֶׁר הִתְעוֹרְרוּ ז"ל וְאָמְרוּ בְּנֵי, וְחַיֵּי, וּמְ־
זוֹנֵי, לָאו בִּזְכוּתָא תַּלְיָא מִלְּתָא אֶלָּא בְּמַזָּלָא תַּלְיָא מִלְּתָא:

Y volvamos a lo que estábamos explicando a propósito del tribunal de abajo como secreto de la dimensión que estamos tratando; el tribunal de arriba es el secreto de Guevurah, Y a causa de la altura de su rango, nuestros maestros, de bendita memoria, dijeron que el tribunal de arriba no juzga a un hombre sino hasta (que ha cumplido) veinte años y el tribunal abajo de trece años en adelante. Y, ciertamente, el tribunal de abajo es la *Middah* de la que se trata, y algunos piensan en sus corazones y dicen que el tribunal de abajo es un tribunal que está en la Tierra y nada más, mientras que el tribunal de arriba está en el cielo y nada más. Y su opinión es difícil y controvertida; en todo caso plantea una dificultad. Imaginemos una persona en este mundo que es joven y muere a los quince o a los dieciocho años y se va a su morada eterna. A propósito de él plantean la siguiente objeción. Si bien es cierto que el tribunal de arriba no juzga a la persona hasta que tenga veinte años, ¿dónde están la justicia y la equidad si ha estado en este mundo menos de veinte años o incluso diecinueve, y por qué murió y se fue del mundo? En cualquier caso, es una pregunta y la pregunta es correcta. Pero cuando conozcan el secreto del tribunal de arriba y el secreto del tribunal de abajo podrán darse cuenta del contenido de la verdad sin ninguna dificultad. Porque un tribunal de abajo es el destinatario del influjo del tribunal de arriba y, por lo tanto, el juicio es un juicio de verdad. Y observa que los setenta del *Sanhedrín* de pie rodean el secreto del trono sublime, y son setenta ángeles que rodean el trono de gloria y reciben abundancia del influjo del secreto de Guevurah. Y juzgan el mundo según todas las reglas dedicadas al juicio y para todos y cada uno sin excepción. Y nuestros maestros, de bendita memoria, dijeron que arriba en el secreto de ese tribunal hay un palacio y se llama «mérito» porque mientras están de pie para juzgar, el trono se fija sobre sus ruedas y los pilares se enderezan y los leones rugen y las formas y pájaros según sus especies alzan la voz y las ruedas y los discos y las voces se escuchan y los del *Sanhedrín* se sientan en círculo alrededor del trono, cada hombre en su asiento habitual. Y el demandante y los testigos que están ante ellos testifican de cada hombre y de sus hechos. Y los leones rugen y las ruedas rugen y los pájaros cantan y las columnas dan sus voces y el sonido del trono se oye en todos los cielos y todos los santos del campamento de arriba saben que el trono está por juzgar al mundo y los del *Sanhedrín* se sientan para el juicio. Inmediatamente el más joven comienza y se pronuncia por el mérito, luego todos empiezan y se pronuncian por el mérito, y uno tras otro hasta que el caso dependa de los grandes. Y, ciertamente, éste es el secreto de la verdad y el principio correcto «Si tuviera cerca de él un mensajero, un intérprete, uno entre mil que mostrare al hombre su rectitud»[237] y «que le diga que Dios tuvo de él misericordia, que lo libró de descender al sepulcro, que halló rescate».[238] Y ciertamente, por lo tanto, se llama «mérito» pues se pronuncia por el mérito y todo el asunto es por el mérito hasta el momento del veredicto final. Y ciertamente todas las cosas y todos los asuntos del mundo son juzgados por ellos según ha sido escrito: «La sentencia es por decreto de los vigilantes, y por dicho de los santos la demanda»,[239] salvo tres cosas, nuestros

---

237. Véase *Job* (XXXIII-23).
238. Véase *Job* (XXXIII-24).
239. Véase *Daniel* (IV-17).

maestros, de bendita memoria dijeron que los hijos, la vida y el sustento no dependen del mérito, sino que dependen del *Mazal*.[240]

וכבר ידעתי מי הוא המזל כי כבר התעוררנו ואמרנו מה שהודיעו ז"ל
בעומק סתריהם בסוד המזל כי הוא יתברך שמו הוא הוא המזל אשר
כל הדברים מזילין מתוכו ונשפעים ממנו המזל הוא המשקה אמנם
כי את כל פני האדמה והוא המזל הגדול למעלה מן הכסא, ועל כן
סוד שלשה דרכים הללו הם במזל העליון ולא באותו היכל זכות
אשר הסנהדרין שם ועל ברורה מן התורה בפסוקים ידועים, אמנם כי
סודם ועניינם תלויים ברחמים למעלה, בני הוא סוד ענין אמרו בחנה
שהטיחה דברים כלפי מעלה כאמרם ז"ל ותתפלל על ה' ובכה תבכה,
והבן דהא במזלא תליא מלתא, וחיי דכתיב הנני יוסף על ימיך חמש
עשרה שנה, יוסף ולא מוסיף במזלא, והבן מזוני דכתיב השלך על ה'
יהבך והוא יכלכלך, והבן דהא במזלא תליא מלתא, ואמנם כי סוד
בית דין של מטה הוא סוד הענין אשר אמרנו בהיות התובע עומד
ותובע והעדים מעידים והם עיני ה' משוטטות בכל הארץ, והתבונן
התובע מי הוא ואמנם כי הנחש היה ערום ועל כן יעשה בדעת הע־
דים ויציל נפשו מני שחת בדרך התשובה לאור באור החיים:

Y ya sabes qué es el *Mazal* porque ya hemos hablado y dicho lo que nuestros maestros, de bendita memoria nos han enseñado en lo más profundo de sus secretos a propósito del misterio del *Mazal*, a saber, que es Él, bendito sea su nombre, el *Mazal* del que todo llovizna y del que todo recibe su influjo. Este *Mazal* impregna la superficie de la Tierra y es el *Mazal* situado por encima del trono. Y, por lo tanto, el secreto de estas tres cosas está en el *Mazal* Supremo y no en el palacio del mérito en el que está el *Sanhedrín* y en la palabra de los que son juzgados por las demás cuestiones; y hay una prueba clara en la *Torah* en versículos conocidos, aunque su secreto su naturaleza dependen de la misericordia de arriba. Los niños son un asunto secreto de lo que se

---

240. Véase Zohar (I-181a), volumen VI de nuestra edición, pág. 142, Barcelona, 2008.

dijo a propósito de Janah que cometió blasfemia, como ha sido dicho: «Y ella con amargura de alma oró al Eterno llorando abundantemente».[241] Y comprende que dependía del *Mazal*. Y la vida, ha sido escrito: «he aquí que yo añado a tus días quince años»,[242] *Iosif* y no *Mosif* depende del *Mazal*, entiéndelo, y en cuanto al sustento, ha sido escrito: «Echa sobre el Eterno tu carga, y él te sustentará».[243] Y entiende que esto depende del *Mazal*, y de hecho que el secreto de un tribunal de abajo es el secreto del asunto que dijimos cuando el demandante se pone de pie y pleitea y los testigos testifican «Porque los ojos del Eterno contemplan toda la Tierra».[244] Comprende quién es el demandante y efectivamente «la serpiente era el más astuto»[245] y actuaría según la opinión de los testigos, y el alma se salvará del foso en el camino de la *Teshuvah* para ser iluminada por la luz de vida.

מזבח היא היא המדה, ואמנם כי שרי מזבחות היו מזבח החיצון ומ־
זבח הפנימי, מזבח של זהב הוא המזבח אשר לפני ה' והוא מזבח
הקטרת להקטיר עליו קטרת סמים בבקר ובערב בהיות הענין דק ופ־
נימי והוא סוד ענין עולם הנסתר, אמנם כי מזבח החיצון הוא המ־
זבח אשר אמרנו והוא מזבח הנחשת קטון מהיכל העולה וג', ועל
כן שתי מזבחות היו האחד פנימי והאחד חיצון, ועל הדרך הזה סוד
רחל ולאה בסודותן העומד בענין קבורתן זו בדרך נסתר פנימי וזו
בדרך נגלה בפרשת דרכים כפי הסוד אשר התעוררנו בספר שושן
עדות ובספר הרמון כי זה סוד נסתר וזה דרך נגלה והבן, וכבר התעו־
ררו בזה בסוד אלו ומפני שאחת מהם כה אמר ה' קול ברמה נשמע
רחל מבכה על בניה, ותרגם יונתן בן עוזיאל ואמר קל ברום שמייא
אשתמע שכנתא מבכה על בנהא, ואמנם כי סד מזבח הפנימי ומז־
בח החיצון דבר ידוע הוא כאשר אמרנו בהיות שני העולמות עומדים

---

241. Véase 1 *Samuel* (I-10).
242. Véase *Isaías* (XXXVIII-5).
243. Véase *Salmos* (LV-2
244. Véase 2 *Crónicas* (XVI-9).
245. Véase *Génesis* (III-1).

ברצון זה פנימי וזה חיצון, זה פנימי להקריב עליו דברים פנימיים וד־
קים כפי הראוי כי סוד אותו המזבח דברים דקים ופנימים וענין אותו
מזבח החיצון דברים גסים ועבים יותר כי כך עניינו וסודו ודי בזה
למשכיל:

El altar es la *Middah,* y ciertamente había dos altares, que eran el
altar exterior y el altar interior. El altar de oro es el altar que está delante del Eterno y es el altar del incienso que se quemaba en él por la
mañana y por la tarde, ya que era una realidad sutil e interior y es el
secreto de la *Middah* del mundo oculto. Ciertamente el altar exterior
es el altar del que hablamos y es «el altar de bronce que estaba delante
del Eterno era demasiado pequeño, y no cabían en él los holocaustos».[246] De este modo, había dos altares, uno interior y otro exterior. El
secreto de Raquel y Leah está de acuerdo con esta estructura que se
refiere a su significado oculto y esto se revela en la manera en la que
fueron enterradas, una de manera oculta e interior y la otra de una
manera visible en la encrucijada de los caminos, según el secreto que
desvelamos en el libro *La rosa del testimonio* y en el *Libro de la granada,*
porque es un secreto escondido y el otro es una forma revelada. ¡Compréndelo! Y el secreto de estas cosas ya ha sido tratado y una de ellas
«Así dijo el Eterno: voz fue oída en Ramá, llanto y lloro amargo; Raquel que lamenta por sus hijos, no quiso ser consolada acerca de sus
hijos».[247] Y Ionatan ben Uziel tradujo este versículo como «se escuchó
una voz en lo alto de los cielos, la Shekinah llora a sus hijos». Ciertamente el secreto del altar interior y del altar exterior es una cosa conocida, como hemos dicho, pues hay dos mundos en el seno de la voluntad, uno interior y otro exterior. En el interior se sacrifican las cosas
interiores y sutiles como debe ser, porque el secreto de este altar son las
cosas sutiles e interiores y la materia del altar externo es más grosera y
más espesa porque esa es su naturaleza y su secreto y esto es suficiente
para los esclarecidos.

---

246. Véase 1 *Reyes* (VIII-64).
247. Véase *Jeremías* (XXXI-15).

שמטה כבר פירשנו והתעוררנו בספר הרמון שהוא טעמי המצות
ענין סוד השמטה וסוד היובל, וכבר התעוררנו בסוד המדה הזאת
בהיותה שולטת מקץ שבע שנים, ואין להאריך ולחזור העניינים כמ־
תחלה ודי:

Shemitah, ya hemos interpretado y desvelado en el *Libro de la granada*, sobre las razones de las *Mitzvot*, el secreto del año jubilar y el secreto del Jubileo, y ya hemos desvelado en el secreto de esa *Middah* que predomina durante siete años, y no nos extenderemos sobre estas cosas ni nos repetiremos.

כנסת ישראל כבר ידוע הוא בהיות כנסת ישראל הכלולה מסוד
שש קצוות, ואמנם כי כנסת על שהיא כונסת וכוללת לענין ישראל
של מעלה, והתבונן כי יש מפרשים כנסת כמו המאורשה המחוב־
רת בבעלה והמתחברת תמיד עמו, וכוללת כל השפע הנמשך והיורד
מעם ישראל סבא, ואמנם כי היא כלולה מסוד השש קצוות אשר
התעוררנו בהם בתחלה:

La Asamblea de Israel, ya se sabe que la Asamblea de Israel, es parte del secreto de los seis extremos, y ciertamente la Asamblea es por que convoca e incluye lo que se refiere al Israel de arriba, y observa que hay comentaristas que dicen que la palabra *Knesset* (Asamblea) designa a la joven esposa unida con su esposo y siempre se une con él, e incluye toda la abundancia que emana y desciende del pueblo de Israel Antiguo y ciertamente está contenida en el secreto de los seis extremos de los que hablamos al principio.

דוד המלך היא היא המדה הזאת ועל שם שדוד המלך הכין לבו ור־
עיוניו לכונן אותה ולסעדה כדת וחוקה באמת ובצדקה ולפיכך נקרא
על שמו, וזהו הסוד ובקשו את ה' אלהיהם ואת דוד מלכם אשר
אקים להם, אשר אקים להם מן העפר כמו אמרו אקים את סכת דוד
הנופלת, ואמנם כי דוד המלך הוא בחבור סוד האבות להיות מרכ־

בה שלימה, ועל דרך הסוד האמיתי תמצא כי דוד לא היה מלך עד
שנתחבר עם האבות, ושם בחברון מלך שבע שנים ושם היה חבר-
רו עם האבות להיות מרכבה שלימה, אמנם כי סוד דוד המלך אמרו
ז"ל דוד המלך חי וקיים לעולם ולעולמי עולמים, והכל בסוד אחד כי
כפי אשר האבות אברהם ויצחק ויעקב זכו בסוד המדרגות שלש-
תם והשתדלו בהם נקראו על שמותם כך דוד המלך השתדל כל ימיו
בנועם סוד המדרגה כאשר אמרנו והיא היא המדרגה שלו, ואמרו
ז"ל דוד המלך חי שבעים שנה והוא סדר הענין הנכון, ואמנם אמרו
כשהראה הב"ה לאדם הראשון כל הדורות הבאים לעולם הראה לו
לדוד המלך המלך המשובח שבכל המלכים וראה שאין לו חיים כלל
בעולם אמר לפניו רבונו של עולם וכו', מיד נתן לו שבעים שנה מש-
נותיו ועל כן תמצא שחסרו שבעים שנה משנותיו של אדם הראשון,
והמלך דוד חי אותם שבעים שנה שחסרו לו, ועל הדרך הפנימי בדרך
נסתר יותר תמצא סוד אדם הראשון שהוא מאברהם עד יוסף הצ-
דיק, ושם תמצא כי אברהם חסרו משנותיו לשנותיו של יצחק חמש
שנים שהניח לדוד המלך, ויעקב ע"ה שחסרו משנותיו לשנותיו של
אברהם עשרים ושמנה שנה, הרי לך שלושים ושלש שנים יוסף הצ-
דיק שחסרו משנותיו לשנותיו של יעקב ע"ה שלשים ושבע שנה,
הרי לך שבעים שנה שהניחו לדוד לחיות בהם סוד שהם סוד אדם הרא-
שון, ואמנם כי סוד המלך דוד ע"ה אשר אמרנו הוא מדתן של מלכים
והוא מלך על כל העולם וכבר הודענו זה והתעוררנו בסודו ועניינו:

El Rey David es esta *Middah* y como el Rey David preparó su corazón y sus pensamientos para prepararla y sostenerla según la regla y la
ley en verdad y en justicia, por lo tanto, lleva su nombre. Y éste es el
secreto «y buscarás al Eterno tu Dios y a David tu rey»[248] que yo os levantaré, o sea los levantaré del polvo según ha sido dicho: «En aquel día
yo levantaré el Tabernáculo de David, caído»,[249] y ciertamente el Rey
David está unido al secreto de los patriarcas para que el carro esté completo y a través del verdadero secreto encontrarás que David no fue rey
hasta que se unió con los patriarcas, y allí en Hebrón reinó siete años

---

248. Véase *Oseas* (III-5).
249. Véase *Amós* (IX-11).

y allí tuvo lugar su asociación con los patriarcas para que el carro fuera completo, ciertamente, a propósito del secreto del rey David nuestros maestros, de bendita memoria, dijeron que rey David está vivo y existe por los siglos de los siglos.[250] Y todo en un secreto porque así como los patriarcas Abraham, Isaac y Jacob merecieron el secreto de los tres grados y se esforzaron en ellos, fueron nombrados en su honor, así el Rey David se esforzó todos sus días en la gracia del secreto del grado como dijimos y fue su grado. Y dijeron nuestros maestros, de bendita memoria, que el rey David vivió setenta años y este orden es el correcto, y ciertamente dijeron que cuando el Santo, bendito sea le mostró al primer hombre todas las generaciones por venir al mundo, le mostró al rey David, el mejor rey de todos los reyes, y vio que no tenía vida en absoluto en este mundo. Dijo delante de él «Señor del mundo, etc.». Inmediatamente le dio setenta años de sus años y, por lo tanto, encontrarás que faltan setenta años de los años del primer hombre y el rey David vivió esos setenta años que le faltaban, y según el camino interior, el camino más oculto, encontrarás el secreto del primer hombre que es desde Abraham hasta José el justo, y descubrirás que a Abraham le faltaron desde sus años hasta los años de Isaac los cinco años que dejó al rey David. En cuanto a Jacob, que descanse en paz, le faltan veintiocho años respecto a los años de Abraham, en total treinta y tres años. José el justo le faltan treinta y siete años respecto a los años de Jacob, lo que totaliza los setenta años que dejaron a David para que los viva, cuales son el secreto del primer hombre. Y ciertamente el secreto del Rey David, que descanse en paz, que explicamos es la *Middah* de los reyes y él es el rey de todo el mundo y ya hemos desvelado su secreto y sus características.

---

250. Véase Talmud, tratado de Rosh *haShannah* (25a). Véase también Zohar (I-58a) pág. 202 del volumen II de nuestra edición, Barcelona, 2007.

לבנה הלבנה אינה מאירה זולתי מאור השמש כי אין לה אור מעצ־
מה כלום, ואמנם כי בכמה מקומות התעוררו ז"ל בענין זה ודבר זה
הוא ידוע עליו ובכמה מקומות התעוררנו בזה, ואמנם כי סוד דרך
זה התעוררנו בספר הרמוז, והנה משבעה רקיעים אשר התעוררנו
בתחלה כפי אשר אמרנו ז"ל זהו הרקיע האחרון אשר הוא סוף המ־
חשבה, וגם לדברי הפילוסופין לנגד זה שבעה רקיעים המשמשים
שבעה כוכבי לכת והם שבעה גלגלי התנועה, גלגל לבנה, גלגל כוכב,
גלגל נוגה, גלגל חמה, גלגל מאזנים, גלגל צדק, גלגל שבתי, אלו הם
שבעה גלגלי התנועה אשר הם בשבעה כוכבי לכת, וכל רקיע ורקיע
יש בו כוכב ידוע להנהיג העולם השפל במחקר הסודות כפי מאמר
צור נורא תהלות כפי הכח אשר בה בלבנה המאירה מאור השמש
וכפי מהלך השמש אצל הלבנה כך הלבנה מאירה לעצמה ומאירה
לעולם השפל, ואמנם כי סוד הלבנה העליונה היא המאירה לסוד
העולם השפל ולעולם השפלים הנפרדים, ואמנם כי סוד הלבנה היא
המלך אשר אמרנו בתחלה, והתבונן כי סוד הלבנה אשר אמרנו כבר
אמרו ז"ל בכמה מקומות אמרה הלבנה לפני הב"ה רבונו של עולם
וכו', ואמנם כי סוד הענין הזה כבר ידוע הוא ואין להאריך כי ידוע
הוא שאור הלבנה היא ממדת יסוד המאיר לה:

La Luna. La Luna no brilla más que a partir de la luz del Sol porque
no tiene luz propia. Y ciertamente, nuestros maestros, de bendita memoria han tratado este asunto en muchos lugares y esta cosa es conocida y la hemos explicado en varias ocasiones y más especialmente hemos
tratado del secreto de este asunto en nuestro *Libro de la Granada*. Y de
los siete cielos de los que hablamos al principio de acuerdo a lo que
dijeron nuestros maestros, de bendita memoria, éste es el último firmamento que es el fin del pensamiento, y también de acuerdo con la filo-
sofía hay siete firmamentos que sirven a siete planetas y son las siete
esferas motrices. La esfera de la Luna, la esfera de Mercurio, la esfera
de Venus, la esfera del Sol, la esfera de Marte, la esfera de Júpiter, la
esfera de Saturno, éstas son las siete esferas motrices que corresponden
a los siete planetas. Y cada firmamento encierra una estrella conocida
para guiar al mundo de abajo en la ciencia de los secretos, según la palabra de la roca terrible en función del poder de la Luna que brilla con

la luz del Sol y según el curso del Sol con la Luna para que la Luna brille por sí misma e ilumine el mundo de abajo. Y, ciertamente, el secreto de la Luna de arriba es que ilumina el secreto del mundo de abajo y el mundo de la separación, y ciertamente el secreto de la Luna es el rey del que hablamos al principio, Y comprende que el secreto de la Luna del que hemos hablado ya ha sido mencionado por nuestros maestros, de bendita memoria, en diversos lugares: la Luna dijo ante el Santo, bendito sea, «Señor del mundo, etc.». y efectivamente el secreto de este asunto ya se conoce y no debemos extendernos porque es sabido que la luz de la Luna procede de la *Middah* de Iesod, que la ilumina.

אספקלריא שאינה מאירה כבר אמרנו והתעוררנו בסוד האספקל־
ריא שאינה מאירה וכי הוא אין לה אור מעצמה כלום, כי גם אמנם
אספקלריא שאינה מאירה היא הכוללת כל המאורות ומתוכה היו
הנביאים רואים ומגיעים לסוד נבואתם ואע"פ שהם לא היו משיגים
לסוד אספקלריא המאירה מתוך זאת שאינה מצוחצחת יכולין לס־
בול אור זוהר נבואתם ומשיגים הענין והיו יכולין להסתכל במאורות,
שאלמלא היתה מצוחצחת לא היו יכולין להסתכל ולהשיג הנבואה,
ויש לך לדעת וראיה ברורה מסוד פניו של משה ע"ה אדון הנביאים
דהא מפני כי קרן עור פניו מה דכתיב ויראו מגשת אליו עד שנתן
על פניו מסוה, ומה אם פני של משה לא היה יכולין להסתכל ול־
ראות כל שכן בזוהר הפנים המאירים שלא יוכלו להסתכל בשום
צד בעולם וכל חכמתם וראייתם תתבלע ולא יוכלו לסבול בשום צד
בעולם, אבל מתוך סוד אספקלריא שאינה מאירה היו יכולין להס־
תכל וליהנות ולהשיג מתוך מעלות הנבואה נבואתם על דרך האמת
ואע"פ שהיו רואים מרחוק כראיית האדם בשמש שמתוך דבר אחר
יוכל האדם להסתכל וליהנות בשמש ולהועיל ממנו, ועל כן תוע־
לת העולמות למטה אינו אלא מתוך אספקלריא שאינה מאירה כדי
להיות תועלת לכל העולמות מזוהר של מעלה, שאלמלא היא לא
יוכלו כל העולמות למטה לסבול אור הזוהר הפנימי, כענין שברא
הב"ה אור לבושו שהלביש אור פנימי באור אחר הנקרא אור לבושו,
ואמנם התעורר והבן לך ושים מחשבותיך לרמזי הסתרים, ודיי למ־
שכיל:

Espejo que no brilla. Ya hemos dicho y desvelado el secreto de un espejo que no brilla y que no tiene ninguna luz propia, porque el espejo que no brilla recoge todas las luces y a través de él los profetas veían y alcanzaban el secreto de su profecía y aunque no llegaran al secreto del espejo luminoso, a través del que no brilla podían soportar la luz de su profecía y acceder el asunto y contemplar las luminarias porque si hubiera sido luminoso no podrían haber contemplado y obtenido la profecía. Y has de saber que existe una evidencia del secreto del rostro de Moisés, que en paz descanse, el Señor de los profetas, porque su piel y su rostro irradiaban ha sido escrito «tuvieron temor de acercarse a él»[251] hasta que «puso un velo sobre su rostro».[252] Y si no eran capaces de ver y contemplar el rostro de Moisés, tanto más el resplandor de los rostros luminosos que no podían contemplar de ningún modo, y toda su sabiduría y su visión habría desaparecido y no podrían soportarla de ninguna manera. Sin embargo, gracias al espejo que no brilla podían contemplar, gozar y acceder a la profecía, en el camino de la verdad, a través de los grados proféticos. Y aunque la vieran de lejos, como un hombre ve el Sol, pues un hombre puede contemplar el Sol a través de otro objeto, gozar de él y beneficiarse. Y así, el beneficio de los mundos de abajo es sólo a través del espejo que no brilla para que todos los mundos se beneficien del resplandor de arriba. Y efectivamente, sin él los mundos de abajo no podrían soportar la luz del esplendor interior. De este modo, el Santo, bendito sea, creó la luz de su vestido, revistió la luz interior con otra luz llamada luz de su vestido. Despierta y comprende, y pon tus pensamientos en las alusiones a los misterios, y esto es suficiente para los esclarecidos.

ירושלים כשם שיש ירושלם למטה כך יש ירושלם למעלה, כאמ־
רם ז"ל דכתיב ירושלם הבנויה כעיר שחברה לה יחדו, כשם שיש
ירושלם למטה כך יש ירושלם למעלה, וחומות וחיל ואשיות מוקף

---

251. Véase *Éxodo* (XXXIV-30).
252. Véase *Éxodo* (XXXIV-33).

באבנים טובות ומרגליות והיא ירושלם עיר הקדש, וזו של מטה עו־
מדת כנגד אותה של מעלה וצורתה ודמיונה ועניינה הכל שם והע־
זרות והלשכות ובית ההיכל והדביר והפרוכות ובית קדש הקדשים
הכל הוא שם וזה מכוון כנגד זה, ועל זה אמרו ז"ל נשבע הב"ה שלא
יכנס בירושלם של מעלה עד שיכנסו ישראל בירושלם של מטה דכ־
תיב בקרבך קדוש ולא אבוא בעיר, ואמנם כי בסוד יסוד עמודים
ושם הכהן הגדול מיכאל עומד ומקריב קרבן בירושלם של מעלה, כי
הוא הכהן הגדול המקריב קרבן הנפשות לפני המקום ב"ה, ואמנם כי
כשם שיש כהן גדול למטה כך יש כהן גדול למעלה, ומקריב קרבנות
לפני המקום ב"ה ושם מזבח וכליו והנפשות הן הן קרבן לריח ניחוח,
והעזרות שם והלוים עומדים על משמרותם בדוכנם משוררים שיר
ושבח לפני המקום ב"ה, ואמנם כי כבר התעוררו ז"ל ואמרו מחלקות
תפקידם של מלאכי השרת בשלש משמרות דהוי הלילה, דהא כשם
דאיכא משמרות בארעא כך יש משמרות ברקיעא, והתעוררו במד־
רש ואמרו שלש משמרות דהוי הלילה משמרות של מלאכי השרת
משוררים לפני המקום ב"ה בכל משמרה ומשמרה, משמרה ראשו־
נה עומדים מלאכי השרת ומשוררים לפני המקום ב"ה בתחלת הלי־
לה בשעה שבני אדם שוכבים על מטותם מפקידים רוחם בידו של
הב"ה ויוצאות ומשוטטות כל אחת ואחת כדי לעלות ולחזות בנועם
ה', ואמרו תפקידם של מלאכי השרת עומדים במשמרה הראשונה
ומשוררים ומה שירה אומרים לדוד משמור לה' הארץ ומלואה תבל
ויושבי בה כי הוא על ימים יסדה ועל נהרות יכוננה, מי יעלה בהר
ה' ומי יקום במקום קדשו, נקי כפים ובר לבב וגו', להורות שאע"פ
שהרוחות עולות ומשוטטות, אינן נכנסות אלא ברשות, משמרה
שנייה בחצות הלילה כשמתעורר רוח הצפון מלאכי השרת עומדים
על משמרתם והם הנקראים אבילי ציון אותם שבכו על חרבן בית
המקדש בשעה שנחרב דכתיב הן אראלם צעקו חוצה מלאכי שלום
מר יבכיון מר בכו לא כתיב אלא יבכיון תמיד והם משוררים באותה
שעה ומה שירה אומרים על נהרות בבל שם ישבנו גם בכינו וגו'
מפני שהם הנקראים אבילי ציון, משמרה השלישית בשעה שעולה
עמוד השחר כל אותם הנקראים בני אלהים וכל שאר הכוכבים הס־
דורים במרום כולם משוררים לפני המקום ב"ה, ומה שירה אומרים
הרנינו לאלהים עוזנו וגו' הדא הוא דכתיב ברן יחד כוכבי בקר וייריעו
כל בני אלהים כן ראיתי במדרש וכל אלו המשמרות הם משוררים

155

בירושלם של מעלה כדוגמת הלוים המשוררים על דוכנם בירושלם
של מטה, ואמנם כי ירושלם של מעלה היא הבנויה תמיד לעולם ועד
ואע"פ שהיא בגלות עם בניה, ודי במה שרמזנו כי הדבר ידוע הוא
למשכילים:

Jerusalén, así como hay una Jerusalén abajo, también hay una Jerusalén arriba, como dicen nuestros maestros, de bendita memoria a propósito del versículo: «Jerusalén, la que es edificada como una ciudad
que está bien unida entre sí».[253] Así como está Jerusalén abajo, también
está Jerusalén arriba, y los muros y las murallas y los fundamentos están rodeados de gemas y perlas y es Jerusalén, la Ciudad Santa. Y la de
abajo se alza frente a la de arriba y su forma, su imagen y su constitu-
ción, todo está allí y los patios y las salas y la casa del templo y el santuario y las cortinas y el lugar del *Sancta Sanctorum* todo está allí y una
cosa corresponde a la otra. Y a propósito de esto dijeron nuestros maestros, de bendita memoria: «El Santo, bendito sea, juró que no entraría
en la Jerusalén de arriba hasta que Israel entrara en la Jerusalén de
abajo, como ha sido escrito: «el Santo en medio de ti; y no entraré en
la ciudad».[254] Y ciertamente es por el secreto de Iesod que está de pie
allí por lo que el sumo sacerdote Miguel y ofrece un sacrificio en la
Jerusalén de arriba, porque él es el sumo sacerdote que sacrifica las
almas ante el Lugar, bendito sea. Y, ciertamente, así como hay un sumo sacerdote abajo, también hay un sumo sacerdote arriba, y ofrece
sacrificios delante del Lugar, bendito sea, y hay allí un altar y sus uten-
silios y en cuanto a las almas ellas un sacrificio pacificador, y allí hay
diversos patios y los levitas montan guardia en su puesto cantando
cánticos de alabanza ante el Lugar, bendito sea. Y, ciertamente, nuestros maestros, de bendita memoria ya lo habían desvelado y han dicho
que los ángeles oficiantes están repartidos en tres turnos que compren-
den la noche y así como hay turnos en la Tierra, hay turnos en el fir-

---

253. Véase *Salmos* (CXXII-3).
254. Véase *Oseas* (XI-9).

mamento y han tratado de ello en el *Midrash* y han dicho[255] que los tres turnos de la noche son los turnos de los ángeles oficiantes que cantan ante el Santo, bendito sea, en cada turno y turno. En el primer turno los ángeles oficiantes se levantan y cantan delante del Lugar, bendito sea, al comienzo de la noche, mientras los seres humanos se acuestan sobre sus camas, colocan su espíritu en las manos del Santo, bendito sea, y salen y vagan uno por uno para contemplar la bondad del Eterno. Y dijeron que el papel de los ángeles oficiantes está en la primera vigilia y cantan. ¿Y qué cantan? «Salmo de David. Del Eterno es la Tierra y su plenitud; el mundo, y los que en él habitan. Porque él la fundó sobre los mares, y sobre los ríos la afirmó. ¿Quién subirá al monte del Eterno? ¿Y quién estará en el lugar de su santidad? El limpio de manos, y puro de corazón».[256] Para indicar que, aunque los espíritus se eleven y deambulen, sólo ingresan con un permiso. El segundo turno comienza a la medianoche cuando el viento del norte despierta a los ángeles oficiantes que están de guardia y se llaman enlutados de Sion, los que lloraron por la destrucción del Templo cuando fue devastado según ha sido escrito: «He aquí, que sus embajadores darán voces afuera, los mensajeros de paz llorarán amargamente».[257] No está escrito «lloraban» sino «llorarán». Llorarán y cantarán sin cesar. ¿Qué canción? «Junto a los ríos de Babilonia, allí nos sentábamos, y aun llorábamos, acordándonos de Sion»,[258] por lo cual son llamados «los enlutados de Sion». El tercer turno cuando la aurora se levanta, todos aquellos que son llamados hijos de Dios y todas las otras estrellas dispuestas en los cielos cantan ante el Lugar, bendito sea. ¿Qué canción? «Cantad a Dios, fortaleza nuestra»;[259] como ha sido escrito: «Cuando las estrellas todas del alba alababan, Y se regocijaban todos los hijos de Dios»[260] y

---

255. Véase Zohar (II-195b), volumen XVI de nuestra edición, pág. 21 y ss., Barcelona 2013.
256. Véase *Salmos* (XXIV-1 y ss.).
257. Véase *Isaías* (XXXIII-7).
258. Véase *Salmos* (CXXXVII-1).
259. Véase *Salmos* (LXXXI-2).
260. Véase *Job* (XXXVIII-7).

es lo que he visto en el *Midrash,* y todos estos ángeles cantan en la Jerusalén de arriba como los levitas que cantan en su tribuna en Jerusalén de abajo. Es ciertamente Jerusalén de arriba está construida para siempre para la eternidad a pesar de que esté en el exilio junto con sus hijos, y es suficiente con lo que hemos insinuado pues la cosa es conocida por los esclarecidos.

המלך המשיח הוא הענין הידוע כי הוא המלך ומשוח בשלטונות
העולם בשמן המור המבושם מכל מיני בשמים והוא השמן הטוב
היורד על הררי ציון כי שם צוה ה' את הברכה חיים עד העולם ואמ־
נם כי המלך שמח כשיורד השמן הטוב על פי המדות העליונות והוא
נמשח ממנו ומפיג אותו להיות המלך ביופיו ותיקון מעלתו ועל כן
שמחתו שמחת עולם ועד והוא השמן הטוב אשר אמרנו לו יכולת
ושלטונות בעולם ואמנם על סוד המדה הזאת הידועה המלך המשיח
עומד למטה ויהיה לו יכולת על כל העולם ושלטונות על כל יוש־
בי הארץ כאמרו וירד מים עד ים ומנהר עד אפסי ארץ לפניו יכרעו
ציים וגו' מלכי תרשיש ואיים מנחה ישיבו וגו' והשתחוו לו כל מל־
כים וגו' ואמנם כי לפיכך הדרך הזה הוא עומד בארץ בדוגמא ממש
ואז יהיה אור הלבנה כאור החמה ואור החמה יהיה שבעתים והת־
בונן כי לפיכך משיחת המלכים שנמשך באותו השמן להיות מלכותם
נמשכת מעם המדרגה הזאת, ואמרו כי אותם שנמשחו בקרן נמש־
כה מלכותם, ואמנם שלא נמשחו בקרן לא נמשכו מלכותם כי אותם
שנמשחו בקרן נטלו המלכות מעם קרן השמן והוא מלכות דוד ועל
כן נקראת מלכות שמים קרן השמן היורד מלמעלה, ודוד זכה להיות
נמשח בקרן על סוד התדבקותו בענין מלכות שמים והוא איש מע־
רכה מנעוריו והשתדל תמיד לכונן אותה והתדבק בה וירש המלכות
הוא ובניו אחריו ברית עולם:

El Rey Mesías, se trata de un asunto conocido porque es el Rey y está ungido para dominar el mundo en el aceite de mirra perfumado con toda clase de perfumes y es el aceite bueno «que desciende sobre los montes de Sion. Porque allí envía el Eterno bendición, y vida eterna».[261] Y ciertamente el rey es feliz cuando el aceite bueno desciende a través de las dimensiones supremas y es ungido de él y esto para ser el rey en su belleza y en la perfección de su rango, y por lo tanto su gozo es gozo eterno y es el bien. En cuanto al aceite del que hemos hablado, le da capacidad de dominación sobre todo el mundo y autoridad sobre todos los habitantes de la Tierra, según ha sido dicho: «Y dominará de mar a mar, y desde el río hasta los confines de la Tierra. Delante de él se postrarán los etíopes; y sus enemigos lamerán la tierra. Los reyes de Tarsis y de las islas traerán presentes; los reyes de Saba y de Seba ofrecerán dones. Y se arrodillarán a él todos los reyes; le servirán todos los gentiles».[262] Y ciertamente, de esta manera se encuentra en la Tierra según este mismo modelo y entonces «la luz de la Luna será como la luz del Sol, y la luz del Sol siete veces más fuerte» y has de entender que, por lo tanto, la unción de reyes se hacía en el mismo aceite para que su realeza proceda de este grado. Y ciertamente, han dicho que los que fueron ungidos con el cuerno su reinado se perpetuaba, mientras que aquellos que no fueron ungidos con el cuerno su reinado no se perpetuaba, porque los que fueron ungidos con el cuerno tomaron el reinado del cuerno de aceite y es la realeza de David. Y David tuvo el mérito de ser por el secreto de su apego al reino de los cielos y él era en realidad un hombre de campaña desde su juventud y siempre trató de establecerla y se adhirió a ella y al reino que él y sus hijos heredaron en una alianza eterna.

שכינה של מטה כבר אמרנו והתעוררנו בסוד שכינה של מעלה וסוד
שכינה של מטה, ואמרו ז"ל כשם שיש שכינה למעלה כך יש שכי-
נה למטה, והיא אותה של מטה דוגמת שכינה של מעלה, ודוגמת
כל העניינים אשר יש לשכינה של מעלה וכל אותם השמות וכל הע-
ניינים באשר היא משפעת לצנורות העליונים כאותו דוגמא ממש
היא משפעת לתחתונים כדי לתת להם שפע ולזון אותם, ועל כן היא

---

261. Véase *Salmos* (CXXXIII-3)
262. Véase *Salmos* (LXXII-8 a 11).

נקראת אשת חיל עטרת בעלה כלומר עטרת תפארת, ומפני כי היא
שכינה לדור עם התחתונים היא משפעת אותם ונותנת בהם כח וחיל
וכל ספוקי צרכם כאמרו ותקם בעוד לילה ותתן טרף לביתה וחוק
לנערותיה כי ודאי אשת חיל היא, והיא אסתר בת אביחיל, אמנם כי
היא דירתה למטה ודירתה למעלה והכל על דרך אחד:

La Shekinah de abajo, como hemos dicho y desvelado, está en el secreto de la Shekinah de arriba y el secreto de la Shekinah de abajo. Y dijeron nuestros maestros, de bendita memoria, así como hay una Shekinah arriba, también hay una Shekinah abajo, y la de abajo es el reflejo de la Shekinah de arriba. Y el ejemplo de todas las cosas que tiene la Shekinah de arriba y todos esos nombres y todos esos asuntos que derrama en los tubos superiores se encuentran exactamente en los inferiores para darles abundancia y nutrirlos, y por eso es llamada la mujer virtuosa que es corona de su marido, es decir, corona de Tiferet. Y porque ella es una Shekinah para con los de abajo y se derrama sobre ellos y les da fuerza y poder y satisface todas sus necesidades, como ha sido dicho: «se levantó aun de noche, y dio comida a su familia, y ración a sus criadas»[263] ya que evidentemente es una mujer virtuosa y es Esther, la hija de Abigail, y ciertamente su apartamento está abajo y su apartamento está arriba y todo de una sola manera.

שאלוני אם השכינה היא דירתה בתחתונים כאשר הודיעונו הקדמו־
נים, ובזמן שהיה בית המקדש קיים השכינה יורדת ועומדת על שני
הכרובים ודירתה עם התחתונים ולאחר כך כמו כן השכינה דירתה
עם התחתונים בבתי כנסיות ובבתי מדרשות, אם כן הרי אין מקו־
מה למעלה ואין דירתה שמה כי כבר חסר מקומה למעלה, ואינו נכון
להיותה מחוסרת מקומה מעם העליונים ובמה יתפרנסו ואיך יכלו
עמוד, תשובה העניין הזה הוא עניין שאין צריך להשתדל האדם בדבר
זה לשאול כי כבר ידענו ידיעה ברורה כי מלוא כל הארץ כבודו והנה

---

263. Véase *Proverbios* (XXXI-15).

השמים ושמי השמים לא יכלכלוהו אף כי העולם הזה כי הוא קטן
ואין מקום פנוי מעלה ומטה מן השכינה כי היא כבודו של מקום,
ואמנם כי השכינה דירתה למעלה ודירתה למטה והכל הוא בבת
אחת, ועיין כי השמש עומד בשמים שהיא כוכב אחד מאותם שבעה
כוכבי לכת והחמה הוא בשמים בגלגל הרביעי והוא בכל הרקיעים
ובכל העולם מראש ועד סוף, ואמנם כי מכאן תוכל לדעת ומה אם
כוכב אחד עושה כך והוא מעלה ומטה הכל בבת אחת, כל שכן וכל
שכן כבודו של מקום שהשמים ושמי השמים לא יכלכלוהו שהוא
השוכן מעלה ומטה וממלא ומתפשט בכל העולמות ואין הפסק לה-
משכת כבודו, וחס וחלילה שאפי' מקום אחד שהמשכת כבודו כי
אפי' אלף עולמות כמו זה לא יכלכלוהו כבודו, ועל כן אין לתמוה
בהיות השכינה מעלה ומטה בבת אחת:

Me han preguntado si el apartamento de la Shekinah está abajo,
¿cómo lo supieron los antiguos? Mientras existía el Templo, la Shekinah descendía y se posaba sobre los dos querubines, su apartamento
estaba con los de abajo y luego también la Shekinah también reside con los de abajo en las sinagogas y las casas de estudio. Si es así, entonces su lugar no está arriba y su residencia tampoco porque desde
entonces su lugar ya no está arriba. Pero tampoco es cierto que su pre-
sencia falte a los de arriba, si no, ¿cómo podrían nutrirse y cómo podrían estar en pie? Respuesta: este asunto es un asunto por el cual el
hombre no debería esforzarse preguntándose a propósito de él, porque
ya sabíamos claramente que «toda la Tierra está llena de su gloria»[264] y
he aquí que "el cielo y los cielos de los cielos no pueden contenerle"[265]
y con más razón este mundo que es pequeño y no hay espacio arriba y
abajo que esté vacío de la Shekinah porque es la gloria del Lugar. Y,
ciertamente la Shekinah es su apartamento de arriba y su apartamento
dc abajo y todo es una misma cosa. Y considera que el Sol está en el
cielo es un astro de esos siete astros y el Sol está en el cielo en la cuarta
esfera y está en todos los cielos y en todo el mundo de principio a fin.

---

264. Véase *Isaías* (VI-3).
265. Véase 2 *Crónicas* (II-5).

Y ciertamente a partir de este ejemplo comprenderás qué pasa si una estrella se comporta de este modo y se encuentra arriba y abajo al mismo tiempo tanto más la gloria del Lugar que los cielos y los cielos de los cielos no pueden contener ya que habita arriba y abajo y llena y esparce en todos los mundos y no hay fin para la extensión de su gloria. Y Dios no quiera que incluso un lugar carezca de la extensión de su gloria, porque incluso mil mundos como éste no podrían contener su gloria. No es, pues, de extrañar que la Shekinah esté el mismo tiempo arriba y abajo.

שאלוני עוד אם כן הואיל וכבר התעוררת בסוד השכינה שהיא
מעלה ומטה והכל בבת אחת השכינה שכבר ידענו שהיא בגלות
היאך הוא אם היא למעלה הרי אינה בגלות ואם היא למטה הרי היא
חסרה למעלה מהו הענין הזה, תשובה הענין הזה הוא דבר טוב ונכון
ומה נחמד הענין להשכיל ותאוה הוא לעינים בהיות ידיעה דבר זה
גלוי לכל משכיל, תדע לך כי כי ענין השכינה בהיותה בגלות יש לדעת
מהו, כי בהיות ישראל יושבים על אדמתם בחיק אמותם השכינה
היא עומדת על משמרתה מעלה ומטה, ונאחזת לבטח בשני הצדדין
כי בהיותה שוכנת בשמחה עם בניה למטה השמחה במעונה למעלה
בהיות המלך הגדול בא אליה ובונה עליה מצודים גדולים וכל תע־
נוגים וכל השפעים באים אליה ומתעדנת ברוב שלום מעלה ומטה,
ועכשיו שגרמו העונות וישראל גלו מעל אדמתם ונחרב בית תפאר־
תם השכינה היא בגלות מכל הצדדין כי המלך הגדול נתעלה בכבודו
ואין דורש אותה כאמרו ציון היא דורש אין לה, דורש אין לה מלמ־
עלה שכבר נשבע הב"ה שלא יכנס בתוכה עד שיכנסו ישראל בירו־
שלם של מטה, וישראל בניה מלמטה אין דורש אותה בענין העבו־
דות והקרבנות ולא בשום דבר מכל צרכיה, ועל כן היא בגלות בכל
הצדדין בגלות מלמעלה כאשר אמרנו ובגלות מלמטה כפי הענין
הזה יש אמנם כי זהו גלותה. ועוד כי בתחלה בהיות ישראל יושבים
על אדמתם ברוב העבודות ותוכן העניינים ובניה קדושים השכינה
נמשכת מלמעלה למטה ועושה דירתה עמהם בבית הגדול והקדוש
שנקראת היא שם והיתה כאשה צנועה ואינה יוצאת מירכתי ביתה
החוצה והיא כגפן פוריה בירכתי ביתה, ועכשיו היא הולכת בגלות

אחריהם בכל מקומות מושבותיהם ובגלות הולכת תמיד עם ישראל
כדי לשמור אותם ולהגין בעדם, ועכשיו למעלה ולמטה ובכל הצ-
דדין היא בגלות וזהו הענין הנכון ודי הוא לכל משכיל אשר נחה עליו
הרוח:

Se me hizo otra pregunta más: si ya has tratado del secreto de la Shekinah que está arriba y abajo al mismo tiempo, y por otra parte sabemos que la Shekinah se encuentra en exilio, ¿cómo puede ser, ya que si está arriba no está en el exilio y si está abajo entonces está en el exilio? ¿Cómo podemos entender este asunto? Respuesta, esto es algo bueno y verdadero y qué deseable es ser esclarecido y qué agradable para los ojos ya que esto es evidente para toda persona esclarecida. Sabrás que debe conocerse de qué trata el asunto de la Shekinah que está en el exilio; cuando Israel habita en su tierra, en el seno de su madre la Shekinah, ésta está de guardia arriba y abajo. Y ciertamente se aferra a ambos lados porque al estar felizmente viviendo con sus hijos, la alegría está en su morada de arriba cuando «viene contra ella un gran rey, y cércala, y edifica contra ella grandes baluartes»[266] y todos los placeres y todas las abundancias vienen a ella y ella se deleita en paz arriba y abajo. Y ahora que las iniquidades han causado que Israel haya sido desterrado de su tierra y su casa de gloria de la Shekinah ha sido destruida, la Shekinah está en exilio por todas partes, ya que este gran rey se ha retirado en su secreto y ya no la busca, según ha sido dicho: «Sion, a la que nadie busca».[267] Nadie de arriba la busca ya que el Santo, bendito sea, ha jurado que no entraría en su seno hasta que los de Israel entren en la Jerusalén de abajo. Y los de Israel, sus hijos, no la buscan abajo en su culto, sus sacrificios y todo lo que se refiere a sus necesidades. De este modo está totalmente en exilio, exilio respecto a arriba, como hemos dicho, y exilio respecto abajo como hemos indicado y ese es su exilio. Además, originalmente, cuando los de Israel vivían en su tierra, debido a la multiplicidad de sus prácticas de culto, el

---

266. Véase *Eclesiastés* (IX-14).
267. Véase *Jeremías* (XXX-17).

contenido de sus ocupaciones y la santidad de sus hijos, la Shekinah fue atraída de arriba abajo y puso su residencia entre ellos en la gran y santa casa donde fue llamada, era como una mujer modesta que no abandona las paredes de su casa para salir al exterior, era como una vid fructífera en el fondo de su morada. Ahora se exilia siguiéndolos en todos los lugares en los que se establecen y en el exilio va siempre con los de Israel para guardarlos y protegerlos. Ahora, por lo tanto, por encima y por debajo y por todos lados está en el exilio. Ésta es la explicación correcta, será suficiente para cualquier esclarecido sobre el que descansa el espíritu.

כסא הכבוד הענין הזה הוא עיקר ותוכן סוד האמונה והעיקר האמיתי
בהיות זו המדרגה סוד הדת והאמונה אשר היא נקראת תורה שבעל
פה, כי הכסא היא תורה שבעל פה, וסוד הכבוד הוא תורה שבכתב,
בהיות תורה שבכתב בסוד המעלה העליונה והיא בהמשכת המעלה
העליונה הכבוד כמו כן הרוכב על הכסא הוא תורה שבכתב, ועל כל
פנים כי סוד ענין כסא הכבוד שני דברים שהם אחד בלי פירוד, ואמ-
נם כי הכל אחד, סוד אור הנר שהאור מורגש ומושכל והאור הוא
אחד בלי פירוד, וזהו סוד הכסא והכבוד והכל אחד ואין להפריד בי-
ניהם כי הוא עיקר גדול ושרש האמונה, והוא סוד נכון למבין:

Trono de gloria: este asunto es el principio y el contenido del secreto de la Fe, es el principio de verdad porque este grado es el secreto de la religión y la fe denominado *Torah* oral. El Trono es, en efecto, la *Torah* oral y el secreto de la gloria es la *Torah* escrita. Ya que la *Torah* escrita corresponde al secreto del grado superior y la otra procede del grado superior, del mismo modo que la gloria, que está encima del Trono, es la *Torah* escrita. Sea como fuere, el secreto de la noción del Trono de gloria son las dos cosas que son una, sin separación. Y ciertamente, todo es uno como el secreto de la luz de la lámpara, la luz es sensible e inteligible y una y no hay separación. Y no hay que hacer distinción entre ellos, pues es un gran principio y la raíz de la fe. Es un secreto válido para aquel que entiende.

עולם של מטה, אמנם כי סוד שני עולמות הן עולם של מעלה ועו־
לם של מטה, והכבוד הוא מן העולם ועד העולם מסוד העולם העליון
עד סוד העולם התחתון, כי זהו סוד עולם של מטה, ועולם זה שהוא
עולם של מטה ממנו שואבים כל העולמות למטה כפי אשר התעו־
ררנו, כי סוד העולם העליון כל הויותיו ויהיו לאחדים וסוד העולם של
מטה הוייתיו הם עולם הפירוד בסוד עולם הנפרדים כי אינם מתיח־
דות זולתי בעלותה ונקשרת למעלה, ובהיותה נקשרת למעלה היא
מתיחדת בסודה עם המדרגות שלם בייחוד אחד אמיתי וכל הויות זה
העולם של מטה כולם שואבים מתוכו, ועל זה הסוד נאמר הכפירים
שואגים לטרף ולבקש מאל אכולם, ועל עניינם וחדושם הכל הוא
מסוד זה העולם התחתון, והכל הוא נכון למבין ויושר למוצאי דעת:

Mundo de abajo: ciertamente, existe el secreto de dos mundos, el mundo de arriba y el de abajo y la gloria se extiende de un mundo al otro desde el secreto del mundo de arriba al secreto del mundo de abajo. Es el secreto del mundo de abajo. Y de este mundo, el mundo de abajo, obtienen todos los mundos inferiores, como hemos explicado. El secreto del mundo de arriba es que todas las esencias que contiene no son sino una. Y el secreto del Mundo de Abajo es que las esencias están en él constituyen el mundo de la separación según el secreto del mundo de los seres separados, pues no se une, sino cuando se eleva y se une a lo que está arriba. Y cuando se une a lo de arriba, se une en su secreto con una verdadera unión. Y todas las esencias de este Mundo de abajo y extraen de él y a propósito de este secreto ha sido dicho: «Los leones jóvenes rugen tras su presa y piden a Dios su alimento».[268] Su realidad, así como su renovación, proceden del secreto de este mundo de abajo. Todo es correcto para el que entiende, y correcto para los que han hallado el Daat.

---

268. Véase *Salmos* (CIV-21).

אבן שתייה אבן שממנה הושתת העולם, והיא סוד נקודה אחת כעין
של מעלה והיא ראשית אצל התחתונים וכל העולם למטה ממנה
הושתל ונבנה ונתהווה כעניין זה אבן שתייה למטה אשר ממנה הוש־
תל העולם ונבנה, כי היא סוד נקודה אחת ואין שום דבר נתהווה
זולתי מתוך נקודה אחת, וזהו סוד אמרו כפי אשר התעוררנו בסוד
אמרו דכתיב מזמור לאסף אל אלהים ה' דבר ויקרא ארץ ממזרח
שמש ועד מבואו, וכתיב מציון מכלל יופי אלהים הופיע, כי משם
הושתל העולם ונבנה, שאין בנין זולתי מתוך נקודה אחת, ועל כן
נקראת זו אבן שתייה כי היא התחלת כל הדברים וכל בנין העולם
בסודו ותכונתו, ואמנם כי סוד העולם העליון הוא נבנה מסוד נקו־
דה אחת שהיא עלומה ונסתרת כאשר התעוררנו למעלה, והתבונן
כי לפיכך סוד העולם שהוא עולם הנפרדים לא נתהווה זולתי מתוך
נקודה אחת וזו היא המדה הזאת אשר אמרנו בהיותה נקראת חכמה
קטנה כעניין סוד דוגמת הנקודה של מעלה שהיא חכמה עליונה,
ואמנם כי בהיותה סוד נקודה כל ההויות מתהוות מתוכה ונתהוים
מסודה, ועל הדרך הזה היא ואבן בוחן פנת יקרת נקראת אבן שתייה
אצל התחתונים, אדון כל הארץ נקרא, ארון הברית, והכל סוד ידוע
למשכילים:

Piedra de fundación: es la piedra a partir de la cual se estableció el mundo sobre sus cimientos. Es el secreto de un primer punto similar al de arriba, ya que es un principio con respecto a los seres inferiores y todo el universo de abajo fue implantado, construido y llegó a existir a partir de él, como es el caso de la piedra de fundación de abajo a partir de la cual se implantó y construyó el mundo, pues es el secreto del primer punto. Y no hay nada que no haya llegado al ser si no es a través de este primer punto, y es el secreto de lo que se ha dicho a propósito de lo que está escrito: «Salmo a Asaf. El Dios de dioses, el Eterno, ha hablado, y convocado la Tierra desde el nacimiento del Sol hasta donde se pone»,[269] y está escrito: «De Sion, perfección de hermosura, Dios ha resplandecido»,[270] porque desde allí fue implantado

---

269. Véase *Salmos* (L-1).
270. Véase *Salmos* (L-2).

y construido el mundo. Pues no hay otro edificio sino el construido desde el punto Uno, y por eso se le llama piedra de fundación, porque es el comienzo de todas las cosas y de todo el edificio del mundo en su secreto y disposición. Y ciertamente el secreto del mundo de arriba se construyó a partir del secreto del punto Uno que es oscuro y misterioso, como ya hemos explicado. Y has de entender que, por lo tanto, el secreto del mundo que es el mundo de lo separado no se formará sino a partir del punto Uno y ésta es la dimensión llamada pequeña sabiduría de la que hablamos, y es a imagen del secreto constituido por el punto de arriba que es la sabiduría suprema. Y, ciertamente, al ser el secreto del punto, todos los seres se forman a partir de él y surgen a partir de su secreto. Y de esta manera ella es «una piedra, piedra probada, angular, preciosa» y es llamada piedra de fundación respecto a los seres de abajo y el señor de toda la tierra se llama Arca de la Alianza, y todo es un secreto conocido por los esclarecidos.

המלאך הגואל כבר ידוע הוא ונכון לכל משכיל, כי הוא סוד זה הוא
המלאך ההולך לפני מחנה ישראל כענין אמרו ויסע מלאך האלהים
ההולך לפני מחנה ישראל, וזהו המלאך שנראה לו למרע"ה בסנה,
אמנם סוד אמרו וירא מלאך ה' אליו בלבת אש מתוך הסנה, ונק-
רא מלאך על שם ששאר המדרגות מאירים בה ופועלים פעולתם בה
כענין הנשמה הפועלת פעולותיה על ידי הגוף, ואמנם כי סוד ענין זה
שנראה למשה בתחלת נבואתו ולאחר כך עלה בקודש ולא ירד והוא
היה הולך לפני מחנה ישראל כאשר הוא ידוע, אמנם כי הוא הגואל
ונקרא גאולה, ועל הדרך הזה בהיות רז"ל יודעים הנסתרות ומדקד-
קים דרך האמת אמרו שצריך האדם לסמוך גאולה לתפלה כדי שלא
יעשה שום פירוד ותחזור העטרה ליושנה כאמרם רז"ל איזה הוא
בן העולם הבא זה הסומך גאולה לתפלה, וזהו שאמר חזקיהו ע"ה
אנה ה' זכור נא את אשר התהלכתי לפניך באמת ובלבב שלם והטוב
בעיניך עשיתי ויבך חזקיהו בכי גדול, ודקדקו ז"ל מאי והטוב בעיניך
עשיתי שסמך גאולה לתפלה, ואמנם כי על כל פנים כך הוא בהיות
הגאולה סוד המלך הגואל, וזהו הנכון והתבונן עד מאד כי זהו סוד
המדה הידועה אשר אמרנו והוא סוד נכון למבין:

El ángel redentor: ya es conocido y obvio para toda persona esclarecida que este secreto es el ángel que iba delante del campamento de Israel según ha sido dicho: «Y el ángel de Dios que iba delante del campo de Israel, se apartó»[271] y éste es el ángel que se le apareció a Moisés, que en paz descanse, en la zarza y un versículo contiene este secreto: «se le apareció el ángel del Eterno en una llama de fuego en medio de un zarzal»,[272] y es llamado por el nombre de ángel porque los otros grados lo iluminan y actúan a través de él como el alma realiza sus acciones a través del cuerpo. Y ciertamente el secreto de este asunto se le apareció a Moisés al comienzo de su profecía y luego ascendió en santidad y no descendió, e iría delante el campamento de Israel, como es conocido. Ciertamente él es el redentor y se llama redención. Y así, nuestros maestros, de bendita memoria, que conocían los secretos ocultos y eran meticulosos en su búsqueda de la verdad, dijeron que el hombre debe la redención a la oración para que no haga ninguna separación y la corona vuelva a su estado inicial, como han dicho nuestros maestros, de bendita memoria:[273] «¿Quién es miembro del mundo venidero? Aquel que junta la redención con la oración». Y esto es lo que dijo Ezequías, que en paz descanse, "Te ruego, oh Eterno, te ruego hagas memoria de que he andado delante de ti en verdad y con íntegro corazón, y que he hecho las cosas que te agradan. Y lloró Ezequías con gran lloro".[274] Y nuestros maestros, de bendita memoria, han explicado:[275] "¿Qué quiere decir que he hecho las cosas que te agradan? He unido la redención con la oración». Y de hecho en todo caso es así al ser la redención el secreto del redentor, y esto es correcto y has de comprender que éste es un secreto de la dimensión conocida de la que hemos hablado y es un verdadero secreto para aquel que entiende.

---

271. Véase *Éxodo* (XIV-9).
272. Véase *Éxodo* (III-2).
273. Véase Talmud, tratado de *Berajoth* (4b).
274. Véase 2 *Reyes* (XX-23).
275. Véase Talmud, tratado de *Berajoth* (104b).

בית המקדש כבר התעוררנו בתחלה על סוד ירושלם עיר הקדש
והענין הוא נכון למבין, ואמנם כי בית המקדש של מעלה הוא סוד
הענין הפנימי הגנוז יותר מן העיר, והנה תוכל לדעת כי סוד ענין בית
המקדש הוא מכון הבית והדבר הנכון והענין הפנימי יותר, והדביר
הפנימי הוא יותר הפנימי מן הכל והוא בית קדש הקדשים, אמנם
כי בית קדש הקדשים הוא מקום הנקודה הפנימית אשר מהכל קדו-
מה מסוד סוף המחשבה שהיא קדומה מהתחתונים של מטה וממנה
נתהוו, ואמנם כי סוד בית המקדש היא כל אוכלוסיה הפנימיים ובית
קדש הקדשים היא היא לבד התחלת הכל, והן עטרה היא סוד
המדה הזאת, אמנם אמרו ז"ל העולם הבא אין בו לא אכילה ולא
שתייה וגו' אלא הצדיקים יושבים ועטרותיהם בראשיהם ונהנים מזיו
השכינה, הבן תוקף הענין הנכון ותמצא כי סוד ענין זה הוא מקום
העטרה הנכונה היושבת על ראשי הצדיקים מלמעלה, וזהו סוד
אמרו וה' בראשם, אמנם כי היא הנקראת עטרת תפארת כי הוא סוד
העטרה הנכונה וענין תפארת הנוטל אותה בראשו הוא ראש צדיק
הנקרא ראש המטה, וזהו ראש המטה ודאי כאמרו וישתחו ישראל
על ראש המטה, ואמרו ז"ל מהכא דיעקב לדידיה כרע וסגיד בהיותו
בסוד מעלתו כורע לתפארתו, והבן ומה נחמד הענין להשכיל בהיות
זאת אות הברית שהיא סוד העטרה הידועה בסוד הברית רשומה
וחתומה, והיא עומדת על משמרתה זרע קדש מצבתה, והתבונן עד
מאד כי סוד אמרו דכתיב צאנה וראנה בנות ציון במלך שלמה בעט-
רה שעטרה לו אמו, היא העטרה אשר אמרנו והיא הנקראת אם לא
זז מחבבה עד שקרא לה בת, לא זז מחבבה עד שקרא לה אחות לא
זז מחבבה עד שקרא לה אם, כי בסוד הדברים הנכונים כל אלו הע-
ניינים וכל אלו השמות כולם הם בסוד המדה הידועה, ואמנם כי הכל
נכון למבין והדברים ישרים למוצאי דעת ואין להאריך כי די בזה לכל
משכיל:

El Templo: ya hemos desvelado al principio el secreto de Jerusalén,
la ciudad santa y el asunto es verdadero para aquel que entiende. Y
ciertamente el Templo de arriba es el secreto de una realidad interior
más escondida que la de la ciudad, y aquí sabrás que el secreto del
asunto del Templo es el fundamento de la casa, de la cosa auténtica y
del asunto más interior. Y el santuario interior es el más interior de

todos y es la casa de *Sancta Sanctorum*. Y ciertamente la casa del *Sancta Sanctorum* es el lugar del punto interior anterior a todo y es el secreto del fin del pensamiento que es anterior a los seres inferiores de abajo y a partir del cual están formados. Y ciertamente el secreto del Templo abarca toda la población interior y el *Sancta Sanctorum* es el comienzo de todo, y has de entender esto.

La Diadema es el secreto de esta dimensión. Ciertamente nuestros maestros, de bendita, memoria, dijeron: «en el mundo venidero no hay ni comida ni bebida, mas los justos están sentados con su diadema encima de sus cabezas y se alimentan del esplendor luminoso de la Shekinah».[276] Entiende la fuerza de este concepto y encontrarás que el secreto de este asunto es el lugar de la corona verdadera que está sobre las cabezas de los justos. Y éste es el secreto del versículo: «y el Eterno por su cabeza»,[277] se llama la corona de Tiferet porque es el secreto de la verdadera corona y el asunto de Tiferet que la pone en su cabeza y es la cabeza de los justos llamada «cabecera de la cama». Y se trata efectivamente de la cabecera de la cama según ha sido dicho: «Entonces Israel se inclinó en adoración en la cabecera de la cama.»[278] Y nuestros maestros, de bendita memoria, han dicho que Jacob se inclinó y se prosternó ante sí mismo, pues se inclinó según el secreto de su grado delante de su Tiferet. Compréndelo. ¡Qué deseable es este asunto para adquirir inteligencia! Es el signo del pacto que es el secreto de la corona conocido, en el secreto del pacto grabado y sellado. Está en su lugar y «y la simiente santa será su tronco».[279] Comprende bien el secreto del versículo: «Salid, oh doncellas de Sion, y ved al rey Salomón con la corona con que le coronó su madre».[280] Se trata de la corona de la que hemos hablado y es denominada «madre»: «no deja de amarla hasta que la llama «hija»; no deja de amarla hasta que la llama «hermana»;

276. Véase Talmud, tratado de *Berajoth* (17a).
277. Véase *Miqueas* (II-13).
278. Véase *Génesis* (XLVII-31).
279. Véase *Isaías* (VI-13).
280. Véase *Cantar de los Cantares* (III-11).

no deja de amarla hasta que la llama «madre»».[281] Según el secreto de las cosas verdaderas todos estos asuntos y todos estos nombres se refieren al misterio de la *Middah* de la que estamos tratando. Ciertamente, todo es correcto para aquel que entiende y las cosas son correctas para aquellos que han hallado el conocimiento. Y no hace falta extenderse más pues esto es suficiente para el esclarecido.

שער חלק היחוד:

Puerta consagrada a la unidad:

פתחו שערים ויבוא גוי צדיק שומר אמונים. הנה יש לך לדעת כי
סוד הדרכים אשר התעוררנו בתחלה והתעוררנו עכשיו בהם ללכת
בהם האדם המשכיל אשר הוא נכון לדעת ולהשכיל דרכי החכמות
השכליות ולהיות האדם מובדל מיתר הנבראים בידיעה ובשכל ובח-
כמה, אמנם כי סוד הדרך הנכון להכנס האדם בדרך החכמה ולהבין
קצת אמיתת ייחודו הנאה והעליונה, אשרי אדם מצא חכמה ואדם
יפיק תבונה, תדע לך כי סוד החכמה הידועה הזאת היא הדרך הנכון
להכנס בה בדרך כלל אמיתי, אמנם הנני מגלה לך דרך מועט בכלל
אחד להבין משל ומליצה דברי חכמים וחידותם, הנני מודיעך להכנס
בסוד דרך הייחוד הנאה והעליון בסוד ייחודו יתברך שמו שמע יש-
ראל ה' אלהינו ה' אחד, הפסוק הזה מורה על דרך סוד הייחוד שהוא
כלל עליונים ותחתונים וכלל סוד המרכבה העליונה והתחתונה וסוד
הייחוד בכל העניינים הראויים לכל מי שנכנס בהיכל המלך פנימה
והנני נכנס בביאור אחד אחד פנימי, ואכתוב בו שער אחד הראוי להכנס
בו:

«Abrid las puertas, y entrarán los *Goim* justos, los que guardan verdades».[282] He aquí que tienes que saber que el secreto de los caminos que desvelamos al principio y que ahora vamos a comentar a fin de

---

281. Véase *Bereshit Rabbah* (52:5).
282. Véase *Isaías* (XXVI-2).

que el hombre esclarecido los recorra, es apropiado para conocer y adquirir la inteligencia de los caminos de la sabiduría intelectual y ser la persona diferente del resto de las criaturas en conocimiento, intelecto y sabiduría. Aunque el secreto del camino correcto es que el hombre entre en el camino de la sabiduría y comprenda un poco de la realidad de su unidad, magnífica y sublime: «Bienaventurado el hombre que halla la sabiduría, y que obtiene la inteligencia».[283] Has de saber que el secreto de esta sabiduría particular es el camino correcto de adentrarte en ella, en el camino de la verdad. Aunque te revelaré un pequeño camino a propósito de un principio único «para entender parábola y declaración; palabras de sabios, y sus enigmas».[284] Voy a enseñarte a entrar en el secreto del camino de la unidad magnífica y suprema en el secreto de su Unidad, bendito sea su nombre, «escucha Israel, el Eterno, nuestro Dios, el Eterno es Uno».[285] Este versículo se refiere al camino del secreto de la unidad, que es el principio de los seres de arriba y abajo, el principio del secreto del carro de arriba y de abajo, el secreto de la unidad de todos los aspectos necesarios para cualquiera que penetra en el interior del palacio del rey. Voy a iniciar ahora una explicación profunda en la que escribiré una puerta digna por la cual entrar.

שער חלק הייחוד בסוד דרך האמונה האמיתית וסוד דרך הייחוד
בכלל ובפרט, תדע לך כי הוא יתברך שמו עלה במחשבה לפניו לב-
רוא העולם וכו', וכבר התעוררו ז"ל בכמה מקומות הענין הנכון וגם
התעוררנו בענין זה כי הכל עלה במחשבה ומתוך המחשבה נתהוו
כל הדברים וכל ההויות ונתהוו בסוד אמיתת מציאותו, אמנם כי
סוד הפסוק הזה מורה על אמיתת מציאותו יתברך שמו וכי הוא
אחד מיוחד במעלתו וכי כל העליונים והתחתונים נתהוו מאמיתת
מציאותו יתברך שמו, אמנם כי סוד הענין הנכון הוא מורה על ענין
סוד הנכון האמיתי כי ענין סוד הייחוד בהיותו יתברך שמו מתיחד

283. Véase *Proverbios* (III-13).
284. Véase *Proverbios* (I-6).
285. Véase *Deuteronomio* (VI-4).

172

בייחודו בסוד סתר הנעלם בכל המדרגות ומתיחדים בשלשה מהם,
ואמנם כי בהתייחדו הוא יתברך שמו בסוד מעלותיו זהו עבודתו ות־
קון עליונים ותחתונים וכל העולמות הם בסוד אחד. פנימיים גזרת
ספירים והוא סוד הדרך הפנימי כאשר נפרש בע"ה:

Puerta consagrada a la unidad en el secreto de la fe verdadera y el
secreto del camino de la unidad en general y en particular. Has de
saber que él, bendito sea su nombre, «subió en el pensamiento ante él
para crear el mundo, etc.». Y nuestros maestros, de bendita memoria,
ya han desvelado en diversos lugares este asunto y también nosotros
hemos desvelado esta cuestión porque todo vino al pensamiento y del
pensamiento vinieron todas las cosas y todos los seres y se formaron en
el secreto de la verdad de su realidad. Es cierto que el secreto de este
versículo enseña que la verdad de su realidad, bendito sea su nombre,
dado que es uno, único en su rango y que todos los seres superiores e
inferiores vinieron a la realidad a partir de la verdad de su existencia,
bendito sea su nombre. Efectivamente, el verdadero secreto de este
asunto se refiere al significado de un secreto verdadero y auténtico, la
cuestión del secreto de la unicidad que consiste en que él, bendito sea
su nombre, se une a su unidad en todos sus grados de acuerdo al secreto del misterio oculto y estos se unen a tres de ente ellos, Y, ciertamente, él, bendito sea su nombre, se une al secreto de sus grados y éste es
su trabajo y la corrección de lo superior y lo inferior y todos los mundos están en el secreto del uno, y el nombre es uno y su nombre es uno.
He visto en los *Misterios de la unidad* muchas cosas y muy interiores
talladas en el zafiro y es el secreto del camino interno que explicaremos con la ayuda de Dios.

והתבונן כי תקון עבודתו של אדם אצל בוראו במלת פיו ולשונו ור־
עיוניו הוא על הדרך הנכון בהיותו משים לבו ורעיוניו והכוונה שלי־
מה בסוד ייחודו במורא ברעד ברתת בזיע בפיו יזכרנו ובלבו ורעיוניו
ייחדנו, והכל הוא בזכרו יחודו שהוא ממש יתיחד בו להיותו נכלל

בנפשו יחידה אצל בוראו כדי למסור נפשו ולבו באותה העבודה,
ועכשיו הנני נכנס בסוד הדרכים האלה והתבונן לבך לזה:

Y observó que la corrección del trabajo del hombre con su Creador
se efectúa por la palabra de su boca, su lengua y sus pensamientos y
una intención completa en el secreto de su unicidad con temor, temblor y sudor, con su boca nos invocará y con su corazón y sus pensamientos nos unirá. Y todo está en su recuerdo de la unidad, pues por
este medio se une realmente a él fusionando su alma única con su
Creador para poder entregar su alma y corazón en el culto. Y ahora
entro en el secreto de estos caminos, que tu corazón esté atento.

שמע ישראל ה' אלהינו ה' אחד, כמה נמרץ וגדול ונכבד סוד הע-
נין הגדול הזה כי הוא יתברך שמו אחד ומיוחד ואין דומה לו בשום
צד והוא אחד ולא כיתר האחדים, אבל ייחודו סוד גדול ומופלא
וזהו ידיעה ברורה שצריך כל אדם לדעת כי הוא יתברך שמו מתיחד
בסוד מעלותיו ולדעת כי הוא ושמו אחד בלי פירוד וכי הוא מתי-
חד בסוד מרכבותיו המיוחדות אליו, ועל כן הוא ידיעה לדעת דכתיב
וידעת היום והשבות אל לבבך כי ה' הוא האלהים, ובהיות הידיעה
הזאת בלב האדם אזי יודע כי הוא ושמו אחד, ה' הוא האלהים זהו
הוא ושמו אחד, וזהו סוד אמרו וידעו כי אתה שמך ה' לבדך:

«Escucha Israel, el Eterno nuestro Dios, el Eterno es Uno». Cuán
vigoroso, grande y honorable es el secreto de este gran asunto pues él,
bendito sea su nombre, no hay nadie como él en ninguna parte y él es
uno y único y nada se le parece. Pero su unicidad es un gran y mila-
groso secreto y es un claro conocimiento de que toda persona debe
poseer: él, bendito sea su nombre, está unido al secreto de sus grados y
saber que él y su nombre son uno sin separación y que él está unido al
secreto de sus carros que le son propios. Y, por lo tanto, es un conocimiento que hay que conocer según ha sido escrito: «Aprende pues, hoy,
y reflexiona en tu corazón que el Eterno es el único Dios», y dado que
este conocimiento está en el corazón del hombre, entonces has de saber

que él y su nombre son uno. El Eterno es Dios y él y su nombre son uno, y éste es el secreto que lo que dijeron: «Él y su nombre son uno». Y éste es el secreto del versículo «para que sepan que sólo tú te llamas El Eterno».[286]

אמנם כי סוד זה בהיות משה ע"ה רבן של כל הנביאים רואה ויודע כי כבר ישראל הם מורגלים בסוד האמונה לסוד ארבעים שנה שיד־ עו והכירו נפלאותיו ומפעליו החמודות וידעו בו ידיעה אמיתית בסוד אמיתת מציאותו יתברך שמו כי לפיכך נקראו דור דעה, דור שידעו ידיעה אמיתית בהשגת ייחודו, ובכן משה רבנו ע"ה אמר והודיע ידי־ עה זו בקבלה אמיתית לישראל כדי שידעו לעבוד עבדת בוראם לפי סוד השלימות ואומר שמע ישראל, הרבה מפרשים פרשו סוד הע־ נין הזה ואמרו כי תמצא ע' דשמע שהוא מאותיות גדולות, ד' דאחד שהוא מאותיות גדולות, והסוד הוא והוא סוד אמיתי בהיות השפעת אות ד' שהוא קשר של תפלין מעם סוד המערכה העליונה בסוד שב־ עים שמות של הב"ה וזהו ע' והמשכת אמיתתו הוא בחבור אחד עם ד' שהוא קשר של תפלין בהתיחדה בהם כגון אותו הקשר המקויים ד' המתיחדת בארבע בתי התפלין כענין זו מתיחדת ומתקשרת בסוד ע' שהם שבעים שמות של הב"ה המתיחדים בסוד המרכבה העליונה, כי האבות הם הם המרכבה והם סוד אותם השבעים שמות, אמנם כי כשהיא כלולה מהכל שבעים שמות יש לה לכנסת ישראל, והכל על דרך האמת, ויש אומרים כי הסוד ע"ד בהיות הוא עד כל העינין הג־ דול הזה:

Es cierto que a propósito de este secreto, Moisés, que en paz descanse, es el maestro de todos los profetas, vio y comprendió que en Israel están acostumbrados al secreto de la fe desde hacía cuarenta años, durante los cuales descubrieron y conocieron sus maravillas y hermosas obras y tuvieron un verdadero conocimiento del secreto de la verdad de su existencia, que su nombre sea bendito, por lo que fueron

---

286. Véase *Salmos* (LXXXIII-19).

llamados «generación de conocimiento». Una generación que conoció el conocimiento verdadero para lograr su unicidad; de este modo Moisés nuestro maestro, que en paz descanse, anunció y enseñó este conocimiento en una tradición de verdad a Israel para que supieran adorar a su Creador de acuerdo con el secreto de la plenitud y entonces dijo «*Shemá Israel*». Muchos comentaristas han explicado el secreto de este asunto y han dicho que encontrarás que la letra *Ayin* de *Shemá* es una de las letras grandes, y la *Dalet* de *Ejad* también es una de las letras grandes. Y el secreto es un verdadero secreto ya que la letra *Dalet* es el secreto del nudo de los *tefilín,* y procede del secreto de la estructura superior de acuerdo al secreto de los setenta nombres del Santo, bendito sea, y esto es la *Ayin*,[287] y la extensión de su realidad se lleva a cabo cuando se une con la *Dalet* que es el nudo de los *tefilín* cuando se unen y comunican en el secreto de *Ayin* que son setenta nombres del Santo, bendito sea, reunidos en el secreto del carro superior. Porque los patriarcas son el carro y son el secreto de esos setenta nombres, y cuando lo incluye todo, la Asamblea de Israel posee los setenta nombres y todo en el camino de la verdad, Y algunos dicen que el secreto forma la palabra *Ed* (testigo) porque es testigo de este gran asunto.

והנני מעוררך על מה שאמרו ז"ל בקש יעקב ע"ה לגלות לבניו את הקץ נסתלקה שכינה ממנו אמר חס ושלום שמא יש פסול במטתי כאברהם שיצא ממנו ישמעאל וכיצחק שיצא ממנו עשו, אמרו לו כשם שאין בלבך אלא אחד כך אין בלבנו אלא אחד שמע ישראל ה' אלהינו ה' אחד, כשם שאין בלבך וכו' מיד פתח ואמר ברוך שם כבוד מלכותו לעולם ועד, משל לבת מלך וכו' עכשיו הבן העניין הנ־ כון והסוד המופלא בקש יעקב לגלות לבניו את הקץ זהו סוד גדול ונסתר, מהו הקץ ומה נרמז בכאן ויש לי להקדימך בעניין עץ החיים ועץ הדעת טוב ורע, כתיב ויצמח ה' אלהים מן האדמה כל עץ נחמד למראה וטוב למאכל ועץ החיים בתוך הגן ועץ הדעת טוב ורע, כבר

אמרנו והתעוררנו בסוד עץ החיים ועץ הדעת טוב ורע, וכי הוא סוד
גדול למעלה ושורש ועיקר לכל הדברים הרוחניים הפנימיים אשר
הוא כולל את כולם ונוטל את כל המאורות וכי הוא שרש ועי־
קר למטה ועשה פרי למעלה, אמנם כי הוא בסודו כל העניין הפנימי
מעלה ומטה ובו מתפלגין כל מימי בראשית כאשר הוא ידוע למש־
כילים, וכבר התעוררנו בסוד זה אמנם כעניין זה הוא בגן עדן אשר
בארץ כאשר התעוררנו בתחלה, ובו בגן עדן אשר בארץ עץ החיים
בתוך הגן כפי משמעות העניין ולא כמשמעות דעת אחרת כי הוא
סוד דוגמא אמיתית של מעלה בעניין דוגמת שאר הדברים שהם דו־
גמתו בעולם הזה כעין דוגמא של מעלה כך הוא בגן עדן אשר בארץ
יש בו עץ החיים ממש ועץ הדעת טוב ורע, ואמרו כי יושבי הארץ
הלזו רואים מרחוק להט החרב המתהפכת ועץ החיים בתוך הגן ועץ
הדעת טוב ורע, וכבר התעוררנו כי כבר אמרו על חכמי יון הקדמונים
שבקשו ללכת לזה גן עדן שבארץ בהיותם יודעים בתוכן משקל הח־
כמה על המקום הזה, והלכו דרך נהר פרת למעלה עד שהגיעו סמוך
לגן עדן והם כחצי מיל ליהט אותם להט החרב המתהפכת ונשרפו
וכבר כתבנו זה:

Y te revelaré lo que dijeron nuestros maestros, de bendita memoria, Jacob, que descanse en paz, quiso revelar el final a sus hijos y la Shekinah se alejó de él y dijo, Dios no lo quiera, ¿acaso hay una iniquidad en mi lecho como ocurrió con Abraham del que salió Ismael o como ocurrió con Isaac del que salió Esaú? Le dijeron: del mismo modo que en tu corazón únicamente está el uno, en nuestros corazones únicamente está el uno. «Escucha Israel, el Eterno, nuestro Dios, el Eterno es uno».[288] «Del mismo modo que en tu corazón…», abrió y dijo: bendito sea el nombre de la gloria de su reino para la eternidad. Parábola de la hija de un rey. Comprende ahora el significado preciso y el secreto maravilloso: Jacob quiso revelar a sus hijos el fin y éste es un secreto tremendo y oculto. ¿Qué significa *Kets* (fin) y a qué se está haciendo alusión aquí? Debo hacerte una introducción relativa al Árbol de la

---

288. Véase *Deuteronomio* (VI-4).

Vida y el Árbol del Conocimiento del Bien y del Mal. Está escrito: «También había hecho producir el Eterno Dios de la tierra todo árbol deseable a la vista, y bueno para comer, y el Árbol de Vida en medio del huerto, y el Árbol del conocimiento del Bien y del Mal.».[289] Ya hemos hablado y tratado del secreto del Árbol de la Vida y el Árbol del Conocimiento del Bien y del Mal. Se trata verdaderamente de un gran secreto de arriba y de la raíz y el principio de todas las cosas espirituales interiores pues las engloba a todas y recoge las luminarias y es una raíz y un principio abajo que da sus frutos arriba. Y ciertamente, toda la realidad interior de arriba y abajo se sitúa en su secreto y a partir de él manan todas las aguas de *Bereshit*, como bien saben los esclarecidos. Y ya hemos desvelado este secreto, y de hecho ocurre lo mismo en el Gan Edén que está en la Tierra como señalamos al principio, Y en el Gan Edén que está en la Tierra, el árbol de la vida en medio del jardín según el significado del asunto y no según otro significado de otra opinión, pues el secreto de un modelo celestial verdadero de la misma naturaleza que el modelo de las otras realidades cuyo reflejo en este mundo se parece al modelo celestial, y así ocurre con el Gan Edén que está en la Tierra, y que contiene tiene el Árbol de la Vida y el Árbol del Conocimiento del Bien y del Mal. Y hay quien ha dicho que los habitantes de esta Tierra ven desde lejos la llama de la espada flamígera y el Árbol de la Vida dentro del jardín y el Árbol del Conocimiento del Bien y del Mal. Ya hemos indicado que algunos han dicho refiriéndose a los antiguos sabios de Grecia que habían intentado desplazarse al Gan Edén pues conocían el contenido y el peso de la sabiduría de este lugar, y viajaron siguiendo el río Éufrates y llegaron cerca del Gan Edén y a media milla de allí la llama de la estrella flamígera los fulminó y fueron consumidos, y ya hemos escrito a propósito de esto.

---

289. Véase *Génesis* (II-9).

ונחזור למה שהיינו בביאורו כי סוד עץ החיים ועץ הדעת טוב ורע
הוא סוד עמוק כאשר התעוררנו בתחלה, אמנם כי עץ הדעת טוב
ורע הוא סוד נכון למבין, בהיות עץ הדעת טוב ורע יודע מצד שני
העניינים האלה מצד הטוב שהוא מדת הטוב ומצד הרע שהוא
מדת הרע, כי על כל כל פנים תוכל לדעת על מה שהתעוררנו בתחלה
בסוד קץ זה שבקש יעקב לגלות לבניו, יש קץ שנקרא קץ הימין ויש
קץ שנקרא קץ הימים קץ כל בשר, ואמנם כי קץ הימין הוא העיקר
האמיתי וסוד עיקר האמונה מקום צרור הנשמות הרמות, אמנם לפי
סוד הדרך הזה אמרו כתיב אמר לדניאל ואתה לך לקץ אמר לפניו
רבונו של עולם לאי זה קץ לקץ הימים או לקץ הימין, ולא נח דעתו
ולא נתקררה דעתו עד שאמר לו לקץ הימין קץ הימים זהו הסוד על
ענין קץ שבא מסוד רשות אחד סבת זוהמת הנחש הקדמוני והוא
מאותו הצד בא לעולם וקרבן שלו היה מאותו הצד ממש הנקרא קץ
הימים, והוא קץ כל בשר כענין אמרו קץ כל בשר בא לפני, ואמרו
ז"ל במדרש בא לפני ודאי כי סבת קץ כל בשר הוא סוד הנחש הקד־
מוני המקולל ארור הוא מכל הבהמה ומכל חית השדה.

Y volvamos a lo que estábamos explicando: el secreto del Árbol de la Vida y el Árbol del Conocimiento del Bien y del Mal es un secreto muy profundo como dijimos al principio, y el Árbol del Conocimiento del Bien y del Mal es un verdadero secreto para el que entiende, El Árbol del Conocimiento del Bien y del Mal, se conoce a partir de estos dos aspectos, a partir del bien, que es la *Middah* del bien, y a partir del mal, que es la *Middah* del mal. Porque en todo caso sabrás de lo que desvelamos al principio en el secreto del *Ketz* (final) que Jacob quiso revelar a sus hijos. y hay un fin que se llama fin de la derecha y hay un fin llamado «el fin de los días y el fin de toda carne.[290] Y, ciertamente, el fin de la derecha es el verdadero principio y el secreto de la esencia de la fe, lugar del ramillete de las almas elevadas. Aunque según el secreto de este camino dijeron que está escrito: el santo, bendito sea dijo a Daniel: «ve al fin», y él le dijo: «soberano del universo, ¿hacia el

---

290. Véase *Génesis* (VI-13).

fin de los días o hacia el fin de la derecha?».[291] Y no descansó ni encontró sosiego hasta que le dijo: ve hacia el fin de la derecha. El fin de los días es el secreto relativo a Caín que procede de un poder secreto a causa del barro[292] inmundo de la serpiente antigua y desde este lado vino al mundo y su sacrificio procedía del mismo lado llamado el fin de los días, Y es el fin de toda carne como está dicho «El fin de toda carne ha venido delante de mí»,[293] y los de bendita memoria dijeron en el Midrash «vino delante de mí ciertamente» pues la causa del fin de toda carne es el secreto de la serpiente antigua, maldita entre todos los animales y todas las bestias del campo.

ועל כל פנים סוד הענין הזה בהיות קץ וקץ זהו סוד גדול כפי אשר
התעוררנו עכשיו בסוד זה, ועל ענין זה בקש יעקב לגלות להם את
הקץ למען יהיו מתוקנים בתוכן סוד אמיתי להיות הים עומד עליהם
מלמעלה כי הים עומד על שני עשר בקר וגו' והים עליהם מלמעלה,
וכיון שאמר חס ושלום וגו' שמא שום פסול יש במטתי להיות בי-
ניהם שום זוהמא ודוגמת הזוהמא, מיד חזרו ואמרו כדי ליחד שם
שני ייחודים כשם שאין בלבך אל אחד למעלה בסוד הייחוד כי יעקב
בסוד עולם של מעלה היה והם היו תקון עולם של מטה ושם נתיח-
דו שני הייחודים כאחד, ואמרו כך יש בלבנו אחד להיות הכל מתיחד
בסוד ייחוד שלימה, ועל כן תמצא בכאן שני ייחודים סוד ייחוד עולם
של מעלה וסוד ייחוד עולם של מטה והכל אחד:

Y, en cualquier caso, el secreto de este asunto es que hay fin y fin, y es un gran secreto de acuerdo a lo que ahora hemos desvelado en este secreto. Y a propósito de este asunto, Jacob pidió revelarles el final para que se corrigieran y conocieran un verdadero secreto, a fin de que el mar se detuviera encima de ellos, arriba, porque: «el mar descansaba

291. Juego de palabras entre *Iamim*, «dias» y *Iamin*, «derecha».
292. O veneno.
293. Véase *Génesis* (VI-13).

sobre doce bueyes» y «el mar se elevaba por encima de ellos».[294] Y puesto que él dijo «Dios me guarde, habrá una mancha en mi lecho», ¿habría entre ellos barro o algo parecido al barro? Inmediatamente regresó y dijo a fin de hacer allí dos unificaciones como el uno está en tu corazón arriba en el secreto de la unicidad porque Jacob estaba en el secreto del mundo de arriba, está el uno en nuestros corazones y diciendo esto corregían el mundo de abajo y hacían dos unificaciones al mismo tiempo a fin de que todo fuera unificado según el secreto de la unidad perfecta. Por esta razón, nos encontramos con dos unificaciones, el secreto de la unicidad del mundo de arriba y el mundo de abajo y todo es Uno.

שמע ישראל, אמרו ז"ל ישראל סבא הוא תפארתו של מקום כפי
אשר התעוררנו בתחלה, ועל כן סוד שמע ישראל חוזרת הכלה לב־
עלה להתיחדם בייחוד אמיתי, ועוד אמרו ז"ל חיה אחת יש ברקיע
ושמה ישראל והיא החיה אשר הזכרנו, אמנם יש להבין ולדעת ולה־
תעורר סוד פרט וכלל והוא סוד אמרו ה' אלהינו ה' כי הוא סוד דרך
פנימי, ויש מפרשים ואומרים כי סוד השמות שלשתם הם שלשה
ענינים פנימיים אשר הכל תלוי בהם כאמרם ז"ל בעשרה מאמרות
נברא העולם ובשלשה כללם והם חכמה ובינה ודעת שהם כלל הכל,
אמנם כי ענין שאמרו שהכוונה צריכה בכל הענינים כדי ליחד המא־
מרות כולם כאחד ותוכן הכל כפי אשר אמרנו, אבל בסוד הענין הנ־
כון בהיות הפסוק הזה בששה תיבות סוד שש קצוות, והפסוק השני
כמו כן בששה תיבות סוד שש קצוות כפי אשר התעוררנו להיות
שני הייחודים מתיחדים ונקשרים כאחד בסוד ייחוד אמיתי, אמנם
כי בהתיחד הששה קצוות בסוד אחד אמיתי ובהתיחדם בסוד
אמיתי אזי הוא הכוונה בכל המאמרות מעם המחשבה העליונה בכל
שאר המאמרות הנכונות להיות הכל בייחוד אמיתי עליון על הכל,
ועל כן יש בסוד הפסוק ששה תיבות מיוחדים בסודותם וענינם, ה'
אלהינו ה' הוא הקול אשר שמעתם בהתיחד בו ייחוד השלשה דב־

---

294. Véase 1 *Reyes* (VII-25).

רים האש והמים והרוח כי מהם נעשה קול אחד בהתיחדם שלשתם
כאחד, ואמנם כי בהתיחדם כאחד הוא הקול אחד מיוחד בהתיחדו
בשלשה דברים כאחד כאשר אמרנו והוא סוד אחד בלי פירוד, אמנם
כי לפיכך הוא אחד מיוחד בסוד זה, ויש להאריך בו להיות ד' מתיח-
דת בסודו ועניינו בהמשכת סוד אחד כדי להתקשר ד' בתפלין ולפי-
כך צריך להמשיך האחד כדי שיתיחד העולם העליון בסודותיו בשש
קצוות כאשר התעוררנו, ועל כן הוא סוד המשכת אחד כדי שנמליך
עלינו סוד ייחודו בסוד ששה קצוות ובדלת כדי שתתקשר היא בסוד
תפלין של מעלה, והבן עד כאן סוד ייחוד עולם העליון ברמז מועט
פנימי, סוד ייחוד עולם של מטה המתיחד לאחר כך בסוד שש קצוות
אחרים והוא סוד ברוך שם כבוד מלכותו לעולם ועד, כי אע"פ שהיא
מתקשרת בסוד דלת למעלה עם התפלין היא כמו כן מתקשרת
למטה בסודותיה ועניניה כעניין תפלין של יד שהיא לאחר כן שאע"פ
שהיא מתקשרת למעלה בסוד הדלת היא לאחר כך מתיחדת בסודו-
תיה בזרוע להיותה ביחודה כעניין של מעלה, ועל כן היא בכאן מתי-
חדת בסוד שש תיבות אחרים, ואמנם כי סוד ייחוד זה הוא בתקון
רז"ל שהתקינו לומר אותו בלחש נימריה לא אמר משה ע"ה לא נימ-
רה אמר יעקב התקינו לומר אותו בלחש, והבן בעניין אמרם ז"ל משל
לבת מלך שהריחה ציקי קדרה אם תאמר יש לה גנאי לא תאמר יש
לה צער באו עבדיה והביאו לה בחשאי, התבונן המשל הזה ותמצא
בהיותך עומד על סוד ציקי קדרה מהו אזי תמצא סוד הדברים על
תכונתן ועל ענינם, ובהיותך עומד על סוד הדברים הנכונים אשר הז-
כרנו אזי תבין יראת ה' ודעת קדושים תמצא, עד כאן סוד רמז הדב-
רים בסודותם ועניינם:

Escucha Israel, dijeron los de bendita memoria que se trata de Israel
el antiguo. Es *Tiferet* del Lugar como dijimos al principio, y así, el secreto de «Escucha Israel» es devolver la novia a su esposo para que se
unan en una unión verdadera, y también dijeron que hay un viviente
en el cielo y su nombre es Israel y es el viviente que mencionamos.
Ciertamente, es necesario comprender, conocer y reflexionar en el secreto del detalle y del principio del secreto de las palabras «el Eterno,
nuestro Dios, el Eterno» porque es un secreto del camino interior. Y
hay comentaristas que dicen que el secreto de estos tres nombres co-

rresponde a tres asuntos internos de los que todo depende, como dijeron nuestros maestros, de bendita memoria, «el mundo se creó con diez palabras y las incluyó en tres en total y son *Jojmah, Binah* y *Daat* (sabiduría, discernimiento y conocimiento) que lo incluían todo. Aunque se trata de decir que la intención se necesita en todos los aspectos para unificar todas las palabras y la totalidad de su contenido, como dijimos. Pero el secreto correcto del asunto, es que este versículo son seis palabras, secreto de los seis extremos. Y el segundo versículo también comprende seis palabras, secreto de los seis extremos, como dijimos para operar dos unificaciones según el secreto de la unidad verdadera. Si bien es cierto que, al unir los seis en un secreto, en un secreto verdadero y al unirse en un secreto verdadero entonces es la intención va a todas las palabras, del pensamiento superior a todas las demás palabras verdaderas para que todo esté en una unidad auténtica, por encima de todo. Y así hay en el secreto del versículo seis palabras unidas en sus secretos y significados. El Eterno nuestro Dios, el Eterno es la voz que oíste en la unicidad de las tres cosas, el fuego y el agua y el aire; por a partir de ellos hay una sola voz en la que las tres están unidas. Y ciertamente, que en su unidad forman una única voz especial en la unidad en tres cosas como dijimos y éste es el secreto del Uno sin separación y por esta razón él es Uno y único en este secreto, y hay que alargar para que la letra *Dalet* se una por su secreto y su interés a la extensión del secreto del Uno, para que la letra *Dalet* se una a los *Tefilín*. Es, pues, necesario prolongar el *Ejad* para que el mundo de arriba se una en sus secretos a los seis extremos, como dijimos. He aquí, pues, el secreto de la extensión del Uno para que hagamos que reine encima de nosotros el secreto de su unidad en el misterio de los seis extremos y de la *Dalet*, de manera que esta última se adhiera al secreto de los *Tefilín* de arriba. ¡Compréndelo! Y hasta ahora el secreto de la unidad del mundo superior en una pequeña alusión interior, el secreto de la unidad del mundo inferior que luego se une en el secreto de los otros seis extremos y es el secreto de bendito sea el nombre de la gloria de su realeza para siempre», aunque la oración se ata por el secreto de la *Dalet* de arriba al *Tefilín*, se une de la misma manera abajo a sus misterios y a sus aspectos como el *Tefilín* de la mano que será; porque aunque se une a lo de arriba por el secreto de la Dalet, entonces se une a sus misterios por el brazo, para que sea en su unidad como es arriba. Es así cómo aquí se une con el secreto de las seis palabras. De hecho, el secreto de esta unificación corresponde a una práctica promulgada por nuestros maestros, de bendita memoria, que dispusieron que se recitara en voz baja: «¿Lo decimos? Pero Moisés no lo dijo. ¿No lo decimos? Pero Jacob sí lo dijo».[295] Entonces instituyeron que se dijera en voz baja. Y entiende lo que dijeron los de bendita memoria: Parábola. La hija de un rey olió el aroma de una cazuela especiada. Si lo decía, sería una vergüenza para ella. Si no decía nada, sufría. Sus sirvientes vinieron y se lo trajeron discretamente. Piensa en esta parábola y descubrirás lo que significa cuando entiendas el secreto de la «cazuela especiada».[296] Entonces encontrarás el secreto de estas cosas en su contenido y significado. Y cuando hayas dilucidado el secreto de las cosas verdaderas que hemos mencionado, entonces entenderás el temor del Eterno y encontrarás el conocimiento de los santos. Hasta aquí se ha explicado el secreto de la alusión a los misterios y el significado de estas cosas.

עכשיו יש לפרש מהו סוד פרשיות של קרית שמע ותכונתן וע־
נייני אשר רז"ל תקנו בקרית שמע ובחרו אותן בכל פרשיות התו־
רה המיוחדות בסודותן, כי הן סדר פרשיות נכונות מיוחדות על סדר
אופן אמיתי, ובכן תמצא ארבע פרשיות בקרית שמע חוץ פרשת
ציצית שהיא מתקשרת בהן והן סוד התפלין ופרשת ציצית היא ד'
דוגמת קשר של תפלין דכתיב וראית את אחורי ובכאן וראיתם אותו,
פרשה ראשונה סוד פרשת הייחוד כפי אשר התעוררנו, פרשה שנייה
ואהבת עד ובשעריך ויש בה תיבות ארבעים ושתים כנגד שם
המיוחד של ארבעים ושתים שהוא סוד שם הקדוש, ומפי רום מעל־
תו וגובה קדושתו כל הקורא פרשה זו על מטתו כאלו אוחז חרב פי־

---

295. Véase Talmud, tratado de *Pesajim* (56a).

296. Los cabalistas lo relacionan con el Otro Lado, con lo oscuro y con la serpiente. Hay un juego de palabras entre *Kederah*, «olla», «marmita», y *Kadar*, «oscurecerse».

פיות בידו מפני קדושת המעלה שאין כל בריה יכולה לעמוד מפניה,
ועל כן סוד הפרשה הזאת מיוחדת במעלתה כפי הסוד הזה אשר
חזרנו, פרשה שלישית והיה אם שמע עד ושמתם היא סוד פרשה
גדולה ונפלאת ברום מעלתה ויש בה שבעים ושתים תיבות כמנין
סוד שם המפורש של שבעים ושתים שהוא סוד שם המרכבה הע־
ליונה, אמנם כי הוא פרשה נכונה בסודותיה ועניניה, אשרי אדם
מצא חכמה ואדם יפיק תבונה, פרשה רביעית מן ושמתם את דברי
אלה, ואע"פ שתיבת ושמתם הוא במנין הראשון ומשם יש בפרשה
הזאת חמשים תיבות עד על הארץ והם כנגד חמשים שערי בינה,
ועל כן היא אזהרה העולה על הכל, אמנם כי סוד הדברים ותוכן הפ־
רשיות האלה מיוחדים על האופן האמיתי, ועל כן הפרשיות האלו
הן פרשיות מיוחדות בסוד מעלתן כל פרשה ופרשה בסוד ענין אמי־
תי, ופרשת ציצית נקשרת עמהן ונכללת מהן להיותה כלולה מסודות
ומעלות רשומות חתומות במעלה עליונה ומפני כך תקנו פרשיות
הללו, ואמנם כי בהתיחד הפרשיות בסוד מעלתן וסוד פרשת ציצית
תמצא כי סוד כל קרית שמע הוא בנין אדם והם סוד רמ"ח איברים
שבאדם, ועל כן תמצא בכל הפרשיות כולם סוד רמ"ח תיבות להיות
בנין האדם שלם בכל תקוניו ובכל ענייניו, ואמרו במדרש ירושל־
מי והוא מאתים וארבעים וחמש תיבות הוו שליח ציבור חוזר שלשה
תיבות ומאן נינהו ה' אלהיכם אמת שהם שלשה תיבות לתשלום כל
האיברים, והחזן משלים האיברים לכולם באותם השלש תיבות אשר
הוא חוזר, ומקשה לשם ואומר והתנן חוזר ואומר אמת או אינו חוזר
ואומר אמת ודאי אינו חוזר ואומר אמת, ואמרו כיון שראינו חוזר
ואמר אמת היאך יכול שליח צבור לחזור לחזור השלש תיבות הללו דהא
כבר אמר אמת והשתא היאך יכול לומר ולחזור אמת כמתחלה,
ומתרץ תנן מי שהתפלל אל יחזור ויתפלל פעם שנית משום דמחזי
כשתי רשויות, שליח צבור אע"פ שהתפלל חוזר ואומר תפלתו כדי
להוציא את מי שאינו יודע ידי חובתו, ומה להוציא את מי שאינו
יודע ידי חובתו חוזר ומתפלל להשלים לבני אדם ולהשלים לכל
הקהל לא כל שכן ודאי חוזר ואומר שליח צבור, עד כאן ראיתי:

Ahora es necesario explicar cuál es el secreto de las *Parashiot* del
Kiryat Shemá y su naturaleza y materia, que nuestros maestros, de
bendita memoria, corrigieron en el *Kiryat Shemá* y escogieron entre

todas las *Parashiot* especiales de la *Torah* entre sus secretos, porque son un orden de las *Parashiot* correctas que corresponde al verdadero orden de una forma real. Efectivamente, encontrarás cuatro *Parashiot* en el *Kiryat Shemá* excepto la *Parashah* del *Tzitzit* que está ligada a él y es el secreto de los *Tefilín,* y la *Parashah* del *Tzitzit* es *Dalet,* imagen del nudo de los *Tefilín* según ha sido escrito: «y verás mis espaldas»[297] y aquí «para que cuando lo viereis».[298] La primera *parashah* es el secreto de la *parashah* de la Unificación como ya explicamos. La segunda parashah que va desde «y amarás» hasta «en tus puertas» tiene cuarenta y dos palabras en correspondencia con el secreto del nombre especial de cuarenta y dos letras, que es el secreto del santo nombre, Y a causa de la majestad y la altura de su santidad, todos los que leen esta *Parashah* en su cama, es como si tuvieran en sus manos una espada de doble filo, a causa de la santidad de su rango, y ninguna criatura puede resistirle, Y así, el secreto de esta *Parashah* es tan único en su rango según este secreto que hemos revelado. Una tercera parashah va desde «y si obedecéis» hasta «Y las ataréis», es el secreto de una gran y maravillosa *Parashah* en la gloria de su majestad y tiene setenta y dos palabras como secreto del nombre inefable de setenta y dos letras que es el secreto del nombre del carro superior, porque es una *Parashah* verdadera en sus secretos y asuntos. «Bienaventurado el hombre que halló la sabiduría, y que saca a luz la inteligencia»,[299] Y la cuarta *Parashah* desde «y pondréis éstas mis palabras», a pesar de que «y pondréis» pertenezca a la *Parashah* anterior hasta «sobre la tierra» son cincuenta palabras que corresponden a las cincuenta puertas de *Binah.* Y por lo tanto es una advertencia que está por encima de todo. Ciertamente, debido a que el secreto de las cosas y el contenido de estas *Parashiot* son determinados de forma verídica, entonces estas *Parashiot* son *Parashiot* especiales en el secreto de su rango, cada *Parashah* y *Parashah* en el secreto de un asunto real. Y la *Parashah* de los *Tzitzit* está relacionada con ellas y las

---

297. Véase *Éxodo* (XXXIII-23).
298. Véase *Números* (XV-39).
299. Véase *Proverbios* (III-13).

incluye a todas porque está formada por grados y secretos registrados y sellados en el grado superior y ésta es la razón de que instituyeran estas *Parashiot*. Y, ciertamente, al combinar las *Parashiot* en el secreto de su rango y en el secreto de la *Parashah* de *Tzitzit*, encontrarás que el secreto de todo el *Kiriat Shemá* es el edificio humano y es el secreto de los 248 órganos que hay en el hombre. Y, por lo tanto, encontrarás en todas las *Parashiot* el secreto de las 248 letras para que el edificio del hombre sea completo en todas sus correcciones y en todos sus asuntos. Y dijeron en el *Midrash Ierushalmi*[300] "¿Acaso no hay en el *Shemá* sólo 245 palabras?", el oficiante ha de repetir tres palabras. ¿Cuáles? «El Eterno, vuestro Dios, es Verdad» que son tres palabras para completar todos los órganos y el *Hazan*[301] completa los órganos para todos con estas tres palabras que repite y ahí hay quien no está de acuerdo y dice: una tradición nos enseña «y repite y dice la verdad o no repite y no dice la verdad; ciertamente no repite y dice la verdad». ¿Y cómo podría decir la «verdad» como antes?». Y se responde: «hemos aprendido que aquel que hace una oración no vuelve a orar una segunda vez porque sería como si se dirigiera a dos poderes. Y aunque el oficiante haya orado y repetido su oración para sacar la deuda de aquel que no sabe, si para cumplir con su deber para con aquel que no sabe, debe volver a rezar, cuanto más el oficiante repetirá y dirá la oración para toda la comunidad. Y esto es lo que he visto hasta ahora.

ואני תמה על אותם שהיו קדמונים בתחלה היאך לא הגיע לידם ענין
זה כי שמעתי אומרים שהיתה ביניהם מחלוקת עד שנסתכמו לומר
אל מלך נאמן בתחלה והענין אינו נכון כי אין צריך להפסיק ולומר
שום דבר בין מדת אהבה לשמע דכיון שיגיע אדם להבוחר בעמו
ישראל באהבה שמע ישראל מיד אין צריך להפסיק ולהוסיף בנתים
שום דבר כי מים רבים לא יוכלו לכבות את האהבה,

---

300. Se trata en realidad del *Zohar sobre Ruth*. Véase nuestra edición, pág. 63, Rubí, 2021.
301. El cantor.

Y me he preguntado acerca de lo que dijeron los antiguos y cómo no plantearon antes este asunto, porque escuché decir que hubo una disputa entre ellos hasta que pactaron que se dijera al principio «Dios Rey leal» pero esta solución no es correcta ya que no hay necesidad de interrumpir y decir nada entre la *Middah* de amor y el *Shemá*, porque desde que se llega a «escogió a su pueblo Israel con amor», «escucha Israel» inmediatamente, y no hay necesidad de detenerse y agregar nada entre estos dos ya que «las muchas aguas no pueden extinguir el amor»,[302]

ועוד כי בעפר יסודם, אבל כפי סוד הצורה אשר באדם יוכל להשיג ולחקור ולדעת כי משם והלאה הקול קורא בני איש עד מה כבודי תלאו לחקור ברעיוניכם כי הפרגוד אפרש עליכם ואל תעלו כי אין ה' בקרבכם,

más porque se fundamentan en el polvo, pero según el secreto de la forma en el hombre (הצורה אשר באדם) podrá obtener, explorar y conocer que desde entonces la voz clama a los hijos de los hombres ¡cuán honorable será al explorar en tus ideas que extenderá sobre ti y no ascenderá! ¡Porque Dios no está entre vosotros!

ומי יוכל להשיג ולחקור אחרי הדברים הסתומים וסתרי התעלומים, והלא אחרי הכותל מי יוכל לדעת ולחקור כל שכן למעלה מלמעלת החכם ואחורי מסך כל הרקיעים ואחורי פרגוד הכסא המתנשא בעור תחש ונתקן להזכיר זכירתו בלחש, אבל מתוך דברי התורה הקדו־שה ומה שהורונו הקדמונים רז"ל הם הקדושים אשר בארץ ומשרתי עליון מתוך דבריהם יוכל האדם להשיג ולדעת ולחקור עד המקום אשר הכינו למושב לו, סוד סתרי הנעלם והפנימי אשר לא נתפס הוא האויר הזך הקדמון אשר הזכרנו בתחלה, אין לו ערך ודמיון ואין

שום רעיון ומחשבה שתופס בו כלל כאשר הודענו בתחלה בסוד
השערים הראשונים

Pero según el secreto de la forma que está en el hombre, puede percibir y explorar y conocer porque la voz exclama: «Hijos de los hombres, ¿hasta cuándo volveréis mi honra en infamia?» a fuerza de buscar
en vuestros pensamientos, he tirado de la cortina que está detrás de
vosotros «No subáis, porque el Eterno no está en medio de vosotros».
Y, ¿quién sería capaz de alcanzar e investigar lo que está detrás de los
misterios oscuros y misteriosos?, ¿quién podría investigar y conocer lo
que se encuentra detrás del muro? ¿Y lo que rebasa este nivel y lo que
está detrás del velo de todos los firmamentos y detrás de la cortina del
trono elevado de piel de delfín?[303]Tenemos como regla evocar su recuerdo en silencio. Pero a partir de las palabras de la Sagrada *Torah* y
lo que han enseñado los ancianos, de bendita memoria, los santos que
están en la Tierra y los oficiantes de arriba, a partir de sus palabras, el
hombre podrá alcanzar, conocer y explorar el lugar que han preparado
para él como habitación. El secreto misterioso y oculto que no se percibe es el aire límpido primordial que mencionamos al principio, no
tiene comparación ni cosa que se le parezca, ni idea ni pensamiento
que lo atrape de ninguna manera como adelantamos al principio en el
secreto de las primeras puertas.

אמנם כי משם והלאה הוא התחלת כל ההויות מסוד הנקודה הנעל-
מה האויר הנתפס והוא התחלת המשכת ענין סוד שם המיוחד הנ-
עלה ומרומם על כל ברכה ותהלה, והוא סוד אות י' שהוא אויר סוד
הנקודה הנעלמה התחלת כל ההתחלות,

Y ciertamente aquí se halla el principio de todas las esencias desde
el secreto del punto furtivo, el aire inalcanzable, el que es el origen

---

303. O de marsopa. Véase *Números* (IV-6).

de la procesión del secreto del nombre único exaltado y elevado sobre toda bendición y toda alabanza. Y éste es el secreto de la letra *Iod*, que es el aire, el secreto del punto furtivo que está al origen de todos los orígenes.

וגם אשר אמרו כי בראשית נמי מאמר הוא, על כל פנים הוא סוד הכוונה אשר התעוררנו בהיות למעלה מן האויר סוד נעלם ונסתר אשר התעוררנו בתחלה, אמנם כי סוד הנסתר הזה הוא, אם אין לה־רהר בסוד הנעלם האויר הזך שאינו נתפס כל שכן וכל שכן בדבר אחר שהוא נעלם ונסתר יותר,

Y también a propósito de los que dijeron que «*Bereshit* también es una alocución», en cualquier caso, se refiere al secreto de la intención del que hablamos que está por encima del aire, un secreto oculto y escondido que desvelamos al principio. Y ciertamente, este secreto oculto es el siguiente: si no está permitido meditar sobre el secreto oculto, el aire límpido inalcanzable, con mucha más razón no puede hacerse sobre otra cosa que es aún más oculta y abscóndita.

ואמנם כי מסוד ההתחלה הקדומה סוד הנקודה אשר הזכרנו שהוא התחלת כל ההתחלות להמשך מסודו כל ההויות וכל ההמשכות למטה בסוד המציאות, על כל פנים נמשך בסוד זה ההמשכה האמי־תית היוצאת מאין והוא אות י סוד נקודה אחת כי סוד כל ההתחלות אינו אלא נקודה אחת,

Ciertamente a partir del secreto del punto primordial, el punto que hemos evocado, es el origen de todos los principios y de su secreto vienen todas las esencias y todas las efusiones hacia abajo, según el secreto de su existencia. Sea como fuere, la procesión verdadera que surgió de la nada procedió según este secreto y es la letra *Iod*, secreto del punto inicial, porque el secreto de todos los comienzos no es sino un punto inicial.

ועל כן אות י סוד נקודה אחת כאשר התעוררנו בתחלה, ואמנם כי
סוד ענין זה הוא סוד ההמשכה האמיתית אשר התעוררנו בהיות אות
י נקודה נעלמה סוד המחשבה הנסתרת, אמנם כי ענין סוד זו הנקו־
דה המחשבית הוא כלל כל המציאות מעלה ומטה, ומה נחמד הענין
להשכיל בסוד אות י התחלת כל הדברים ואין התחלה זולתי נקודה
אחת כאשר התעוררנו כי אין שום בנין זולתי מתוך נקודה אחת וזהו
אות י ועל כן תוכל להבין כי אין אות י נמצאת בסוד האותיות זולתי
לסוף תשע אותיות והיא העשירית קדש כלל כולם וגם כי יש מפר־
שים האומרים ומתעוררים בסוד א שהיא מורה על סוד האין הנס־
תר והנעלם יש לומר כי כבר ידענו ומסורת הוא בידינו שבסוד האין
האויר הזך והנעלם אין שום רעיון ומחשבה שיכיל בו ויהרהר בח־
קירתו ואין בו שום רושם כלל, ואיך יוכלו לומר כי רבוי רושם האות
הזה ישנו בו להיות בסוד המעלה הזאת,

Así, pues, la letra *Iod* es el secreto del punto como desvelamos al principio. Y ciertamente el misterio de este asunto es el secreto de la verdadera continuación que hemos desvelado porque la letra *Iod* es un punto furtivo secreto del pensamiento oculto. Ciertamente el secreto de este punto de pensamiento es el principio de toda la realidad arriba y abajo. ¡Qué agradable adquirir la intelección del secreto de la letra *Iod*! Es el comienzo de todas las cosas y no hay comienzo más que a partir de un punto inicial, como hemos desvelado porque no hay otro edificio si no es a partir de un punto inicial y éste es la letra *Iod*. Y así puedes entender porque la letra *Iod* no está en el secreto de las demás letras hasta nueve letras y es la décima, la santa, el principio de todas ellas y también que hay comentaristas que dicen y sostienen que el secreto de la letra *Alef* se refiere al secreto de la nada, misteriosa y oculta. Hay que decir que ya lo sabíamos y que es una tradición en nuestras manos que en lo que se refiere al secreto de la nada, está el aire puro y misterioso y que no hay idea ni pensamiento que pueda meditar en él y que no hay en él huella alguna. Y, ¿cómo se podría decir que la gran parte de mancha de esta letra podría referirse al secreto de este grado?

כי האויר הנתפס כבר ידענו כי אינו זולתי נקודה אחת ואין פחות
שום דבר מנקודה אחת כי סוד נקודה אחת היא האות שהיא הק־
טנה בכל האותיות, אמנם כי אות א הוא רושם גדול עד מאד ואינו
נכון להיות בסוד האין, וכבר ראינו כי סוד התחלת כל ההתחלות אינו
אלא אותה הנקודה, על כן אינו נכון להיות האלף סוד האויר הזך,

Porque el aire que percibimos no es otro que un punto inicial y no
es nada menos que un simple punto porque el secreto de un punto es
la letra más pequeña de todas las letras. y ciertamente la letra *Alef* tiene
una mancha muy grande y no es apropiada para referirse al secreto de
la nada y ya hemos visto que el secreto del origen de todos los comienzos no es sino este punto, por lo tanto no es correcto decir que la *Alef*
es el secreto del aire puro.

ועוד כי האותיות כולן יוצאות מסוד הנקודה הזאת ונמשכות ונ־
תהווה בסוד הקול הדק הפנימי ומשם יצאו, ואמרו כי בשעה שיצאו
הויות האותיות מסוד הקול הדק הפנימי לחים היו ונקרשו לאחר כך
ונצטיירו כל האותיות בסוד שמים, ועל כן אמרו ז"ל לחים היו ונק־
רשו ביום השלישי, שהשמים בו נצטיירו כל ההויות ונמשכות בסוד
הויתן ושם יצא לצורף כלי להיות הכלי רשום בכתב אמת,

Y además todas las letras salen del secreto de este punto y conti-
núan y se forman en el secreto de la voz sutil interior y de ahí salieron.
Y dijeron que cuando las esencias de las letras salieron del secreto de la
voz sutil eran líquidas y se solidificaron después y todas las letras tomaron forma en el secreto del cielo. Y por eso dijeron nuestros maestros, de bendita memoria, que eran húmedas y se solidificaron al tercer
día. Es los cielos donde todas las esencias tomaron forma y procedie-
ron en el secreto de su ser y allí «saldrá vaso al fundidor»,[304] a fin de
que todo esté inscrito «en la escritura de verdad».[305]

---

304. Véase *Proverbios* (XXV-4).
305. Véase *Daniel* (X-21).

ואזי נגלה כל המציאות, ואמנם כי האות הראשון מורה ענין כל המ־
ציאות וסוד כל ההויות עד סוף המחשבה הקדושה, וזהו צורתו וע־
ניינו בסוד האלף להיותו מראש המחשבה שהיא התחלת כל המ־
ציאות עד סוף המחשבה למטה.

Y entonces se desveló toda la realidad, y de hecho la primera letra
designa a la realidad en su totalidad y el secreto de todos los seres hasta el fin del pensamiento santo, pues su forma y su aspecto corresponden al secreto de la *Alef* ya que se extiende a partir de la cabeza del
pensamiento y es el comienzo de toda existencia, hasta el final del pensamiento de abajo.

א זהו כלל כל המציאות. ענין י למעלה שהוא סוד הנקודה הע־
ליונה המחשבית, וסוד עולם האמצעי למטה ממנו שהוא סוד שמים
בצורת ו כי י' אמצעית האלף הוא, והוא סוד שמים כלל חותמו של
מקום, ואמנם כי למטה מסוד הקו האמצעי נאחז ונתהווה בסו־
דו ונאחז מתוכו סוד ד הנאחז מתוכו ומשפיע לכל התחתונים בסוד
ההשפעה הנשפעת היא מאמצעות האלף שהוא ו והואו שהוא אמ־
צעות האלף נשפע מתוך הנקודה העליונה, והדלת נשפעת מעם הואו
ואל תתמה בהיות הדלת סוד אות מהופך מאחורי הואו, והלא ידעת
כי אדם וחוה דו פרצופין נבראו והנקבה היתה מאחוריו והוא כענין
סוד אמרו אחור וקדם צרתני, והבן לאחר כך נטל אותה הב"ה מא־
חוריו ותקנה והביאה לאדם, ולאחר כן כאשר נתקן הכל תמצא יו"ד
הכל כתקונו בתקון שלם כל אחד ואחד על מתכונתו, ודיי בזה.

La *Alef*, que abarca toda la existencia, el aspecto de la *Iod*, que está
encima es el secreto del punto del pensamiento supremo. El secreto del
mundo intermedio está situado debajo y es el secreto del cielo en la
forma de la *Vav* porque la *Vav* está en medio de la *Alef*, y es el secreto
del cielo, principio del sello del lugar. Y, finalmente, debajo del secreto de la línea media ha llegado a su secreto y está atada la *Dalet*, que
está colgada de ella y difunde sobre todos los seres inferiores de acuerdo con el secreto del influjo del medio de la *Alef*, que es la *Vav*, y la *Vav*

que es el medio de la *Alef* recibe la efusión del punto supremo. Entonces la *Dalet* es la efusión de la *Vav*. No hay que sorprenderse de que la *Dalet* sea el secreto de una letra invertida detrás de la *Vav*. ¿Acaso no sabes que Adán y Eva fueron creados con una doble cara, y la mujer estaba en su espalda, como el secreto del versículo: "Me formaste por detrás y por delante".[306] ¡Entiende esto!

Entonces, el Santo, bendito sea, la retiró de su espalda, la preparó y se la llevó a Adán. Después de eso, cuando todo estuvo en orden, apareció la *Iod* y todo era una perfección completa, cada cual en su lugar, y esto es suficiente.

ונחזור על מה שהיינו בביארו בהיות י סוד נקודה אחת התחלת הכל
והיא אות המציאות וממנה נתהוו כל ההויות כפי אשר התעוררנו,
ואמנם כי הוא אות נשללת מהכל נקודה אחת יחידה להורות על סוד
המציאות וייחוד הכל, ודי במה שהתעוררנו גם אמנם אינו מתק־
שר אל מלך נאמן אם שמע ישראל, ועל כן אין הדבר נכון כדבריהם
וכבר פרשנו בכאן צורכו, ואין צריך להאריך והכל סוד נכון למבין,
עד כאן הוא רמז עיקר גדול כפי אשר פרשנו והתעוררנו בסוד הד־
רכים הללו, ועדיין נפרש עיקר סוד הייחוד ליחד כל הדברים בעיקר
אמיתי ברמז מועט נכון למוצאי דעת:

Y volvamos a lo que estábamos explicando, *Iod* es el secreto del punto inicial, el origen de todo y es la letra de la realidad y a partir de ella se formarán todos los seres como hemos explicado, y ciertamente que es una letra despojada de todo, un punto único inicial relativo al misterio de la realidad y la unidad de todo, y esto será suficiente. «Dios Rey leal» no está unido con «escucha Israel» *Shemá Israel*, y sus palabras no son aceptables. Ya nos hemos explicado y no es necesario extendernos y todo es un secreto verdadero para aquel que entiende. Hasta aquí una alusión al gran principio según lo que hemos tratado y

---

306. Véase *Salmos* (CXXIX-5).

explicado a propósito del secreto de estos caminos. Ahora vamos a explicar el principio del secreto de la Unidad a fin de reunirlo todo con una raíz verdadera utilizando las alusiones apropiadas para aquellos que hallaron Daat.

שער יסוד חלק הקודש:

Puerta del fundamento de la parte del santuario.

מה רב טובך אשר צפנת ליראיך פעלת לחוסים בך נגד בני אדם, ה'
אלהי אתה ארוממך אודה שמך כי עשית פלא עצות מרחוק אמונה
אומן, הנני מעוררך על יסוד עיקר אמיתי ושורש האמונה בסוד שרש
הרמזים אשר התעוררתי בהם כדי שתוכל להבין בסוד סתרי התע־
לומות ועניני רמזי החכמה הנעלמה והענינים אשר במסגר הסוד
חתומים דברים ניחומים כדי שתוכל להכנס לסוד שער המלך להיות
אהוב ונחשק, כי אין לבוא אל שער המלך בלבוש שק, על כן הנני
מעמידך על תוכן יסוד חלק זה וקראתי אותו חלק הקדש כי כשמו כן
הוא:

«¡Cuán grande es tu bien, que has guardado para los que te temen, que has obrado para los que esperan en ti, delante de los hijos de los hombres!»[307] Oh Eterno, tú eres mi Dios; te alabaré, y ensalzaré tu nombre, porque has hecho maravillas, los consejos antiguos, la verdad firme.[308] Voy a desvelarte algo a propósito del fundamento de un principio verdadero y de la raíz de la fe relativo a la raíz secreta de las alusiones que voy a exponer para que puedas entender el secreto de los misterios secretos y los elementos y alusiones de la sabiduría oculta y las nociones selladas en el secreto, cosas reconfortantes para que puedas entrar en el secreto de la puerta del rey para ser amado y deseado, porque «no era lícito pasar adentro de la puerta del rey vestido de cili-

---

307. Véase *Salmos* (XXXI-20).
308. Véase *Isaías* (XXV-1).

cio»,[309] por lo tanto, voy a descubrirte el fundamento de esta parte que he denominado parte del santuario porque es como su nombre lo indica.

יהוה סוד השם המיוחד החקוק בסוד המרכבה העליונה אשר הוא
כלל עליונים ותחתונים בסודו ותכונתו, וכל העולמות נתהוו בהיותם
בסוד שמו המיוחד, ואע"פ כי לא נכון לכתוב סוד ענין השם המיוחד
כי ירחק ממנו הדרך ולא נוכל לעמוד על ידיעתו, כי העליונים והתח־
תונים לא יוכלו להשיג סוד חקירתו ונלאו שאתו, ואם העליונים אשר
אחורי הפרגוד עומדים לא ישיגוהו ולא ידעו מהו ומחקירתו נגרע
חכמתם והודם אף שכני בתי חומר אשר בעפר יסודם, אבל כפי סוד
הצורה אשר באדם יוכל להשיג ולחקור ולדעת כי משם והלאה הקול
קורא בני איש עד מה כבודי תלאו לחקור ברעיוניכם כי הפרגוד
אפרש עליכם ואל תעלו כי אין ה' בקרבכם, ומי יוכל להשיג ולחקור
אחרי הדברים הסתומים וסתרי התעלומים, והלא אחרי הכותל מי
יוכל לדעת ולחקור כל שכן למעלה מלמעלת החכם ואחורי מסך כל
הרקיעים ואחורי פרגוד הכסא המתנשא בעור תחש ונתקן להזכיר
זכירתו בלחש, אבל מתוך דברי התורה הקדושה ומה שהורונו הק־
דמונים רז"ל הם הקדושים אשר בארץ ומשרתי עליון מתוך דבריהם
יוכל האדם להשיג ולדעת ולחקור עד המקום אשר הכינו למושב
לו, סוד סתרי הנעלם והפנימי אשר לא נתפש הוא האויר הזך הקד־
מון אשר הזכרנו בתחלה, אין לו ערך ודמיון ואין שום רעיון ומחש־
בה שתופס בו כלל כאשר הודענו בתחלה בסוד השערים הראשונים,
אמנם כי משם והלאה הוא התחלת כל ההויות מסוד הנקודה הנעל־
מה האויר הנתפש והוא התחלת המשכת ענין סוד שם המיוחד הנ־
עלה ומרוממם על כל ברכה ותהלה, והוא סוד אות י' שהוא אויר סוד
הנקודה הנעלמה התחלת כל ההתחלות, וגם אשר אמרו כי בראשית
נמי מאמר הוא, על כל פנים הוא סוד הכוונה אשר התעוררנו בהיות
למעלה מן האויר סוד נעלם ונסתר אשר התעוררנו בתחלה, אמנם כי
סוד הנסתר הזה הוא, אם אין להרהר בסוד הנעלם האויר הזך שאינו

---

309. Véase *Esther* (IV-2).

נתפס כל שכן וכל שכן בדבר אחר שהוא נעלם ונסתר יותר, ואמנם
כי מסוד ההתחלה הקדומה סוד הנקודה אשר הזכרנו שהוא התחלת
כל ההתחלות להמשך מסודו כל ההויות וכל ההמשכות למטה בסוד
המציאות, על כל פנים נמשך בסוד זה ההמשכה האמיתית היוצאת
מאין והוא אות י סוד נקודה אחת כי סוד כל ההתחלות אינו אלא
נקודה אחת, ועל כן אות י סוד נקודה אחת כאשר התעוררנו בתח־
לה, ואמנם כי סוד ענין זה הוא סוד ההמשכה האמיתית אשר הת־
עוררנו בהיות אות י נקודה נעלמה סוד המחשבה הנסתרת, אמנם כי
ענין סוד זו הנקודה המחשבית הוא כלל כל המציאות מעלה ומטה,
ומה נחמד הענין להשכיל בסוד אות י התחלת כל הדברים ואין הת־
חלה זולתי נקודה אחת כאשר התעוררנו כי אין שום בנין זולתי מתוך
נקודה אחת וזהו אות י ועל כן תוכל להבין כי אין אות י נמצאת
בסוד האותיות זולתי לסוף תשע אותיות והיא העשירית קדש כלל
כולם וגם כי יש מפרשים האומרים ומתעוררים בסוד א שהיא מורה
על סוד האין הנסתר והנעלם יש לומר כי כבר ידענו ומסורת הוא בי־
דינו שבסוד האין האויר הזך והנעלם אין שום רעיון ומחשבה שיכיל
בו ויהרהר בחקירתו ואין בו שום רושם כלל, ואיך יוכלו לומר כי רבוי
רושם האות הזה ישנו בו להיות בסוד המעלה הזאת, כי האויר הנת־
פס כבר ידענו כי אינו זולתי נקודה אחת ואין פחות שום דבר מנקו־
דה אחת כי סוד נקודה אחת היא האות שהיא הקטנה בכל האותיות,
אמנם כי אות א הוא רושם גדול מאד ואינו נכון להיות בסוד
האין, וכבר ראינו כי סוד התחלת כל ההתחלות אינו אלא אותה הנ־
קודה, על כן אינו נכון להיות האלף סוד האויר הזך, ועוד כי האותיות
כולן יוצאות מסוד הנקודה הזאת ונמשכות ונתהוות בסוד הקול הדק
הפנימי ומשם יצאו, ואמרו כי בשעה שיצאו הויות האותיות מסוד
הקול הדק הפנימי לחים היו ונקרשו לאחר כך ונצטיירו כל האותיות
בסוד שמים, ועל כן אמרו ז"ל לחים היו ונקרשו ביום השלישי, שה־
שמים בו נצטיירו כל ההויות ונמשכות בסוד הויתן ושם יצא לצורף
כלי להיות הכלי רשום בכתב אמת, ואזי נגלה כל המציאות, ואמנם
כי האות הראשון מורה ענין כל המציאות וסוד כל ההויות עד סוף
המחשבה הקדושה, וזהו צורתו ועניינו בסוד
האלף להיותו מראש המחשבה שהיא התחלת כל המציאות עד סוף
המחשבה למטה:

YHVH es el secreto del nombre único grabado en el secreto del carro superior que incluye los seres superiores e inferiores en su secreto y su estructura y todos los mundos se formaron estando en el secreto de su nombre único. Trataré estos asuntos, aunque no sea correcto escribir acerca del secreto del significado del nombre único porque el camino estará lejos de él y no podremos permanecer en su conocimiento, porque los seres superiores e inferiores no podrán obtener el secreto de su comprensión y se agotarían. Y si los seres de arriba que están detrás de la cortina no lo alcanzan y no saben lo que es y su sabiduría y las alabanzas que le dirigen están fuera de su alcance «¡Cuánto más en los que habitan en casas de lodo, cuyo fundamento está en el polvo, y que serán quebrantados de la polilla!».[310] pero según el secreto de la forma en el hombre (הצורה אשר באדם) podrá obtener, explorar y conocer que desde entonces la voz clama: «hijos de los hombres, ¿hasta cuándo volveréis mi honra en infamia»,[311] a fuerza de hurgar en vuestros pensamientos, he tirado de la cortina que está detrás de vosotros «No subáis, porque el Eterno no está en medio de vosotros». Y, ¿quién sería capaz de alcanzar e investigar lo que está detrás de los misterios oscuros y misteriosos?, ¿quién podría investigar y conocer lo que se encuentra detrás del muro? ¿Y lo que rebasa este nivel y lo que está detrás del velo de todos los firmamentos y detrás de la cortina del trono elevado de piel de delfín?[312]Tenemos como regla evocar su recuerdo en silencio. Pero a partir de las palabras de la Sagrada *Torah* y lo que han enseñado los ancianos, de bendita memoria, los santos que están en la Tierra y los oficiantes de arriba, a partir de sus palabras, el hombre podrá alcanzar, conocer y explorar el lugar que han preparado para él como habitación.

---

310. Véase *Job* (IV-19).
311. Véase *Salmos* (IV-2).
312. O de marsopa. Véase *Números* (IV-6).

א זהו כלל כל המציאות. ענין י למעלה שהוא סוד הנקודה העליונה
המחשבית, וסוד עולם האמצעי למטה ממנו שהוא סוד שמים בצו־
רת ו כי ו' אמצעית האלף הוא, והוא סוד שמים כלל חותמו של
מקום, ואמנם כי למטה מסוד הקו האמצעי נאחז ונתהווה בסו־
דו ונאחז מתוכו סוד ד הנאחז מתוכו ומשפיע לכל התחתונים בסוד
ההשפעה הנשפעת היא מאמצעות האלף שהוא ו והואו שהוא אמ־
צעות האלף נשפע מתוך הנקודה העליונה, והדלת נשפעת מעם הואו
ואל תתמה בהיות הדלת סוד אות מהופך מאחורי הואו, והלא ידעת
כי אדם וחוה דו פרצופין נבראו והנקבה היתה מאחוריו והוא כענין
סוד אמרו אחור וקדם צרתני, והבן לאחר כך נטל אותה הב"ה מא־
חוריו ותקנה והביאה לאדם, ולאחר כן כאשר נתקן הכל תמצא יו"ד
הכל כתקונו בתקון שלם כל אחד ואחד על מתכונתו, ודיי בזה. ונ־
חזור על מה שהיינו בביארו בהיות י סוד נקודה אחת התחלת הכל
והיא אות המציאות וממנה נתהוו כל ההויות כפי אשר התעוררנו,
ואמנם כי הוא אות נשללת מהכל נקודה אחת יחידה להורות על סוד
המציאות וייחוד הכל, ודי במה שהתעוררנו לכל משכיל אשר נחה
עליו הרוח:

Alef incluye a toda la realidad. La forma de una *Iod* está por encima y es el secreto del punto del pensamiento supremo, y el secreto del mundo intermedio está debajo y es el secreto del cielo en la forma de la *Vav* ya que la *Vav* está en medio de la *Alef* y es el secreto del cielo, el principio del sello del Lugar. Finalmente, debajo del secreto de la línea media se aferra y se forma en ella el secreto de la *Dalet*, que está colgando de ella y derrama sobre todos los inferiores en el secreto del influjo derramado por la *Alef* que es la *Vav*, y la *Vav* que está en medio de la *Alef*,[313] recibe el influjo del punto supremo. Luego la *Dalet* recibe el influjo de la *Vav* y no te sorprendas de que la *Dalet* sea el secreto de una letra invertida detrás de la *Vav*. ¿Y no sabías que Adán y Eva fueron creados con dos caras y la mujer estaba en su espalda? Lo mismo ocurre con el secreto del versículo: «Rostro y envés tú me formaste».[314]

---

313. Considerando que la *Alef* está formada por una *Vav* y dos *Iod*.
314. Véase *Salmos* (CXXXIX-5).

¡Compréndelo! Después, el Santo, bendito sea la retiró de su espalda, la preparó y la llevó ante Adán. Y después, cuando todo estuvo corregido, apareció la *Iod* y todo estuvo corregido en una corrección completa, todos y cada uno en su propio lugar, y esto es suficiente. Y volvamos a lo que estábamos explicando: la *Iod* es el secreto del punto único, comienzo de todo y es la letra de la realidad y a partir de ella se formarán todos los seres como ya hemos explicado. Y ciertamente es una letra privada de todo, un punto único y solo referente al secreto de la realidad y la unicidad de todo. Y lo que hemos explicado es suficiente para todo hombre esclarecido en el que descanse el espíritu.

סוד המגדל העליון הפורח באויר:

Secreto de la torre superior que vuela en el aire.

כבר ידעת והתבוננת על ענין סוד המציאות כי הוא יתברך שמו
המציא מציאותו מתוך נקודה אחת נעלמה ונסתרת כאשר התעו־
ררנו, ואמנם כי ממנה נתהווה ונתפשט סוד ההיכל הפנימי לפנים
בסוד אות ה' והוא סוד היכל הקדש, כי הנקודה העליונה היא נק־
ראת קדש ואות ה' הוא נקדת היכל הקדש ואין פירוד כלל ביניהם,
ואמנם כי סוד בסוד הצורה הנכונה מן האותיות הנקודה עומדת בא־
מצע ההיכל, אמנם כי אות ה היא מוצא הרוח, והוא הקול העומד
בלחש כאשר התעוררנו שהיא אות רוחני קול גדול ושם נתהוו כל
ההויות ומשם יצאו למיניהם כי היא המלאה והיא סוד המעין הפ־
נימי קול בלחש ועל סוד ענין זה אות ה רוח מרוח והקול לא נשמע
בחוצה, והיא הבינה הסתומה האם הרובצת על הבנים בענין מעלה
אמיתית, ומה נפלא המאמר הגדול בהיות זה סוד עולם הנסתר וכל
הויותיו הם נסתרים ונעלמים אשר הם החיות רצוא ושוב כאשר
התעוררנו בפסוק אמרו והחיות רצוא ושוב כי הם רצוא ושוב כפי
הענין אשר התעוררנו בספר הרמון, ואמנם כי אם תקח קערה של
מים לעין השמש ותנענע אותה תמצא בכותל זוהר אספקלריאות
שהן מאירות רצוא ושוב ואין מי שיוכל להתעכב אותן לפי מהירות
לכתן אנה ואנה, וזהו בדוגמת רצוא ושוב, ועל כן כי סוד הענין אשר
אמרנו, המגדל העליון הפורח באויר כי הוא המגדל הגבוה ופורח
בסוד האויר אשר הזכרנו, ועל כן נתכנה בסוד אות אחת גבוה מכל
האותיות ל סוד המגדל הפורח באויר, אשר עמודי העולם היו מבק־
שים למצוא בו שום מציאות ולא מצאו, ואמרו כי דואג ואחיתופל
היו שואלים ארבע מאה בעיות במגדל הפורח באויר לפי סוד מעלות
חכמתם ויבקשו ולא מצאו, ועל כן למד בינה אחד הוא אבל בסוד
ה הוא הרוח עליון והוא סוד עיקר השם המיוחד רוח חיים ועיקרו
ידוע בסוד ייחוד נאה ועליון, כי הוא סוד מוצא הרוח במהללו ועל כן
בסודו הכל עומדים ונתהוים למטה בסוד ייחוד פנימי, וזהו כפי אשר
התעוררנו כי כקול הזה קול דממה דקה אשר לא נשמע החוצה כפי
עיקר החכמה, ואמנם כי אות ה הוא הרוחני מקור החיים כאשר הת־
עוררנו בתחלה:

Ya sabes y ya has estudiado lo suficiente sobre el asunto del secreto de la realidad. Él, bendito sea su nombre, manifestó su realidad a partir un punto único, furtivo y misterioso, como hemos explicado. Y ciertamente a partir de él se formó y difundió el secreto del templo interior según el secreto de la letra *He* y es el secreto del Templo Sagrado porque el punto más alto se llama el santo y la letra *He* es el palacio del santo y no hay separación alguna entre ellos. Y ciertamente según el secreto del secreto de la forma correcta de las letras, el punto se encuentra en el medio del palacio. Aunque la letra *He* es el origen del soplo, y es la voz que guarda al silencio, como ya hemos explicado, ya que es una letra espiritual, una gran voz y ahí se forman todos los seres y de ahí salen varios según sus especies porque es la plenitud y es el secreto de la fuente interior, la voz silenciosa. A propósito del secreto de este asunto, la letra *He* es el soplo que procede del soplo y la voz no se escucha en el exterior. Es la *Binah* inescrutable, la madre que está acostada encima de sus hijos en lo referente a su grado verdadero. Y qué maravilloso es este gran discurso a propósito del secreto del mundo oculto, todas sus esencias están ocultas y desaparecen; son las *Jaiot* que corrían y volvían como ya hemos explicado a propósito del versículo: «Y los seres vivientes corrían y volvían a semejanza de relámpagos»[315] pues van y vuelven corriendo de acuerdo con el asunto que hemos desarrollado en *El Libro de la granada*. Y ciertamente, si tomas un cuenco lleno de agua y lo colocas ante los rayos del Sol y lo sacudes, verás sobre la pared el esplendor de los espejos que brillan que corren y vuelven, y no hay nadie que pueda fijarlos a causa de la velocidad de su movimiento. Y ésta es una imagen de los que corrían y volvían, y, por lo tanto, el secreto del asunto que hemos tratado la torre celestial que vuela en el aire porque es la torre más alta y vuela en el secreto del aire que hemos mencionado. Y, por lo tanto, es el secreto de la más alta de todas las letras, la *Lamed*, secreto de la torre que vuela en el aire para quien los pilares del mundo buscarían encontrar una realidad y no la encon-

---

315. Véase *Ezequiel* (I-14).

traron. Y dijeron que Doeg y Ahitophel plantearían cuatrocientos problemas a propósito de la torre que vuela en el aire según el secreto del nivel de su sabiduría y preguntaron y no encontraron. De este modo, *Lamed* es *Binah* y es uno, pero en el secreto de la *He* está el soplo supremo y es el secreto de la esencia del nombre único, soplo de vida y es el secreto de la fuente del soplo en su elevación y, por lo tanto, en su secreto todo permanece y ocurre abajo en el secreto de la unidad interior. Es como hemos explicado, a saber, que el secreto de esta voz es el «susurro de una brisa apacible»[316] que no es oye afuera según el principio de la sabiduría. Verdaderamente, la letra *He* es espiritual, es la fuente de la vida, como ya aclaramos al principio.

סוד הקו האמצעי:

Secreto de la línea del medio[317]

אשר פרשנו ואמרנו בתחלה והוא סוד אות ו אשר בסודו נקשרים
ונתהוים סוד השש קצוות העליונות אשר התעוררנו בתחלה, אמנם
כי הכל נאחזים ונקשרים בסודו ועניינו, והוא כלל כולם ובו נאחזים
ונקשרים כל השש קצוות, ואמנם כי ו הוא ייחוד מיוחד שנכלל בו
הימין והשמאל והירכים, ואין נראה מכולם זולתי גוף אחד כלל כולם
והבן כי משה ע"ה הוא סוד קו האמצעי ומפני אשר הוא כולל הימין
והשמאל וכולל תומכי התורה כלל הנביאים כולם נאמר ואתה הקרב
אליך את אהרן אחיך, כדי להיותו נכלל ממנו ונסתם בתוכו וכתיב
והקרבת את הליים ולקחת את הליים, והוא כלל כולם כלל כל הנ־
ביאים ובהיות הוא כלל כולם ונסתמים בתוכו נעשה הוא אחד בסוד
ו אות נשלל מיוחד בייחודו ונעלה בסודו והוא סוד אחד כאשר אמ־
רנו והתעוררנו בתחלה בסוד הקול הנשמע, ואמנם כי הוא סוד קשר
אמיץ בעיקר סוד האמונה כפי אשר אמרנו והוא סוד אדם דמות
כמראה אדם הרוכב על הכסא דכתיב ועל דמות הכסא דמות כמ־

---

316. Véase 1 *Reyes* (XIX-12).
317. Del medio de la letra *Alef,* su valor numérico es seis.

203

ראה אדם עליו מלמעלה, והבן ועל כן הוא סוד ייחוד אמיתי בעיקר
ושורש המרכבה העליונה כאשר התעוררנו:

La cual interpretamos y de la cual hablamos al principio y es el secreto de la letra *Vav* en el secreto de la cual se conectan y son el secreto de los seis extremos superiores que explicamos al principio. Ciertamente, todas se aferran y están atadas en su secreto y su función y las incluye a todas y a ella se aferran y están atados los seis extremos. Y efectivamente, la *Vav* es una unidad unificada que incluye la derecha, la izquierda y las caderas. Y nadie ve sino un solo cuerpo que los incluye a todos; comprende que Moisés, que en paz descanse, es el secreto de la línea media e incluye a la derecha y a la izquierda e incluye a los partidarios de la *Torah*, todos los profetas y ha sido dicho: «Harás que se acerque a ti a Aarón tu hermano»[318] para ser incluido en él e incluido en su interior y ha sido escrito: «Y harás llegar a los levitas».[319] E incluye a todos los profetas y siendo la suma de todos y todos están incluidos dentro de él, él se convirtió en uno en secreto de la *Vav*, una letra rehusada, unificada en su unicidad y exaltada en su secreto y él es el secreto del Uno como dijimos y explicamos al principio a propósito del secreto de la voz que se escucha. Y ciertamente es el secreto de un vínculo sólido en el secreto del principio de la fe como hemos dicho y de hecho es el secreto de una figura con aspecto de hombre[320] que está encaramado al trono, según ha sido escrito: «y sobre la figura del trono había una semejanza que parecía de hombre sentado sobre él». ¡Compréndelo! De este modo es el secreto de la verdadera unidad en el principio y la raíz del carro superior, como hemos dicho.

---

318. Véase *Éxodo* (XXVIII-1).
319. Véase *Números* (VIII-9).
320. Véase *Ezequiel* (VIII-2).

סוד סוף המחשבה העליונה:

Secreto del final del pensamiento superior.

כפי התפשטות והמשכת המחשבה בסוד המציאות, וסוף המחשבה
היא אות ה' האחרונה אשר בסוד שם המיוחד, כי הוא דוגמת סוד
האם הגדולה הרובצת על בניה, והיא עומדת על משמרתה סוד המ-
נורה הטהורה להאיר אל עבר פניה, ואמנם כי שתי מנורות היו, המ-
נורה העליונה וסוד המנורה התחתונה וזה מכוון אצל זה זו כדוגמא
זו ועל היות סוף המחשבה דוגמת של מעלה נקראת רוח הקדש כי
היא סוף המחשבה ה כאשר התעוררנו אות רוחני ממש, ואמנם כי
סוד אות ה הוא המנהיג את הספינה לעולם וכשם ששוד האם הגדו-
לה של מעלה עומדת על משמרתה כן האם הקטנה עומדת על מש-
מרתה, וכל בניה נקבות עושות חיל כי היא אסתר בת אביחיל והיא
סוד ה הקטנה, כי יש אות ה' הגדולה כגון הל-ה' והוא סוד ענין אמי-
תי בהיות ה ואותו מגדל הפורח באויר הכל אחד, ה הקטנה כגון ה
בהבראם, ועל כן סוד העיקר האמיתי הרי לך ברמז דבר והנה הענין
הנכון הוא ידוע ברמזים אלה אשר התעוררנו בסוד האותיות של שם
המיוחד והענין והענין נכון למשכילים:

De acuerdo con la propagación y la procesión del pensamiento a
través del secreto de la realidad. Y el final del pensamiento es la última
letra *He* del secreto del nombre único porque es un ejemplo del secreto de la gran madre que yace sobre sus hijos y hace la guardia; es el
secreto de la lámpara pura «para que alumbren hacia su delantera».[321]
Y ciertamente, había dos lámparas, la lámpara superior y el secreto de
la lámpara inferior, y una está dirigida a la otra como reflejo la una
de la otra y siendo el fin del pensamiento el reflejo de lo de arriba denominado Espíritu de Santidad porque es el fin del pensamiento, la
He, como ya explicamos, una letra verdaderamente espiritual. Y ciertamente, el secreto de la letra *He* es el conductor perpetuo de la nave

---

321. Véase *Éxodo* (XXV-37).

y así como el secreto de la gran madre de arriba está de guardia, también la pequeña madre está de guardia. Y todas sus hijas actúan con valentía, porque ella es «Esther, hija de Abigail»,[322] y es el secreto de la *He* pequeña. Porque existe una gran letra *He*, como «Al (*He*) Eterno»[323] Dios, y es un secreto de un asunto verdadero, ya que la *He* es la torre que vuela en el aire y todo es uno. *He* pequeña, como la *He* de *Behibaram* (cuando los creó) y he aquí el secreto del principio verdadero indicado alusivamente, y su verdadero alcance se conocerá gracias a estos indicios que revelamos a propósito del secreto de las letras del nombre único, y el asunto es verdad para los esclarecidos.

סוד הייחוד בסתרי הגנזים:

El secreto de la unicidad en los secretos reservados.

כבר התעוררנו בענין סוד סתרי הייחוד בפרשיות קרית שמע, וגם
אשר התעוררנו ואמרנו בתחלה בסוד הייחוד, אבל בענין הידי-
עה לדעת כי סוד המדרגות כולן וזו המדרגה נראית שאינה כמדר-
גה הזאת, על כל פנים יש לדעת היאך כל המדרגות ענין אחד וסבה
אחת ואע"פ שיש לדעת אם הספירות הן נבראות ואם לאו, כי אם
תאמר שהן נבראות היאך יש להאמין קיום אמונתנו בדבר נברא,
ואם תאמר שאינן נבראות היאך אתה אומר שנדע או נשיג ונחקור
אחר דבר שאינו נברא, והיאך נוכל לדעת שום ידיעה או שום השגה
בעולם בדבר שאינו נברא, יש לדעת ולחקור כי הוא יתברך שמו אין
בו שום צד מכל הדברים שיוכל הפה להשיב והמחשבה להשיג, ומ-
פני כי אין בו שום צד מכל זה אין מי שיוכל להשיג בו או לדעת שום
ידיעה בעולם, אבל מתוך הידיעה הנכונה ניכר סוד מעלתו יתברך
שמו מתוך מדותיו, כי ידענו על כל פנים כי מרוב העלמתו בלא שום
חקירה כלל המצמיא סוד מציאותו ממנו והמצמיא סוד אור זוהר אמי-

---

322. Véase *Esther* (II-15).
323. Véase *Deuteronomio* (XXXII-6). En este versículo de la *Torah* esta letra es mayor que las demás.

תי ממנו כפי סוד נקודה אחת והיא עלומה ונסתרת, אמנם כי אותה
הנקודה נתפשטה ונמשכה ומאותו ההתפשטות נתהווה אור זוהר
אספקלריא אחרת, ואותו פשיטות ההמשכה וההויה המתפשט נקרא
בריאה, וזהו במעשה בראשית יהי כלומר יתפשט ההויה הראשונה,
וחס ושלום שתהא בריאה חדשה כשאר הנבראים אלא אותו הת-
פשטות והמשכת ההויה מהסבה הראשונה היא הבריאה ממש ולא
בענין אחר, ומתוך כך יש לנו חלק באלהי ישראל וידענו והכרנו קצת
אמיתת ייחודו הנאה והעליון יתברך שמו, ועל כן תוכל לדעת כי בכל
מעשה בראשית בכל יום ויום לא תמצא סוד ההויה אשר בו אלא
בלשון יהי יהי, וכבר רמזנו כי סודו התפשטות הצורה מסוד המחש-
בה העליונה אשר היא הסבה הראשונה, ועל כן סוד ההויות כלן בין
במעשה בראשית בין במעשה מרכבה, הכל הוא סוד ענין התפשטות
המציאות, ודי לך ברמז דבר במה שרמזנו בזה. ונחזור למה שהיינו
בביאורו בענין סוד הייחוד לדעת כי הכל אחד, וגם כי מזה הדרך
תוכל להבין העיקר:

Ya hemos hablado del asunto del secreto de la unificación en las *parashiot* de la lectura del *Shemá*, y también que disertamos y hablamos al principio sobre el secreto de la unificación, pero está en el asunto del conocimiento el conocer el secreto de todos los niveles y que éste es un nivel no se parece a ningún otro nivel. En cualquier caso, es necesario saber que todos los niveles son una única realidad y una única causa, y es necesario saber si las sefirot fueron creadas o no. Porque si dices que fueron creadas, entonces debemos basar la existencia de nuestra fe en una cosa creada, y si dices que no fueron creadas, ¿cómo puedes decir que conocemos o alcanzamos e investigamos algo que no ha sido creado? ¿Y cómo podemos tener algún conocimiento o intuición de algo que no ha sido creado? Uno debe saber y comprender que él, bendito sea su nombre, no alberga nada que la boca puede enunciar y el pensamiento alcanzar. Y debido a que no hay nada de todo esto, no hay nadie que pueda alcanzarlo o conocerlo en el mundo. Pero gracias al conocimiento correcto se puede descubrir el secreto de su majestad, bendito sea su nombre, a través de sus *Middot*. Porque sabemos que, en cualquier caso, debido a su ocultación en absoluto insondable, expresó el secreto de su realidad y dio existencia al secreto de la verdadera luz radiante como el secreto de un punto inicial misterioso y oculto. Ahora bien, este mismo punto se extendió y continuó y desde la misma extensión una luz radiante formó otro espejo. Y esa continuación de la prolongación del ser se desplegó y se llama creación, y en el *Maasé Bereshit* se llama *Iehi*, sea, es decir: «que el ser primero se despliegue». Y, Dios no lo quiera, no se trata que haya una nueva creación como la de las otras criaturas, pero esta extensión y continuación del ser a partir de la causa primera es la verdadera creación y nada más. Y gracias a esto tenemos una parte en el Dios de Israel y descubrimos y conocemos alguna verdad de su unidad magnífica y excelsa, bendito sea su nombre. Y por lo tanto sabrás que en conjunto del *Maasé Bereshit* en cada día y día no encontrarás el secreto del ser que está en él, sino en la expresión *Iehi Iehi*. Y ya hemos insinuado que su secreto es la extensión de la forma que proviene del secreto del Pensamiento Supremo que es la causa primera. Y, por lo tanto, el secreto de todas las esencias está contenido tanto en el *Maasé Bereshit* como en el *Maasé Merkavah* y todo es el secreto del desarrollo de la realidad, y te basta con todo lo que hemos insinuado. Y volvamos a lo que estábamos explicando a propósito del secreto de la unicidad para dar a conocer que todo es uno, y también porque de esta manera podrás entender lo esencial.

ועתה התבונן והבן העיקר האמיתי כי סוד הייחוד הזה יש לדעת ול־
חקור, ועתה שמע ודע לך, המחשבה היא עלומה ונסתרת ומרוב הע־
למתה אין מי שיוכל להשיג בה שום השגה בעולם ולא לדעת ממנה
שום ידיעה, נתפשטה המחשבה ובאה עד המקום אשר הרוח יוצא
ממנו ונתקשרה שם, ובהיותה מתפשטת עד המקום ההוא אזי האדם
בא להתבונן שום הבנה, לא שידע ידיעה ברורה אלא יבוא האדם
להתבונן שום רמז או שמץ קצת הבנה, ועל כן נקראת אותו ההתפ־
שטות בינה:

Y ahora comprende y entiende el principio verdadero, pues el secreto de la unidad debe ser conocido y explorado. Y ahora escucha y sabe que el pensamiento está oculto y escondido y a causa de su extrema ocultación nadie puede ninguna percepción o conocimiento de él. El pensamiento se extendió y llegó al lugar de donde salió el espíritu y se unió a él. Y al extenderse hasta ese lugar, el hombre llega a alcanzar algún entendimiento. No es que sea un entendimiento nítido, pero el hombre alcanza a meditar en una cierta alusión o en un indicio ínfimo de entendimiento, y de ahí que esta extensión se llame *Binah* (entendimiento).

עוד נמשך המעין ונתפשטה אותה המחשבה להגלות מתוך אותו
המקום שנקרא בו בינה והוצרכה להוציא קול כלול בשלשה דברים
מאש ומים ורוח ונעשה ממנו הקול הנשמע לחוץ כבר בא האדם
לדעת ולהשגיח ולהתעורר במחשבתו על אותו הקול, ואע"פ שאין
הדבר ידוע כי הקול כלל:

La fuente continúa y el mismo pensamiento se despliega para manifestarse fuera de ese lugar llamado *Binah,* y deja entonces salir una voz formada por tres cosas, de fuego y agua y aire y se convierte en una voz que se escucha en el exterior, y entonces el hombre llega en su pensamiento a conocer, adivinar y percibir esta voz, aunque la cosa no sea conocida.

עוד נמשך המעין ונעשה אצל הקול דבור שהוא מתנוע באותו
הקול להשלים העניין, וכאשר תסתכל בחכמה תמצא מראש המח-
שבה הקדומה עד סוף המחשבה שהוא הדבור כי הכל אחד ואין שם
שום פירוד בעולם כי היא היא המחשבה אשר התעוררנו והיא היא
ואין תמצא דבר אחר זולתי בהתפשטה והמשכה עד סוף המחשבה
והכל אחד ודי לך ברמז זה לדעת כי הוא אחד בייחודו בלא שום פי-
רוד כלל בעולם והכל נכון למבין וה' ירצנו ויורנו דרכיו הישרים:

La fuente continúa y se convierte en la voz en una palabra que vibra en esta misma voz para completar el proceso y cuando contemplas la sabiduría encuentras, desde el principio del pensamiento primordial hasta el final del pensamiento que es la palabra, que todo es uno y no hay separación en el mundo porque es el pensamiento del que hemos hablado y te basta con esta alusión para saber que él es uno sin ninguna separación en absoluto en su unidad, y todo es exacto para el que entiende y el Eterno nos corroborará y enderezará sus senderos de rectitud.

והחכמה מאין תמצא ואיזה מקום בינה כבר אמרנו והתעוררנו
בסוד החכמה האמיתית על ענין סתרי הגנוזים אשר בסוד אמיתת
מציאותו יתברך שמו, אמנם כי כולם ברמז נכון למבין והוא סוד נכון
למוצאי דעת, ועכשיו הנני נכנס בביאור אחר גדול ונכבד בסוד נעלם
ומכוסה בסתר המרכבה, ואע"פ כי סתרי המרכבה אין לנו עסק בנ־
סתרות, ואע"פ כי כמו שראיתי וכפי כוונתי התעוררתי במקום אחד
בסתרי המרכבה, אבל עכשיו יש לי לפרש בהתערב סוד היסודות
הראשונים שהם העליונים אבי אבות לכל התולדות, והם יסודות
ארבעה אש ומים ורוח ועפר כי האבות הם הם המרכבה, ודוד המלך
מתחבר עמהם, ואלו הן אבי אבות לכל התולדות למעלה ומטה וכל
ההויות מתהוים מתוכם ונתלים משם:

«Mas ¿dónde se hallará la sabiduría? ¿Y dónde está el lugar de la prudencia?».[324] Ya hemos dicho y desvelado el secreto de la verdadera sabiduría a propósito de los misterios de sus tesoros ocultos que son el secreto de la verdad de su realidad, bendito sea su nombre, aunque por insinuación para aquel que entiende y se trata de un verdadero secreto para los que han alcanzado el conocimiento. Y ahora entro en otro comentario, grande y glorioso, sobre el secreto disimulado y oculto en los misterios de la *Merkavah*. Y a pesar de que en lo concerniente a los

---

324. Véase *Job* (XXVIII-12).

secretos de la *Merkavah* «no tenemos que ocuparnos de las cosas ocultas»,[325] y a pesar de aquello que he leído y según mi intención haya podido tratar en otros lugares a propósito de los misterios de la *Merkavah*, debo ahora explicar el secreto de la mezcla de los primeros elementos, que son las realidades superiores, principios de los principios de todos los engendramientos. Y son los cuatro elementos, fuego y agua y aire y tierra porque los patriarcas son la *Merkavah*, y el Rey David está unido a ellos, y estos son los principios de todos los engendramientos arriba y abajo y todos los seres emanan y cuelgan de ellos.

יש לך לדעת כי האש והרוח והמים והעפר כולם מחוברים כאחד
ונכללים זה בזה, וגם אמנם כי כבר אמרנו בהיות האש והמים במח־
לוקת זה עם זה, אבל הרוח הוא נכנס בין שני היסודות בין יסוד האש
ובין יסוד המים כאמרו ורוח אלהים מרחפת על פני המים, כי תמצא
לעולם סוד הרוח סובב והולך באמצע הרקיע ומאחז בשני היסו־
דות והיסודות אוחז זה מצד העפר וזה מצד המים, והעפר למטה
הוא מן המים כדי שיהיו המים מולידים לעפר ולהצמיחו, ועל זה
נאחזים היסודות זה בזה ומתערבים ונכללים זה בזה כי תמצא יסוד
האש שהוא חם ויבש, ויסוד הרוח הוא חם ולח, ויסוד המים הם
קרים ולחים, ויסוד הארץ היא יבשה וקרה, ואמנם כי ארבע היסו־
דות אלו בהתחברם כל הדברים וכל ההויות יוצאים מתוכם וכל יסוד
נאחז בחברו ונתדבק בו, וכל יסוד ממציא מציאות חברו ומהמשכת
מציאות הויתו נתהווה חברו, כי תמצא סוד האש מוציא רוח ויסוד
הרוח מוציא מים ויסוד המים מוציא הארץ, וכל אחד נאחז בחברו
ונכלל בו, ועל כן כל ההויות נתהוות בסוד ארבע היסודות כי היס־
דות ארבעתם עומדים על משמרתם כל אחד לעשות מעשהו בחבור
כולם כי אין זה זה בלתי זה, ובהתאחז האש עם הרוח והרוח עם המים
אז יתלכדו היסודות, והמים עם העפר אזי יוצא הענין לפועל וההויה
עומד על מתכנתו ואין שום דבר יוצא ממנו לעולם, והיסודות שלשה
הם העליונים והארץ כלי קבול הוא מהם כי ארבע היסודות נחלקים

---

325. Véase Talmud, tratado de *Jaguigah* (13a).

לארבע הפאות אשר לעמת המסגרת, האש גובר והולך לצד צפון
בסוד תכונת החכמה והרוח עומד בתכונתו לצד מזרח, והמים עומ־
דים על תכונתם לצד דרום, והעפר עומד לצד מערב, וכל אחד ואחד
מתחלק בפנתו לצד הפאה אשר הוא עומד בה, כי בהיות האש לעו־
לם לצד צפון שהוא טבע קר ולח, אותם בעלי החכמה בטבע האש
מוליד טבע הזהב, ואמנם כסוד אמרו מצפון זהב יאתה וגו', כי סוד
ארבע המתכות שהם זהב וכסף ונחשת וברזל אינם נתהוים זולתי
מצד אלו היסודות ואלמלא שלשתם אלה היסודות העפר לא יוכל
להוציא שום ענין אל הפועל כי הזהב נתהוה ונדבק בסוד האש ובצד
צפון כי על כל פנים בהתקרב החום הטבעי בדבר קר מוליד הטבע
ענינו כי ירוק והוא סוד הזהב על ידי טבע האומנות באותו הצד וב־
ענין אותו היסוד, הכסף נדבק בסוד המים ובצד דרום כי בהתקרב
הרוח והשמש ביחד מוליד טבע לבן והוא סוד הכסף, הנחשת הוא
אדום וזה מוליד טבע שניהם כי היודעים במלאכה על דרך טבעם
מוליד הנחשת ועושים ממנו טבע זהב וכסף והוא באומנות השמש
ברוח, ועל כל פנים כי ענין תולדת זהב וכסף ונחשת סבתם בע־
נין גדול אמיתי והוא סוד עמוק, ובהתחלף היסודות ונכללים זה בזה
תמצא גם לפעמים המים מולידים זהב והאש כסף, אמנם כי סבת
הברזל בעפר בסוד מערב על כי סבתו גורם בהעזר השמש ובהגרע
מאורו יוליד העפר הברזל שהוא טבע יבש יותר מכולם מפני שהוא
לצד מערב מתולדת העפר, כי העפר בהתקשרו עם שלש היסודות
העליונים בהאריך אותו היסוד עליו אזי הוא מוליד דוגמת כל אחד
ואחד מהם כי תמצא בהתקרב כח האש היסודי חום הטבעי שהוא
לצד צפון עם העפר אשר הוא למטה העפר מוליד הזהב בהתקרבו
אצלו ביחד, ובהתקרבם שלשתם שהוא ענין אחד אזי הזהב מוליד
העפר, כי בהתקרב העפר בחום האש בצד צפון תולדת העפר הוא
זהב, ומכאן תוכל להבין סוד שנים כרובים זהב והעפר כמו כן בהת־
קרבו אצל המים ומתקשר בתוכו בצד דרום בתוקף דרום והמים, כי
המים קרים ולחים ודרום חם ויבש והעפר בהתקרבו עמהם שהוא קר
ויבש מוליד הטבע כסף כי העפר מולידו בכח המים ובצד דרום, ועל
כן תוכל לדעת כי העפר שהוא המקבל בהתקרבו אצל כל אחד ואחד
מהיסודות האחרים, על כל פנים מוליד דוגמתו דוגמת כל אחד ואחד
מהם, וכבר התעוררנו בסוד זה בספר שושן עדות, אמנם כי יסודות
אלו הארבעה שהם אבי אבות כל התולדות, על כל פנים יש יסודות

אחרים למטה העומדים תחתם והם היסודות התחתונים אשר הוית
המשכתם הם בעולם הזה השפל, ואמנם כי הם דוגמת אותם המו־
לידים, אמנם כי העפר הוא המוציא התולדות בדוגמתם למשפח־
תם לבית אבותם, ואמנם הארבע מתכות אשר הזכרנו והם העליונים
המתהוים בסוד ארבע היסודות מולידים אותם בכח ארבעתם כי כל
אחד מוליד דוגמתו לכל אחד מאלה הארבע מתכות התחתונים יוצא
מכח המתכות העליונים שהם ארבע יסודות אשר הזכרנו, כי יש
מתכת שיוצא דוגמת הזהב והוא הנקרא נחשת המוזהב מיטל של
עפר, ועל כל כל פנים הוא דוגמת הזהב ואינו זהב, ובאותו הכח יוצא
והוא דוגמתו, והכסף הוא המוליד העופרת שהיא לבן והוא יוצא
בדוגמת הכסף והבן, ואמנם כמו שהזהב בצד צפון כאשר אמרנו
ואותו המתכת יוצא לאותו הצד כך הכסף שהוא המוליד העופרת
והוא לצד דרום מוליד אותו לאותו הצד, והנחשת כמו כן בכח העפר
וסבת האש יוצא נחשת התחתון החזק המחובר כברזל והוא לצד
מזרח והכל הוא בכח היסודות העליונים אשר הזכרנו מולידים דוגמ־
תם למטה, והסוד הוא כאשר אמרנו וזהו ונהר יוצא מעדן להשקות
את הגן ומשם יפרד והיה לארבעה ראשים, והם ארבע מתכות של
מטה שהם התחתונים, והאבנים היקרות הם מחוברים עם המתכות
אשר הזכרנו, והאבנים היקרות הן שתים עשרה הנזכרות ב

Has de saber que el fuego, el aire, el agua y la tierra están todos conectados e incluidos entre sí y también, aunque eso ya lo hemos dicho, al estar el fuego y el agua en disputa el uno con el otro, el aire se interpone entre estos dos elementos, entre el elemento fuego y el elemento agua, como ha sido dicho: «y el Espíritu de Dios se movía sobre la haz de las aguas».[326] Porque siempre encontrarás que el aire en su secreto gira continuamente en medio del cielo y se aferra a ambos elementos y a estos elementos que lo sostienen, uno en el lado de la tierra y otro en el lado del agua, la tierra está debajo del agua para que el agua engendre la tierra y la haga germinar. Y de este modo los elementos se aferran entre sí y se incluyen entre sí porque encontrarás que el

---

326. Véase *Génesis* (I-2).

elemento fuego es caliente y seco, el elemento aire es caliente y húmedo, el elemento agua es frío y húmedo, y el elemento tierra es frío y seco. Y ciertamente, estos cuatro elementos en su conexión producen todas las cosas y todos los seres salen de ellos y cada elemento se aferra a su amigo y se adhiere a él. Y cada elemento está aferrado a otro y se le adhiere, y cada elemento da la existencia a otro elemento y de la procesión de la existencia de su esencia viene el otro, porque encontrarás que el secreto del fuego da existencia al aire y el elemento del aire da la existencia al agua y el elemento del agua da la existencia a la tierra y cada uno se aferra a su amigo y se incluye en él. Y por lo tanto todos los seres están formados por el secreto de los cuatro elementos porque los cuatro elementos están en su lugar de guardia cada uno para cumplir su función en el grupo de todos, porque uno no es sin el otro, y cuando el fuego se aferra al aire y el aire con el agua, entonces los elementos se reagrupan y el agua con la tierra, entonces la tierra fructifica y el ser se vuelve estable y nunca sale nada de él. Y los elementos superiores son tres y la tierra es su vaso con el que reciben porque los cuatro elementos están repartidos en los cuatro puntos cardinales que están «cerca del borde». El fuego predomina en el lado norte en el secreto del atributo de la sabiduría y el aire permanece en su atributo hacia el lado este. Y el agua está según su disposición en el lado sur, y la tierra está en el lado oeste, y todos y cada uno se divide a su vez al lado el punto cardinal en el que se sitúa, porque el fuego está para siempre en el lado norte, que es de naturaleza fría y húmeda y aquellos maestros de sabiduría afirman que por naturaleza el fuego da luz a la naturaleza del oro. Y de hecho es como el secreto del versículo «el oro viene del norte, etc.».[327] Porque el secreto de los cuatro metales que son el oro, la plata, el cobre y el hierro no llegan a ser más que por derivación de estos elementos y si no fuera por estos tres elementos la tierra no podría engendrar nada. El oro, por ejemplo, se aferra al secreto del fuego y en el lado norte porque en cualquier caso a medida que se acerca el calor natural

---

327. Véase *Isaías* (XXXVII-22).

a una cosa fría, la naturaleza da a luz al amarillo y éste es el secreto del oro. Por la naturaleza que opera en este punto cardinal y en el carácter de este mismo elemento. La plata está vinculada al secreto del agua y al lado sur porque ella y el Sol se acercan juntos a luz a una naturaleza blanca y es el secreto de la plata. El cobre es rojo y es de la naturaleza de ambos, a los que engendra, porque quienes conocen la obra por la cual la naturaleza produce el cobre y lo transforman en la naturaleza del oro y de la plata y esto por medio del arte del Sol en el aire. Y en todo caso, el asunto del nacimiento del oro, de la plata y del cobre procede de un proceso grande y verdadero y es un profundo secreto. Durante la combinación de los elementos entre sí y al sustituirse el uno por el otro, a veces también te encontrarás con que el agua engendra al oro y el fuego a la plata. Aunque la causa del hierro es la tierra en el secreto del oeste, porque su causa es efectiva en ausencia del Sol y cuando sus rayos disminuyen, la tierra engendra al hierro que es la naturaleza más seca de todas porque está del lado del oeste del engendramiento de la tierra. Porque la tierra entra en contacto con los tres elementos superiores cuando un elemento se une a ella y entonces da a luz un reflejo de todos y cada uno de ellos y así encontrarás que al acercarte a la potencia de fuego elemental de naturaleza cálida que se encuentra al norte se acerca a la tierra que está debajo, la tierra da a luz al oro si se acercan juntos. Y cuando se acercan los tres, que son una sola cosa, entonces el oro engendra a la tierra, porque a medida que la tierra se acerca al calor del fuego en el lado norte, el engendramiento de la tierra es el oro. Y a partir de aquí podrás entender el secreto de los dos querubines de oro y del mismo modo cuando la tierra se acerca al agua y ligándose al lado sur en la fuerza del sur y el agua, pues el agua es fría y húmeda y el sur es caliente y seco y la tierra que es fría y seca, cuando se acerca a ellos engendra la naturaleza de la plata porque la tierra es del poder del agua y del lado sur. Y por tanto sabrás que la tierra que recibe al acercarse a todos y cada uno de los demás elementos, engendra su reflejo, una imagen de todos y cada uno de ellos. Y ya hemos tratado de este secreto en el *Libro de la Rosa del Testimonio*. Es cierto que estos cuatro elementos son los principios de los principios de los engendramientos., En cualquier caso, hay otros elementos abajo que están debajo de ellos y son los elementos inferiores cuya esencia proviene de este bajo mundo. Y ciertamente porque son a imagen de lo que engendran, es cierto que la tierra es la que hace salir los engendramientos según su modelo, «por sus familias, por las casas de sus padres».[328] Y, ciertamente, los cuatro metales que hemos mencionado y son los superiores que se constituyen en el secreto de los cuatro elementos que los dan a luz por el poder de los cuatro porque cada uno da a luz a su reflejo para cada uno de estos cuatro metales inferiores que salen de los metales superiores que son cuatro elementos que hemos mencionado. Porque hay un metal que sale a imagen del oro y se llama cobre dorado, *Mital* (מיטל)[329] de la tierra. Y en todo caso se parece al oro, pero no es oro. Y salió con el mismo poder y es su reflejo, y la plata es la que da a luz al plomo que es blanco y se parece a la plata. ¡Entiéndelo! Y ciertamente, así como el oro está en el lado norte como dijimos y que este metal sale por el mismo lado, así la plata que engendra al plomo está en el lado sur y lo engendra en el mismo lado. Y lo mismo con el cobre, en el poder de la tierra y la causa del fuego sale el cobre inferior sólido, denso como el hierro y está en el lado este y todo gracias al poder de los elementos superiores que mencionamos, dan a luz a su reflejo abajo. Y el secreto es como dijimos y es: «Y salía un río de Edén para regar el huerto, y de allí se repartía en cuatro cabezas»,[330] y son los cuatro metales inferiores que son los de abajo. Las piedras preciosas están fijadas a los metales que acabamos de mencionar.

והאבנים היקרות הן שתים עשרה הנזכרות בתורה והן מחוברות בא־
פוד והאבנים על שמות בני ישראל יוצאות בכח היסודות הראשונים
פתוחי חותם איש על שמו והכל הוא מהמשכת אותם היסודות הע־

---

328. Véase *Números* (I-2).
329. Véase Zohar (II-24b), Volumen IX, pág. 173 de nuestra edición, Ediciones Obelisco, Barcelona 1999, donde se le llama «estaño».
330. Véase *Génesis* (II-10).

ליונים כי בכחם ובסבתם יוצאים איש על מחנהו ואיש על דגלו, והבן
כי הוא עיקר גדול למעלה:

Y las piedras preciosas son doce mencionadas en la *Torah*, y están fijadas en el *Efod*, y las piedras según los nombres de los hijos de Israel han emergido por el poder de los primeros elementos, «como grabaduras de sello cada una con su nombre»,[331] y todo procede de los elementos superiores pues cada una ha emergido por su poder y por su causa «cada uno en su campamento, y cada uno junto a su bandera»[332] y has de comprender que éste es un gran principio de arriba.

ארבע מראות מאורות:

Los cuatro espejos que resplandecen.

מיני אור זוהר הן הנעלמות והסתומים הנתהוות מסוד אמיתת
מציאותו הנעלם והנסתר כנוגה המסבב למראית העין בגלגל הזוהר
הסתום ואינו נראה בנגלה ואותו הגלגל עומד בארבע תכונות נגהי
אור מובהק בהיר מזהיר כזוהר הרקיע, כי גם אמנם ארבע מיני זוהר
הם, אור הבהיר אור זוהר אור מובהק אור המקבל זוהר ולעולם אור
מורגש מקבל מאור מושכל, כי תמצא ארבע מיני אש הן והן אותן
שהראה הב"ה למשה, אש אדומה אש ירוקה אש לבנה אש שחורה,
והן ארבע מיני אש שאמר הב"ה למשה בסיני והראה לו בסיני, והן
ארבע מיני גוונין של אש כעין זה ארבע מאורות שאמרנו, ואמנם כי
סוד ארבע המאורות הן אותן ארבע המאורות הצובאות, ואמנם כי
אור הסתום והנעלם אשר אמרנו הוא המגלגל אור זוהר אמיתי בה־
תגלגל אור העין הסתום והוא אור הנחבא שאינו נגלה ואינו נראה
בשום צד בעולם זולתי בסתום, ועל זה אור הסתום הנעלם נאמר
הראני נא את כבודך, ואמנם כי זה האור מוציא ארבע המאורות
אשר הזכרנו אור הבהיר אור זוהר אור מובהק אור המקבל זוהר, והם

---

331. Véase *Éxodo* (XXVIII-21).
332. Véase *Números* (I-52).

המאורות המזהרים, ואמנם כי אור הבהיר הוא אספקלריא המאירה
והמחזירה אור זוהר אספקלריא שהוא מתלקט אורו בתוכו ואינו
ניכר זולתי בהגלותו אצל האור המאיר, אור מובהק הוא אספקלריא
המאירה שגוון כל המאורות נכרין בו והוא זוהר כל האספקלריאות
בגווניו, אור המקבל זוהר הוא אספקלריא שאינה מאירה ומקבל
שאר כל המאורות כעששית המקבל זוהר השמש וניכר בתוכו כך זה
אור המקבל זוהר, ועל כל פנים אור זה שואב בתוכו כל שאר הגוונין
ומראה אותם בתוכו, כי בהתקרב אצלו שאר הגוונין ומזהירין בו הוא
שואב אותם בתוכו ומלקט אותם וניכרין בו רושם כל אחד ואחד,
ואמנם כי האור הזה הוא נגלה יותר מפני שאינו מאיר כי תמצא אור
זוהר המאיר אינו נתפס בשום צד לעין כאשר הוא עין השמש כי
מפני אור זהרו אין העין יכולה לשלוט, אבל אור שאינו מאיר הוא
הנתפס ונתגלה ויכול העין לשלוט בו וכל המסתכל בגוון זה יוכל
להכיר שאר הגוונין שהם נעלמים ונסתמים העומדים עליו, והתבונן
כי אע"פ ששאר הגוונין העליונים יוכל להכיר בתוך זה אינם נראים
לעולם מובהקים ונזהרים מפני שנראים מתוך אור מורגש, והנ־
ביאים ושאר המשכילים אינם רואים זולתי מתוך זה זוהר אספקלריא
שאינה מאירה אינם רואים אלא מתוך זוהר אספקלריא המאירה,
וכאשר תסתכל במעלות תמצא הכל אחד, ועיין בנר ותמצא האור
המורגש השחור למטה והאור הבהיר למעלה, והכל הוא סוד אחד
ואור אחד שאין בו פירוד בשום צד, וכבר התעוררנו זה והבן זה:

Los tipos de luz resplandeciente son invisibles y ocultos y han llegado al ser a partir del secreto de la realidad de su existencia invisible y oculta, como un resplandor que hace girar en el globo[333] un resplandor oscuro que no es visible de un modo revelado y este mismo globo tiene cuatro propiedades distintas de luz brillante que ilumina y resplandece «como el resplandor del firmamento».[334] Porque ciertamente hay cuatro tipos de resplandor, la luz del esplendor, la luz resplandeciente, una luz clara, la luz que recibe el resplandor, y la luz sensible es siempre el receptáculo de la luz inteligible. Porque encontrarás que hay cuatro

---

333. En el globo ocular, se entiende.
334. Véase *Daniel* (XII-3).

tipos de fuego, los mismos que el Santo, bendito sea, le mostró a Moisés. Fuego rojo, Fuego amarillento, Fuego blanco, Fuego negro. Y estos son los cuatro tipos de fuego que el Santo, bendito sea, le nombró a Moisés en el Sinaí y le mostró en el Sinaí. Y hay cuatro tipos de coloraciones de fuego como estos cuatro espejos de los que hablamos. Y ciertamente el secreto de las cuatro luminarias son los cuatro espejos estructurados. Y ciertamente la luz oscura y evanescente de la que hemos hablado es la que hace rodar a la verdadera luz radiante en la luz del ojo cerrado y es una luz oculta que no se revela y no se ve de ningún modo excepto en lo que está cerrado; a propósito de esta luz cerrada y oculta ha sido dicho: «te ruego que me muestres tu gloria».[335] Y ciertamente es la luz que emite las cuatro irradiaciones de las que hemos hablado, la luz del esplendor, la luz resplandeciente, una luz clara, la luz que recibe el resplandor, y son resplandores que brillan. Y son las luminarias que brillan, y de hecho la luz brillante es un espejo brillante y resplandeciente, la luz del esplendor es un espejo que recoge su luz en su seno y no se reconoce excepto cuando se revela ante la luz iluminadora, la luz clara es un espejo luminiscente en el que irradian las tonalidades de todas las luminarias y es radiante y es el esplendor de todos los espejos en sus matices. La luz que recibe el esplendor es un espejo que no brilla pero que recibe de todas las demás irradiaciones como un cristal que recibe los rayos del Sol y en cuyo interior es reconocible, y así es esta luz que recibe el esplendor. Y, en cualquier caso, esta luz atrae a su seno todas las demás tonalidades y las refleja en su interior. Porque a medida que se le acercan el resto de las tonalidades, y brillan, las atrae y las recoge y vemos en ella la impronta de todas ellas. Y ciertamente esta luz es más visible porque no brilla, porque encontrarás que la luz radiante no se percibe de ningún modo por parte del ojo, como ocurre con el círculo del Sol porque, a causa del brillo de la luz, el ojo no puede controlarlo. Pero la luz que no brilla es la que se percibe y se revela y el ojo puede controlarla y todo aquel que

---

335. Véase *Éxodo* (XXXIII-18).

mire esta tonalidad podrá reconocer el resto de las tonalidades que están escondidas y ocultas en ella y están encima de ella. Y comprende que aunque el resto de tonalidades superiores pueden reconocerse dentro de ella, nunca se ven brillantes y resplandecientes porque se ven desde una luz sensible. Los profetas y el resto de los esclarecidos no ven más que a través de este esplendor del espejo que brilla, y el esplendor que no brilla se ve sólo a través del resplandor del espejo que brilla. Y cuando miras los grados, realizas que todo uno. observa una lámpara y verás que la luz sensible negra se encuentra abajo y la luz brillante arriba. Y todo es un secreto y una única luz en la que no hay separación de ningún tipo, y ya hemos hablado de esto. ¡Entiéndelo!

שער עשרה שמות שאינם נמחקין:

Puerta de los diez nombres que no se borran.

והם יסודי העלמות במחלקותם וסודותם כפי סוד הדרך האמיתי, ואמנם כי דרך המעלות כבר התעוררנו בהם להורות כי המדרגות הללו הן הן סודו של הב"ה והמה כלולות בו והוא שם שום פירוד לעולם כשלהבת הקשורה בגחלת, וכבר התעוררנו בסוד ענין זה במחלקות המעלות, ועכשיו הנני נכנס בביאורם בע"ה:

Y son los fundamentos de los mundos en su repartición y en su secreto de acuerdo al secreto del verdadero camino, y de hecho ya hemos tratado de él y mostrado que estos grados son el secreto del Santo, bendito sea, y están contenidos en él y él en ellos y no hay separación alguna como (ocurre con) una llama unida a la brasa. Y ya hemos desvelado a propósito de este secreto la repartición de los grados, y ahora entraré en su comentario, con la ayuda de Dios.

השם הראשון אהיה הוא סוד השם המיוחד והוא השם האח־ דות המיוחד בכלל שמותיו, אמנם כי סוד האויר הזך שאינו נתפס

כבר התעוררנו כי אין לו שם ידוע ולא גבול מוגבל ולא שום דבר
שיוכל האדם לתפוס בו, ואמנם כי ההויה הראשונה הנתהווה מסו־
דו הוא כלל כל האחדות בסוד הנקודה המחשבית אשר אין מי
שיודע שום דבר בסודה עד שנתמשך המעין להבנות, ובכן סוד השם
המיוחד שלו הוא אהיה כלומר עדיין אהיה ואמשיך סוד ההויה בסוד
מציאותי, כלומר אהיה ואבנה מציאותי ואמשיך המשכת ההויה לה־
מצא, ואמנם כי זהו סוד השם הראשון שנאמר לו למשה בסנה בסוד
התחלת נבואתו של משה ע"ה, ואמנם כי לפיכך נתהווה ההמשכה
הראשונה בסוד שם זה, ומיד מפני כי משה עדיין לא חלה עליו המ־
שכת הנבואה לא נחה דעתו עד שנתגלה אליו סוד ההויה וסוד השם
המיוחד יהוה ואמנם כי זהו ששאל ואמר והן לא יאמינו לי השם
המיוחד בההויתיו עד שמשך דבריו והודיעוהו סוד יהוה:

El primer nombre, *Ehieh* (que seré) es el secreto del nombre explícito y es el nombre de la unidad, única entre todos sus nombres, ciertamente ya hablamos del secreto del aire puro que no se percibe, que no
tiene nombre conocido ni límite limitado y nada que el hombre pueda
percibir de él. Y ciertamente, el primer ser formado a partir de su secreto es el principio de toda la unidad, secreto del punto del pensamiento de cuyo misterio nadie sabe nada hasta que la fuente procede
a ser edificada. Y ciertamente, el secreto de su nombre explícito es «Yo
seré», es decir, yo seguiré siendo y continuaré el secreto del ser según
el secreto de mi existencia. Es decir, seré y construiré mi existencia y
derramaré la continuación del ser para existir. Y, ciertamente, éste es el
secreto del primer nombre que se le dijo a Moisés en la zarza en el secreto del comienzo de la profecía de Moisés, que en paz descanse. Y, de
hecho, por esta razón la primera continuación llegó al ser según el secreto de este nombre. E inmediatamente porque Moisés todavía no
gozaba del efluvio de la profecía, no descansó hasta que le fue revelado
el secreto del ser y el secreto del nombre explícito IHVH y de hecho es
lo que preguntó diciendo: «y he aquí que ellos no me creerán»[336] hasta

---

336. Véase *Éxodo* (IV-1).

que prolongó sus palabras y les dio a conocer el secreto del Eterno
(IHVH).

ונחזור למה שהיינו בביאורו, יש אומרים כי סוד שם זה נאמר בדבר
הסתום והנעלם ומורה על דבר שאינו נגלה בשום צד וזהו אהיה,
ואמנם כי סוד השם הזה הוא השם הראשון בסוד שמותיו של הב"ה,
וגם אמנם כי סוד שמותיו של מקום ב"ה אותם המיוחדים הם עשרה
שמות, והם עשרה שאינם נמחקים, ואע"פ כי הרבה שמות יש לו
להב"ה ואמנם כי סוד שמותיו אמרו ז"ל שבעים שמות יש לו להב"ה
ושבעים שמות יש לה לכנסת ישראל, וכולם ידועים בדברי רז"ל ומ-
פוזרים בתורה בנביאים ובכתובים, ועכשיו העשרה שמות המיוחדים
בסוד מעלתם והם הם שמותיו המיוחדים בסוד מעלתם יותר משאר
כל השמות הנקרא בהם הב"ה, ועל כן אלו הם השמות שאינם נמח-
קים ואע"פ ששאר השמות כולם כנויים, ואמנם כי סוד השם הרא-
שון נסתר ונעלה בלי שום נגלה, ועל כן הוא סוד אהיה, הוא שם
עומד בהויתו בסוד עומק נסתר עד בוא סוד החכמה אשר משם
התפשטות הכל, ועל כן אמר לאחר כן אשר אהיה, המזומן להגלות
כאשר פירשנו:

Y volviendo a lo que estábamos explicando, algunos dicen que el
secreto de este nombre se dice de algo oculto y escondido, y se refiere
a algo que no será revelado de ninguna manera y eso es «el que seré».
Y ciertamente el secreto de este nombre es que es el primero de los
nombres del Santo, bendito sea. Y también, aunque el secreto de
los nombres del Lugar, bendito sea, de sus nombres únicos, son diez
nombres y son los diez que no deben ser borrados. Y eso porque el
Santo, bendito sea, tiene muchos nombres y a propósito de sus nombres dijeron nuestros maestros, de bendita memoria «setenta nombres
posee el Santo, bendito sea, y setenta nombres posee la Asamblea de
Israel». Y todos son conocidos en las palabras de nuestros maestros,
de bendita memoria, y están esparcidos por toda la *Torah*, en los profetas y en los escritos. Y ahora los diez nombres propios según el secreto de su grado son sus nombres propios según el secreto de su grado

mucho más que todos los otros nombres por los que es llamado el Santo, bendito sea. Y por lo tanto estos son los nombres que no se borran y frente a los cuales los otros nombres son todos epítetos. Y ciertamente, el secreto del primer nombre está escondido y oculto sin que esté desvelado y es el secreto de *Ehieh* ya que permanece en su ser en el secreto de la profundidad misteriosa, hasta que surja el secreto de Jojmah, desde donde se esparció todo, y por tanto dijo después «el que seré», destinado a ser revelado como ya hemos explicado.

סוד השם השני והוא יה, זהו עיקר גדול בהיות החחכמה התחלת השם היוצא מסוד האויר הזך והוא הוא המזומן להגלות בסוד אשר אהיה, ואמרו אהיה הוא שם שלא נודע ולא נגלה, אשר אהיה, ואמנם כי סוד החכמה היא הכוללת שתי האותיות יו״ד ה״א, ועל כל פנים כי זהו התפשטות השם המיוחד והוא סוד השם התחלת המציאות, כי על כל פנים סוד יה הוא חצי השם, ועם כל זה הוא שלימות הכל בהיותו כלל כל כל המציאות כלל כל ההויות, כי לעולם תופסת האותיות האחרות מן השם, השם הוא הכלל הגדול האמיתי בסוד השם המיוחד, כי בהתפשט המשכת שם זה אזי נתוספו אותיות אח־ רות ונתהוים בסוד אלו כפי עיקר המציאות:

El secreto del segundo nombre es *Iah* (יה), y es un gran principio que Jojmah es el comienzo del nombre que surge del aire puro, y es él el destinado a ser revelado según el secreto de «el que seré»; y dijeron nuestros maestros, de bendita memoria, «*Ehieh* es un nombre que no es conocido ni revelado, «el que seré», y ciertamente el secreto de Joj-mah es el que incluye las dos letras, *Iod* y *He*. Y en cualquier caso porque éste es el despliegue del nombre explícito y es el secreto del comienzo del nombre de la realidad. Porque, en cualquier caso, el se-creto de *Iah* (יה) es la mitad del nombre, y sin embargo es la totalidad de toda la realidad, el principio de todas las esencias. Porque al añadir las demás letras de este nombre es siempre el gran principio del secreto del nombre, pues se agregarán las demás letras según el secreto de las primeras y nos asombrará este secreto de acuerdo a la esencia de la realidad.

סוד השם השלישי הנקרא אלוה, יש לך לדעת כי בהיות השם
המיוחד יה שהוא הכלול באויר הנתפס בסוד החכמה בהיותו נתפס
בבינה, על כל פנים הבינה כוללת שם אחד והוא שמו יתברך ובו נכ־
ללות שתי אותיות היוצאת משם שהן ו"ה ונכללות שתי אותיות לו
בסוד א"ל ונעשה מהכל שם אלוה, ועל כל פנים כי סוד הנשמה נת־
כנית בשם זה כאמרו מנשמת אלוה כי היא כח סוד הנשמה אע"פ
שהנהר היוצא מעדן משם פורחות הנשמות, על כל פנים אין העיקר
והשורש אלא מלמעלה, ואמנם כי השם המיוחד בבינה הוא אלהים
חיים כי הוא אלהים חיים ומלך עולם כי הוא המלך העליון רם על כל
רמים וזהו אלהים חיים כאשר אמרנו:

Secreto del tercer nombre llamado *Eloha*. Tienes que saber que estando el nombre explícito *Iah* (יה) contenido en el aire percibido según el secreto de la Jojmah, se percibe en Binah. Sin embargo, Binah incluye un nombre y es su nombre, bendito sea, y contiene dos letras que vienen de allí que son *Vav* y *He*[337] (וה) y estas dos letras están incluidas en el secreto de *El* y las dos juntas formas el nombre *Eloha*. Y, además, el secreto del alma está construido en este nombre, como ha sido dicho «a partir del alma de *Eloha*»,[338] porque es el poder del secreto del alma, y es del río que sale del Edén de donde salen las almas, en cualquier caso, su principio y su raíz son de arriba. Y ciertamente el nombre explícito en Binah es el Dios viviente porque él es el Dios viviente y el Rey del mundo. Porque él es el Rey supremo por encima de todos los niveles y éste es el Dios viviente como dijimos.

---

337. Que junto con *Iah* (יה) forman el nombre del Eterno, el Tetragrama.
338. Véase *Job* (IV-9).

סוד השם הרביעי הוא סוד השם המיוחד בסוד ארבע האותיות
שהוא התפשטות השלם בסוד השם המיוחד הנגלה מתוך הנסתר
והוא סוד יהוה שהוא השם המיוחד יתד שהכל תלוי בו והוא כלל
הכל כי הוא אוחז מעלה ומטה, ובו סוד כל ההויות בסוד מציאותו
יתברך שמו והוא תשלום כל ההויות בסודו ועניינו והוא השם המורה
בייחודו יתברך שמו יותר מכל שאר השמות כפי אשר אמרנו בסוד
אותיותיו:

El secreto del cuarto nombre es el secreto del nombre explícito, el
secreto de las cuatro letras que es la expansión del todo en el secreto del
nombre explícito revelado a partir de lo oculto, y es el secreto de IH-
VH (יהוה) que es el nombre único del que todo depende y que todo lo
engloba ya que recibe de arriba y de abajo. El secreto de todas las esencias que corresponden al secreto de su existencia, bendito sea, dependen de él, y es la plenitud de todas las esencias en su secreto y su función, y es el nombre que se relaciona con el secreto de su unidad,
bendita sea, más que con todos los demás nombres de acuerdo con lo
que hemos dicho a propósito del secreto de las letras.

סוד השם החמישי הוא השם הנקרא אל, וגם כי שם זה הוא נקרא
בכל מדה ומדה ובכל מדרגה ומדרגה, ואמנם כי בכל מקום סוד שם
אל נכלל בין לימין בין לשמאל, ואמנם כי אפי' לשמאל באמרו אל
זועם בכל יום, וכן לימין כאשר תמצא האל הגדול והוא סוד הימין
כאשר הודענו בתחלה, ושם זה לצדיקים ולרשעים כאמרו ארך אפים
ואפי' לרשעים:

El secreto del quinto nombre es llamado *El*. Y también porque este
nombre está en cada dimensión y en cada grado. Y, de hecho, el secreto del nombre *El* envía a la derecha y a la izquierda. Y ciertamente a la
izquierda según ha sido dicho: «y *El* está airado contra los impíos todos

los días».[339] Y a la derecha como puedes ver en «el gran *El*» y es el secreto de la derecha como dijimos al principio, y este nombre es para los justos y los impíos como ha sido dicho: «es paciente, incluso con los malvados».[340]

סוד השם הששי הוא נקרא אלהים, והוא סוד מדת הדין בכל מקום, וכבר רמזנו בסודו ועניינו כי הוא מדת הדין בכל מקום והוא צד שמאל גבורת ה', הוא וכבר רמזנו בו ודי:

El secreto del sexto nombre se llama *Elohim*, y es el secreto de la *Middah* del juicio en todas partes. Y ya hemos hecho alusión a su secreto y a su función y es la *Middah* del juicio en todas partes y es del lado izquierdo, la *Guevurah* del Eterno, y nosotros ya lo hemos insinuado y con esto es suficiente.

סוד השם השביעי הוא הנקרא אלהי ישראל, והוא שם מיוחד מעו־
טר ומוכתר בשם זה בסוד ענין גדול נכון המובן בסוד ימין ושמאל,
ואמנם כי אע"פ שהנביאים נבאו יש מפרשים ואומרים בסוד זה שם
אחר, אבל אמרו בסוד אמרו אשר נקרא שם, שם ה' צבאות אלהי
ישראל, ה' צבאות מאן איהו צדיקו של עולם שכל צבאות קדש
משם יוצאים אלהי ישראל תרין סמכין דביתא קיימא עלייהו, וזהו
נכון למוצאי דעת, וגם אשר ראיתי מפרשים האומרים בסוד זה
שמות אחרים מוכנים במדרגות, אבל זה הענין הוא סוד רז"ל, ודי
בזה הרמז למבין:

El secreto del séptimo nombre se llama *Elohe Israel*, y es un nombre único adornado y coronado con este nombre en el secreto de un gran asunto verdadero, dispuesto en el secreto de la derecha y la izquierda, y de hecho, aunque los profetas profetizaron, hay comentaristas que

---

339. Véase *Salmos* (VII-11).
340. Véase Talmud, tratado de *Eruvín* (22a).

opinan que este secreto tiene otro nombre, pero dijeron a propósito del secreto del versículo: «el nombre del Eterno de los ejércitos, el Dios de los escuadrones de Israel».[341] ¿Quién es el «Eterno de los ejércitos»? Es el justo del mundo del que salen todos los santos ejércitos. «Dios de los escuadrones de Israel», sobre él se apoyan los dos pilares de la casa. Y esto es cierto para los que hallaron *Daat*, y también he visto a algunos comentadores decir a propósito de este secreto otros nombres establecidos según los grados. Pero ese asunto es un secreto de nuestros maestros, de bendita memoria, y esta alusión bastará para el que entiende.

סוד השם השמיני הוא הנקרא צבאות על כי הוא כולל כל צבאות
מעלה ומטה בסוד השם כי הוא אות בצבא שלו, כי תמצא השמש
הוא כולל כל הכוכבים המאירים ושאינם מאירים כי כל צבאות הכו־
כבים כולם נכללים בסוד השמש, והוא אות בכל צבא שלו, והשם
הוא צבא אות הוא בצבא שלו בסוד ברית הקדש, ושם זה מיוחד
הוא אצלו וזה שדרש ר' עקיבא ה' צבאות שמו אות הוא בצבא שלו,
והוא עיקר גדול וסוד יתד התקועה בכל צבאות מעלה ומטה, ועל כן
הכל וצריך לרוממהו כי ה' צבאות שמו:

El secreto del octavo nombre se llama «ejércitos» porque incluye a todos los ejércitos arriba y abajo en el secreto de este nombre porque es un signo de su ejército. Porque encontrarás que el Sol incluye todas las estrellas brillantes y no brillantes porque todas son ejércitos estelares que están incluidos en el secreto del Sol y es un signo entre todo su ejército, y el nombre *Tzeva* es un signo en su ejército según el secreto de la alianza santa. Y este nombre único está reservado y es lo que Rabbí Akiva explicó «el Eterno de los ejércitos es su nombre, y es un signo en su ejército». Y es un gran principio y el secreto del tobillo

---

341. Véase 2 *Samuel* (II-6).

clavado entre todos los ejércitos de arriba y abajo y por esta razón «Eterno de los ejércitos» es su nombre.

סוד השם התשיעי אדני על כי הוא אדון כל הארץ וכל האדנות שלו
הוא, וזהו סוד אמרו הנה ארון הברית אדון כל הארץ ואמנם כי כבר
התעוררנו על שם זה בהיות סוד העולם של מטה אדון כל הארץ,
וכבר אמרו ז"ל בענין אמרו ועתה אלהינו שמע אל תפלת עבדך ואל
תחנוניו והאר פניך על מקדשך השמם למען אדני, והם ז"ל התעוררו
בגמרא ברכות ואמרו למען אברהם שקראך אדני, וכבר ידעת ענין
אברהם וסוד האדון, ואמרו במדרש משל למלך שהיה לו מטרוני-
תא ופלטרין שלה נפלו, לימים בא שושבינה דמטרוניתא אמר למלך
אדוני בנה פלטרין אלו שנפלו בשביל מטרוניתא שלא תשב לחוץ,
תגלה חוץ ממקומה וזהו והאר פניך על מקדשך השמם למען אדני,
וזהו וישב משה אל אדני ויאמר אדני למה הרעות, ואמרו בו משה
דאיהו מארי דביתא אמר כן מה דאי איפשר לאחרא, ועל כן שם זה
עלה בשם אדנות:

El secreto del noveno nombre es *Adonai* porque él es el señor (*Adón*) de toda la Tierra y todo señorío es suyo, y éste es el secreto del versículo «He aquí, el arca del pacto del señor de toda la Tierra» y de hecho ya hemos tratado de este nombre que es el secreto del mundo de abajo y el señor de toda la Tierra, y finalmente, nuestros maestros, de bendita memoria han dicho a propósito del versículo «Ahora pues, Dios nuestro, oye la oración de tu siervo, y sus ruegos, y haz que tu rostro resplandezca sobre tu santuario asolado, por el Señor».[342] Y nuestros maestros, de bendita memoria han explicado en la *Guemarah* de *Berajoth* lo siguiente: «por el Señor» quiere decir «por tu favor» por Abraham que te llamó «señor»[343] y ya conoces el significado de Abraham y el secreto del Señor. Y dijeron en el *Midrash* una parábola de un rey que tenía una matronita cuyo palacio se desplomó; más tarde vino

---

342. Véase *Daniel* (IX-17).
343. Según el Talmud, Abraham fue el primero en llamar a Dios «Adonai», o sea «mi Señor».

la dama de honor de la matronita y le dijo al rey: mi señor, reconstruye el palacio que se ha desmoronado, hazlo por la matronita para que no se tenga que establecer afuera y no esté exiliada fuera de su lugar. Y es: «haz que tu rostro resplandezca sobre tu santuario asolado»[344] y es: «entonces Moisés se volvió al Eterno, y dijo: Señor, ¿por qué afliges a este pueblo?»[345] Y han dicho a propósito de esto que Moisés es el señor de la casa que habló de este modo, algo que hubiera sido imposible para otro. Así este nombre se refiere al nombre del señorío (אדנות).

סוד השם העשירי והוא שם שדי, ואמנם כי תשעה שמותיהם בהיות התשעה עיקר, וגם אמנם כי סוד האויר הזך שאינו ותפס הוא אינו נכלל בהם ואע"פ שאמרו הוא, והתבונן כי שם זה שדי יש מפרשים שהם אומרים על שהיא שודד והוא סוד מדת הדין, על כל פנים כבר אמרו שדי שאמר לעולם די, והוא סוד אמרו ואל שדי יתן לכם רח־ מים, וכן אני אל שדי פרה ורבה, אמנם כי קרוב אליך הדבר בהיות הענין בסוד מדת הדין של מטה והוא הקשור באות ברית קדש, ואמ־ נם כי בזה הוא תלוי הפריה ורביה כאמרו אני אל שדי פרה ורבה, ולא נאמר דבר זה לאברהם זולתי בהמלו בשר ערלתו, ובכן בא אליו המאמר ההוא ואמר לו אני אל שדי פרה ורבה, והנה על כל פנים אין פרי זולתי הברית, ואין פרי זולתי בנקבה והכל נקשר זה בזה ואין בי־ ניהם פירוד לעולם, ועל כן אין להפרידם, והנה יש לך לדעת להתבונן על השם אשר אמרנו צבאות כי הוא האות והברית, אות בכל צבא שלו, ומשם יוצאים כל צבא רום מעלה ומטה כענין השמש שהוא אות בכל צבא הכוכבים האחרים, על כי אין כוכב מאיר ככוכב השמש, והוא דגול מכל הרבבות שלו, על כן אל שדי בחבור הירח בשמש לעשות פרי למינו, והוא סוד אמרו אני אל שדי פרה ורבה ואל שדי יתן לכם רחמים כי אזי כל טוב נמצא בעולם, והחסד והר־ חמים נמשכים מעם מעלה והעולמות כולם מתברכים והברכות מש־ פיעים לכל, עד כאן סוד עשרה שמות המיוחדים בסודותם:

344. Véase *Daniel* (IX-17).
345. Véase *Éxodo* (V-22).

El secreto del décimo nombre es el nombre *Shaddai*, y de hecho sus nueve nombres son los nueve principales Y también el secreto del aire puro que no es captado y no está incluido en ellos, y ten en cuenta que hay comentaristas que dicen que este nombre *Shaddai* (שדי) es porque destruye (שודד) y es el secreto de *Middah* del *Din*. En cualquier caso, ya han dicho que es porque le ha dicho al mundo «basta» (די). Y es el secreto de lo que dijeron: «Que el *Shaddai* les conceda misericordia».[346] Y también: «yo soy el *Shaddai*, crece y multiplícate»,[347] aunque estás cerca de admitir que este asunto está cerca del secreto de la *Middah* de *Din* de abajo y se relaciona con el signo del pacto sagrado. Y efectivamente porque de él dependen el crecer y el multiplicarse según ha sido dicho: «yo soy el *Shaddai*, crece y multiplícate». Y esto no le fue dicho a Abraham hasta que circuncidó la carne de su prepucio, y es entonces cuando esta palabra se le acercó y le dijo: «yo soy el *Shaddai*, crece y multiplícate». Y he aquí que en todo caso no hay fruto sin pacto, y no hay fruto sin la hembra y todo está unido y no hay separación entre ellos nunca. Y no hay que separarlos, y aquí hay que conocer y comprender el nombre del que hablamos, *Tzevaot* que es el signo y el pacto. Un signo en todo su ejército, y de allí surgen todos los ejércitos de arriba y de abajo como ocurre con el Sol, que es una señal en todo el ejército de las otras estrellas, porque no hay estrella que brille como la estrella del Sol, y es más grande que todas miríadas que le pertenecen, por lo tanto, el *Shaddai* está en unión de la Luna y el Sol para dar frutos según su especie. Y es el secreto del versículo « yo soy el *Shaddai*, crece y multiplícate» y de «que el *Shaddai* les conceda misericordia». Y la gracia y la misericordia proceden de arriba y todos los mundos son bendecidos y las bendiciones afectan a todos. Hasta aquí el secreto de los diez nombres únicos según su secreto.

---

346. Véase *Génesis* (XLIII-14).
347. Véase *Génesis* (XXXV-11).

שאל השואל, כבר התעוררת ואמרת בסוד הייחוד ואמרת בסוד ה'
אלהינו ה' והתעוררת סוד ייחודו יתברך שמו בענין שלשה שמות
הללו, וכן סוד קדושתו בסוד שלש קדושות, קדוש קדוש קדוש, אם
כן טוב ונאה היתה ראויה סוד המעלה וסוד הידיעה להיות מורה
ייחודו בדבר נשלל, יחידי ולומר ה' אחד לבד כענין סוד אמרו יהי ה'
אחד וזה טוב ונאה, וכן קדוש ה' צבאות ולמה כל זה הדבר שלשה
פעמים, הלא זה דבר שהדעות נבוכות, וגם כי האמת אינה נעדרת
מהדברים אשר התעוררת עדיין הלב אינו מתישב ואינו יכול להש-
תכח והאדם המבין ירא וזוחל פן יחטא בלשונו, ועל כן ישמור לפיו
מחסום, ועוד כמו שאתה אומר אם תברר דבריך לומר שהוא כן
למה הספירות עשרה ואינם שלשה כפי סוד הייחוד שהוא בשלשה,
על כל הדברים האלה הרעיונים נבוכים והלבבות אינם ביישובן, וצ-
ריך עיון ותשובה על כל פנים כי הספירות ראוי להן להיות שלש למה
עשר ולא תשע ולא אחת עשרה ולא שלש, עד כאן שאלת השואל:

El que pregunta, pregunta: ya has tratado del secreto de la unicidad y disertado a propósito del secreto de «el Eterno nuestro Dios, el Eterno» y has hablado a propósito del secreto de su unicidad, bendito sea su nombre, en el asunto de estos tres nombres y el secreto de su santidad en el secreto de tres santidades: Santo, Santo, Santo. Si es así, hubiera sido bueno y hermoso ver el secreto de la virtud y el secreto del conocimiento para que su singularidad fuera mostrada por una palabra única y se dijera sencillamente «el Eterno es uno» como en el versículo que dice: «y el Eterno será uno»,[348] y hubiera estado bien. Y santo es el Eterno de los ejércitos, y ¿por qué todo esto tres veces?, ¿acaso no es algo que avergüenza al conocimiento? Y aunque la verdad no está ausente en las cosas que has dicho, el corazón no se calma y no lo consigue, y el hombre que entiende tiene miedo y temor para no pecar en su lengua. Y, por lo tanto, como dices, si aclaras lo que dices indicando que es el caso, ¿por qué las sefirot son diez y no tres como el secreto de la unicidad que está en tres? Por todas estas cuestiones las

---

348. Véase *Zacarías* (XIV-9).

ideas están confusas y los corazones no están tranquilos. Y se necesita estudio y responder a esto, porque las sefirot merecen ser tres, y por qué son diez y no nueve y no once y no tres, hasta aquí la pregunta del que pregunta.

תשובה השם עמך גבור החיל בהיותך שואל תוקף השאלה הזאת
ועוצם ענין אשר הוא נכון למשכיל, וגם אמנם כי הנני עוזר אותך
בסוד הענין הזה, כי גם אמנם איש אין בארץ ישראל ששאל שאלה
הזאת, וגם הוא לא הגיד וגם אנכי לא שמעתי בלתי היום, כי כאשר
אמרת שצריך האדם לשמור פיו ולשונו ורעיוניו מלהרהר פן יהרוס
בניינו וענין רעיוניו יבהלוהו, ועל כן אמר חכם הרזים ע"ה אל תתן
את פיך לחטיא את בשרך, ועתה הנני משיבך אמרים והבן לך, תדע
לך כי סוד העניינים האלה אשר שאלת הם דברים עמוקים כאשר
אמרנו והודענו, אמנם כי יש לחזור על קצת העניינים אשר התעוררנו
בתחלה:

Respuesta: que el nombre esté contigo, héroe valiente, porque planteas una pregunta profunda y ésta va al meollo del asunto que es correcto para el esclarecido. Y también ciertamente te ayudaré en cuanto al secreto de este asunto, porque no hay nadie en la tierra de Israel que haya hecho esta pregunta, nadie la había formulado nunca y hasta el día de hoy no la había escuchado ya que, como dijiste, el hombre debe guardar su boca y su lengua y sus pensamientos de la especulación para que no destruya su edificio y sus ideas no lo conduzcan al precipicio. Y así dijo el sabio de los misterios, que descanse en paz, «no dejes que tu boca haga faltar a tu carne»,[349] y ahora te respondo diciendo: ¡Entiéndelo! Has de saber que el secreto de estas cosas que preguntaste se refiere a cuestiones profundas como dijimos y explicamos, sin embargo, hemos de volver sobre algunos de los asuntos que ya hemos tratado anteriormente.

---

349. Véase *Eclesiastés* (V-5).

סוד הייחוד אשר אמרנו בהיות סוד המציאות אחד והמשכת אמי־
תתו יתברך שמו הוא אחד בלי שום דבר דברים, וכבר אמרנו כי
מהתחלת סוד הנקודה העליונה המחשבית עד סוף המחשבה שהוא
אחד והיא היא המחשבה הקדומה, אמנם כי בסוד עומק השא־
לה הזאת אשר שאלת יש לדעת כי ה' אלהינו ה' סוד שלשה דב־
רים והאיך הם אחד, כבר אמרנו בסוד קול היוצא מן השופר הכלול
מסוד שלשה דברים אש ורוח ומים ומתחברים כאחד ונעשה מהם
קול, וזהו ראיה בהיות השלשה דברים סוד אחד, אמנם כי שאלתך
מפני מה צורך שלשה דברים ולא אחד להיות הוא יתברך שמו אחד
בלא שום רבוי, יש לך לדעת כי סוד השלשה דברים שאתה שואל
ואמרנו התעוררנו בסודו הוא אחד ואינו שלשה עניינים זולתי מצד
עצמינו, כי תמצא שהוא יתברך שמו ברא שלשה עולמות שעלו
במחשבה, ואע"פ כי הרבה עולמות הם שברא והם אחרים גנוזים,
אבל אלו השלשה הם עולם העליון ועולם האמצעי ועולם התח־
תון, אמנם כי העולמות מתקשרים זה בזה וזה בזה והוא יתברך שמו
המשיך אמיתת מציאותו בהם, וסוד המחשבה ההיא מציאות אחד
והיה אחד, וכפי ירידת העולמות וגרעון מעלתם זה מזה הכי מתפ־
שט אור זוהר אמיתת מציאותו, ואע"פ שהוא אור אחד בכל העול־
מות וסוד מציאות אחד, אמנם בהעדר מעלת בנין זה העולם מעולם
של מעלה ממנו הכי נעדר האור הבהיר המתפשט מהמשכת אמיתת
המחשבה העליונה, והראיה בזה כי תמצא אור הנר בהיות בו תקון
הפתילה גסה ונתקנת האור הוא גדול ורב ומאיר עד מאד בהדלקת
אור מתנוצץ, וכשתעביר זאת הפתילה ותשים פתילה קטנה ודקה
אחרת במקומה הרי כי האור ההוא מועט ואין מאיר כאור הראשון
וגם כי הוא האור הראשון, זולתי במצוא האור ההוא עולם קטן כלו־
מר פתילה קטנה ודקה יותר מן הראשונה ואין שם עולם להתפשט
ולהמשיך, ועל כן נראה שיש בו שנוי בשום שנוי כלל בעולם מהאור
הראשון, זולתי לפי מציאות הוית העולם ההוא ובגרם מעלות יריי־
דת העולמות תמצא גרעון האור ההוא, ועם כל זה הוא הוא האור
הראשון המתפשט בכולם, ולפיכך יש שמות משונים זו מזו,
והכל אחד ואין לך בכאן שום חשד כי הכל אחד, ועל כן תמצא בסוד
קדוש קדוש קדוש שאמר יונתן בן עוזיאל ותרגם הכי קדיש בשמי
מרומא בית שכינתיה קדיש על ארעא עובד גבורתיה קדיש לעלם
ולעלמי עלמיא כי המשכת הקדושה הוא בכל העולמות לפי ירידתם

233

ומעלתם, ואמנם כי הקדושה אחת ועל דרך זה אין לתמוה ואין הר-
עיונים נבוכים בכך, ועל אשר אמרת שהספירות למה הן עשר ולא
שלש ולא יותר כפי אשר התעוררת כבר הודענו בעניינים, אמנם כי
כולן נכללות בסוד שלש להיות הייחוד מיוחד, ועל כן אמרו ז"ל בע-
שרה מאמרות נברא העולם ובשלשה כללן והן חכמה ובינה ודעת
להיות סוד המציאות אחד חכמה בשלש בינה, בשלש דעת בשלש,
הרי לך תשע, ואחד המתפשט בכולם הרי עשרה, כי סוד האחד
עליון על כולם והמאיר בכולם, ועל כן כל אחת מאלו שלש כלולה
בשלש להיות הכל בסוד אחד, והבן ואין להאריך בזה כי זה הדבר מתו-
קן ונכון למוצאי דעת:

El secreto de la unicidad del que hemos hablado es el secreto de la realidad y es uno, y la continuación de su realidad, bendito sea su nombre, es una, y ya dijimos al principio que el secreto del punto del pensamiento supremo hasta el final del pensamiento es uno, y es el pensamiento primordial. Es verdad que en el secreto de la profundidad de esta pregunta que has hecho hay que saber que «el Eterno, nuestro Dios, el Eterno» es el secreto de tres cosas y son como una. Ya hemos hablado del secreto de la voz que sale del *shofar* compuesta del secreto de tres cosas: fuego y aire y agua, y todas juntas componen una voz. He aquí una prueba de que las tres cosas son un único secreto. Ciertamente tu pregunta de por qué se necesitan tres cosas y no una sola dado que él, bendito sea su nombre, es sin ninguna multiplicidad, necesitas, pues, saber que el secreto de las tres cosas que planteas y del que hemos hablado y discurrido es uno y sólo es tres desde nuestra perspectiva. Porque encontrarás que él, bendito sea su nombre, creó tres mundos que ascendieron a su pensamiento y a pesar de que creó muchos otros mundos que están ocultos. Pero estos tres son el mundo superior y el mundo medio y el mundo inferior, aunque debido a que los mundos se comunican entre sí y Él, bendito sea su nombre, continuó la verdad de su realidad en ellos. Y ese secreto del pensamiento es una única realidad y un único ser. A medida que desciende en los mundos siguiendo su declive progresivo, la luz resplandeciente de la realidad de su existencia se despliega, aunque sea una única luz en todos los mundos y el secreto de una existencia, a medida que se da el declive de un mundo en relación al mundo que le es superior en la jerarquía del edificio. De este modo, la luz deslumbrante se esparce a partir de la procesión de la realidad del pensamiento supremo. Y la evidencia de esto la hallarás en que la luz de la lámpara, cuando su mecha es basta y la luz es grande y abundante, ilumina mucho al encender una luz titilante, y cuando retiras esta mecha y pones otra mecha pequeña y delgada en su lugar, entonces esa luz es poca y no alumbra como la primera luz aunque sea la primera luz, excepto al encontrar esa luz un mundo pequeño, es decir, una mecha aún más pequeña y delgada que la primera y no hay entonces mundo para extenderse y continuar. Y por lo tanto parece no haber ningún cambio en el mundo desde la primera luz, a parte de la realidad del ser de este mundo y en los grados del descenso de los mundos, encontrarás ese declinar de la luz, y sin embargo, es la primera luz que se esparce a través de todos. Y, por lo tanto, la luz tiene distintos nombres, pero todo es uno y no hay lugar para sospechas ya que todo es uno. Y por lo tanto, encontrarás en el secreto de Santo, Santo, Santo, que dijo Jonathan Ben Uziel y tradujo así: «Santo en los cielos de arriba», casa de su *Shekinah*, Santo en la Tierra donde realiza sus hazañas, Santo para siempre y en la eternidad de las eternidades. Efectivamente, el progreso de la santidad se da en todos los mundos según su descenso y jerarquía, ciertamente, esta santidad es una y de esta manera no hay que extrañarse ni turbarse a causa de ella. En cuanto a lo que dijiste que las sefirot son diez y no tres y no más, volviendo al asunto, ya te he informado a propósito de ello. Aunque todos están incluidos en el secreto de tres de modo que la unidad es perfecta. Y así dijeron los de bendita memoria, «el mundo fue creado por diez alocuciones y en tres las ha incluido y son Jojmah, Binah y Daat, para que el secreto de la realidad sea uno y Jojmah en tres, Binah en tres y Daat en tres, lo que suma nueve. Junto con uno que se esparce en todas ellas, es diez, porque el secreto del uno es superior a todas ellas y las ilumina a todas. Y así cada una de estas tres está incluida en los tres para estar conforme al secreto del uno. ¡Entiéndelo! No es necesario extenderse a propósito

de este asunto pues la cosa está clara y es exacta y veraz para aquel que
ha hallado el Daat.

ואמנם כי סוד חכמה ובינה ודעת הם כלל כל הספירות, כלל כל
הייחוד בסוד אמיתתו, והם סוד השם יהו שם המיוחד שהוא אחד,
ואמנם כי חכמה ותבונה ודעת הוא כמו כן סוד האלהות וסוד המ-
ציאות, וכבר אמרו בספרא דרב המנונה סבא, ה' אלהינו ה' סוד
השלש מדרגות הללו שהן סוד חכמה ובינה ודעת, כי השם הראשון
הוא בחכמה שהוא התחלת כל המציאות מתחלה ועד סוף והוא סוד
השם הראשון, אלהינו בבינה, כי שם סוד אלהותו יתברך כליל ומ-
עוטר ומוכתר ומשם יוצאות כל ההויות למיניהם, ועל כן המדרגה
הזאת סוד אלהינו, יהוה סוד הדעת כלל סוד ההתפשטות וההמשכת
האמיתות בסודו להתישב המציאות בסוד המדרגות הללו, כי הדעת
כלל כל שבע קצוות למטה, ועל כן השם האחרון הוא סבת הדעת
בכל המדרגות של מטה, ואמנם כי סוד האחדות וסוד ההויה האמי-
תית בשלש מדרגות הללו נמצאת, ועל כן הספירות הן עשר בסוד
מציאותו יתברך, ואמנם עשר הן שש קצוות המתיחדים באחדותם
בסוד תקון אדם, העלמתו הוא המקיים הכל והמעמיד אותו, והוא
כלל הכל והבן ואין להאריך יותר.

Y ciertamente, el secreto es que Jojmah, Binah y Daat son el principio de todas las Sefirot, el principio de toda unicidad según el secreto de su verdad, y es el secreto del nombre *Iao* (יהו), nombre único que
es uno. Y ciertamente, Jojmah y Binah y Daat es también el secreto de
la divinidad y el secreto de la realidad. Y ya dijeron en el libro de Ham-
nunah el anciano que «el Eterno, nuestro Dios, el Eterno» es el secreto
de estos tres grados que es el secreto de Jojmah y Binah y Daat. El
primer nombre se refiere a Jojmah que es el origen de toda existencia,
desde el principio hasta el fin y es el secreto del primer nombre. «Nuestro Dios» se refiere a Binah ya que allí el secreto de su divinidad, bendita sea, está completo, decorado y coronado, y de allí surgen todas las
esencias según sus especies. De este modo, este grado es el secreto de
«nuestro Dios». El Eterno el secreto de Daat, principio del secreto de la

difusión y a continuación verdadera de su secreto para asentar la realidad en el secreto de estos grados, pues Daat incluye el conjunto de los siete extremos de abajo. Y de ahí que el último nombre sea el principio del conocimiento (דעת) de todos los grados de abajo. Y ciertamente, el secreto de la unidad y el secreto del verdadero ser radica en estas tres etapas y por lo tanto las sefirot son diez en el secreto de su existencia, bendita sea. Y ciertamente estos diez son los seis extremos que se unen en su unidad en el secreto de la corrección del hombre, su ocultación es la que todo lo sustenta y lo mantiene todo y es el principio de todo. ¡Compréndelo! Y no hay que extenderse más.

והשלש מדרגות העליונות הן סוד החכמה והבינה המתהוים על
הראש בסוד תקונו, וסוד הנעלם והנסתר ברוב העלמתו הוא המקיים
הכל והמעמיד אותו, והוא כלל הכל והבן ואין להאריך יותר:
ברוך ה' לעולם אמן ואמן:

Y los tres grados superiores son el secreto de Jojmah y Binah que se hallan en la cabeza en el secreto de su corrección. Y el secreto que desaparece y se oculta en su ocultación es el que todo lo sustenta y lo mantiene. ¡Compréndelo! Y no hay que extenderse más.

Bendito sea el Eterno por la eternidad, Amén, Amén.

תם ונשלם שבח לאל בורא עולם:

Alabanza integra y total a Dios, el Creador del mundo.